선생님이 들려주는
이 책으로 공부해야 하는 이유!

KB122644

●● **교과서 필수 어휘부터 국어 개념어까지, 꼭 필요한 어휘들을 모두 모았다** 이 책은 학교 수업에 등장하는 기본 어휘들과 한자 성어, 관용어와 속담, 다의어와 동음이의어, 헷갈리기 쉬운 말, 나아가 국어 시험에 나오는 필수 개념어까지, 중학생에게 꼭 필요한 여러 유형의 어휘들을 골고루 담아냈습니다. 총 세 권으로 구성된 이 시리즈를 통해 2,300개 이상의 어휘를 익힘으로써 어휘력이 훌쩍 향상될 수 있습니다.
　　－ 김경아 선생님

●● **어휘력이 부족한 요즘 세대의 아이들에게 반드시 필요한 책** 요즘 청소년들은 영상 매체나 인터넷 매체를 많이 접하고 상대적으로 독서량은 줄어서 어휘력이 많이 부족합니다. 그런데 오늘날과 같은 정보의 바다에서는 필요한 내용을 빠르고 정확하게 읽어 내는 능력이 매우 중요하고, 이러한 독해력은 어휘력에 바탕을 두고 있기에, 어휘력은 그 어느 때보다 중요한 기본 능력입니다. 이 책은 바로 일상생활과 학습에서 꼭 필요한 '어휘력'을 튼튼하게 기를 수 있는 교재입니다.
　　－ 정지용 선생님

●● **깔끔하면서도 지루하지 않은 구성으로 두 마리 토끼를 잡다** 이 교재는 '어휘 풀이＋확인 문제'가 2쪽으로 완결성을 지니고 있어 구성이 깔끔하다는 느낌을 줍니다. 그러면서도 1회 안에서 필수 어휘, 주제별 관용 표현, 헷갈리기 쉬운 말, 필수 개념 등 여러 유형의 어휘를 골고루 다루고 있어, 1회 학습 안에서 지루할 틈이 없도록 합니다. 어휘 교재는 선생님과 같이 풀기도 하지만 혼자 공부하는 경우가 더 많을 터인데, 이 책은 알찬 내용을 깔끔하고 다채롭게 구성하여 아이들이 책장 펴기를 망설이지 않을 것입니다.
　　－ 조영숙 선생님

●● **어휘에서 어휘로, 확장 학습이 가능한 효율적인 교재** 이 책은 하나의 어휘를 공부하면서 관련 어휘도 함께 익힐 수 있도록 구성된 점이 돋보입니다. 어휘에 따라 유의어나 반의어를 함께 살펴볼 수 있고, 또 뜻풀이에 다소 낯설거나 어려운 어휘가 포함되어 있으면 풀이를 제시해 주어, 학생들의 이해를 돕고 확장 학습을 유도합니다.
　　－ 심억식 선생님

●● **세분화된 회차로 부담 없이 꾸준한 학습 가능** 이 교재의 큰 장점은 한 회 안에 필요한 학습 요소들을 모두 넣되, 이를 다시 세 부분으로 나누었다는 점입니다. 공부할 어휘가 너무 많아서 어휘 학습에 부담을 느끼는 학생들이 많을 텐데, 이 교재는 하루에 2쪽씩 가볍게 시작하기에 참 좋고 꾸준한 매일 학습으로 이어 가기에도 좋습니다.
　　－ 최소형 선생님

●● **확인 문제로 한 번, 마무리 테스트로 또 한 번 실력 점검!** 이 책의 확인 문제를 풀며 학생들은 어휘의 사전적 의미와 문맥적 쓰임에 대한 이해 정도를 확인할 수 있습니다. 또한 각 회별로 '어휘력 테스트'가 있어서 학생 스스로 학습 결과를 확인하여 부족한 부분을 복습하거나, 부모님 또는 선생님이 학생의 실력을 확인하여 보충 지도를 할 수 있습니다.
　　－ 이은숙 선생님

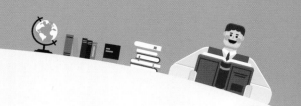

●● **중학생 수준에 맞는 적절한 내용 구성** 이 책은 중학생 수준에서 알아야 할 필수적이고 핵심적인 어휘들을 다루면서 권별로 어휘 수준이 조금씩 높아지고 있어서, 아이들의 어휘력이 차근차근 향상될 수 있습니다. 초등학교의 쉬운 용어 사용에 머무르고 있는 학생들, 중학교 교과서에 많이 나오는 설명문·논설문이 잘 안 읽히는 학생들, 〈춘향전〉이나 〈홍길동전〉과 같은 고전 소설이 어렵게만 느껴지는 학생들에게 이 책을 특히 추천하는 바입니다. — 안정광 선생님

●● **문제 해결 능력은 어휘력에서 출발한다** 아이들을 가르치며, 기초적인 국어 어휘를 몰라서 문제를 못 푸는 경우를 아주 많이 보았습니다. 또한 영어 단어의 경우 스펠링은 외워서 잘 알지만 그에 해당하는 우리말 뜻을 몰라 활용하지 못하는 경우도 종종 봅니다. 결국 국어 어휘를 아는 것이 모든 학습의 뿌리이며, 단단한 뿌리가 있어야 문제도 잘 풀 수 있고 과제도 잘 해결해 낼 수 있습니다. 이 책은 어휘의 뜻풀이와 쓰임을 체계적으로 공부할 수 있어서, 학습의 뿌리를 튼튼하게 만들고 싶은 학생들에게 아주 유용할 것입니다. — 이지영 선생님

●● **고등학교 공부와 수능의 밑바탕이 되는 교재** 고등학교에서 배우게 되는 다양한 고전 문학에는 한자어나 한자 성어가 많이 등장합니다. 또 최근 수능에서는 독해가 쉽지 않은 긴 비문학 지문들이 등장하고 있고, 다의어나 동음이의어의 의미에 대해 묻는 어휘 문제도 꾸준히 출제되고 있습니다. 어휘력이 뒷받침되지 않으면 이러한 국어 영역에서 고득점을 얻기 어렵습니다. 이 책으로 중학교 때부터 차근차근 어휘 학습을 하면 고등학교 공부와 수능의 기초를 다지는 데 큰 도움이 될 것입니다. — 김요셉 선생님

●● **'헷갈리기 쉬운 말' 완전 정복!** '느리다, 늘리다, 늘이다'처럼, 평소 실생활에서 자주 사용하는 어휘들 중에는 형태가 비슷하여 의미가 헷갈리는 말들이 있습니다. 이런 어휘들은 언뜻 쉬워 보이지만 실제로 고등학생 아이들도 혼란을 겪는 경우가 많지요. 이러한 '헷갈리기 쉬운 말'들을 모아 짚어 볼 수 있도록 한 점이 이 책의 가장 큰 매력이라고 생각합니다. — 정난향 선생님

●● **국어의 필수 개념도 놓치지 않는다** '시적 화자, 소설의 시점, 품사' 등의 개념어들은 국어 시험에 나오는 중요한 학습 요소입니다. 따라서 그 의미를 정확히 알고 외워 두어야 하며, 꾸준히 반복 학습을 해야 합니다. 이 책은 여러 유형의 어휘들을 공부하면서 국어의 개념어까지 놓치지 않고 짚어 볼 수 있도록 세심하게 신경 쓰고 있습니다. — 송경님 선생님

교재 개발에 도움을 주신 모든 선생님들께 깊이 감사드립니다.

김요셉 서울	남지혜 안양	박태순 서울	송경님 이천	심억식 서울	안경순 수원
안정광 순천	오영미 서울	이은숙 서울	이지영 부천	장민애 부천	정난향 부천
정지용 대전	조영숙 서울	최소형 하남	피혜림 가평	한광희 세종	허은경 서울

중학 국어

일등급 어휘력 ②

이 책으로 공부해야 하는 이유

하나 어휘력은 곧 학습 능력

- 어휘력은 모든 학습의 기초입니다. 어휘를 알아야 독해가 원활하게 이루어질 수 있고, 문제를 잘 풀 수 있으며, 사고력이 튼튼해질 수 있습니다.
- 이 책의 학습 시스템과 알차고 풍성한 내용으로 어휘력을 확실히 끌어올릴 수 있습니다.

둘 758개의 풍부한 어휘 제시

- 국어 교과서 어휘, 시험에 나오는 어휘, 독서에 필요한 어휘, 타 교과 공부에 도움이 되는 어휘 등 학습 필수 어휘를 모아 표제어로 다루었습니다.
- 표제어의 뜻풀이에 등장하는 어휘를 풀이하거나 유의어·반의어를 추가로 제시하여, 더욱 풍부한 어휘 학습이 가능합니다.

셋 다양한 유형별 어휘 총망라

- 다양한 유형의 어휘를 골고루 모아 구성하였습니다.

  필수 어휘 국어 교과서에 나오는, 중학생이 필수적으로 알아야 하는 어휘들을 공부합니다.

  관용 표현 주제별로 분류된 한자 성어·관용어·속담을 공부합니다.

  헷갈리기 쉬운 말 형태가 비슷하여 잘못 사용되기 쉬운 어휘들을 공부합니다.

  다의어·동음이의어 여러 가지 뜻을 지녔거나, 형태는 같지만 의미는 다른 어휘들을 공부합니다.

넷 국어 시험에 꼭 나오는 필수 개념 학습

- 국어 교과서에서 다루는 필수 개념을 문학, 읽기, 문법, 듣기·말하기, 쓰기 등 영역별로 모아 제시하였습니다.
- 필수 개념은 학교 시험에 나올 뿐만 아니라 수능까지 연결됩니다. 따라서 필수 개념을 익힘으로써 내신에 대비하고 동시에 수능 국어의 기초를 쌓을 수 있습니다.

다섯 학습 계획에 따라 단기간, 장기간 모두 활용 가능한 학습 시스템

- 단기 학습을 원하는 경우, 24회로 나뉜 학습 시스템에 따라 단기간 집중 학습으로 24일 만에 어휘력을 빠르게 향상할 수 있습니다.
- 꼼꼼한 학습을 원하는 경우, 한 회를 ①, ②, ③으로 쪼개서 매일 조금씩, 장기간에 걸쳐 꼼꼼히 어휘 공부를 할 수 있습니다.

이 책의 구조와 활용법

1 스스로 점검하며 **어휘 익히기**

- 유형별로 제시된 표제어의 뜻풀이를 살펴봅니다.

- 예문의 빈칸을 스스로 채우며 어휘가 맥락 속에서 어떻게 쓰이는지를 익힙니다.

- 어휘 쏙, 유의어, 반의어를 짚어 보며 어휘력을 확장합니다.

- 어휘 옆의 체크 박스를 활용해 자신의 어휘 수준을 점검해 봅니다. 어휘 학습 전후로 자신이 확실히 아는 어휘에 체크하고 완벽하게 익히지 못한 어휘는 복습합니다.

2 문제를 풀며 **실력 다지기**

- 다양한 유형의 문제를 풀며 어휘를 잘 익혔는지 확인합니다.

- 어휘의 사전적 의미뿐만 아니라 문맥적 쓰임, 상황에 어울리는 표현 등을 이해하고 있는지 평가할 수 있습니다.

- 필수 개념 문제는 문학 작품, 문법 자료, 읽기 자료 등을 활용하여 개념을 적용해 볼 수 있습니다.

- 채점하여 점수를 기록하고, 틀린 문제의 어휘는 뜻과 예문을 다시 살펴봅니다.

3 어휘력 테스트로 **실력 완성하기**

- 본문 회차와 대응되는 24회의 테스트로 학습 내용을 점검합니다.

- 간단한 문제를 풀며 본문에서 학습한 어휘를 다시 한번 익혀 완전히 자신의 것으로 만듭니다.

- 채점하여 점수를 기록하고, 틀린 문제의 어휘는 본문에서 뜻과 예문을 다시 살펴봅니다.

이 책의 차례

필수 어휘

가담
더할 加 | 멜 擔

같은 편이 되어 일을 함께 하거나 도움.
예 수비를 맡던 그가 후반전부터는 공격에   했다.

가독성
옳을 可 | 읽을 讀 | 성품 性

인쇄물이 얼마나 쉽게 읽히는가 하는 능률의 정도.
예 이 책은 글자가 너무 작아서   이 떨어진다.

각박하다
새길 刻 | 얇을 薄

인정이 없고 삭막하다.
예 세상인심이 자꾸   해져서 마음이 서글퍼진다.

> 어휘 쏙 삭막(索莫)하다 쓸쓸하고 막막하다.

개선
고칠 改 | 착할 善

잘못된 것이나 부족한 것, 나쁜 것 따위를 고쳐 더 좋게 만듦.
예 일을 자꾸 미루는 생활 습관을   해야 한다.

거동
들 擧 | 움직일 動

몸을 움직임. 또는 그런 짓이나 태도.
예 그는 얼마 전 다리를 다쳐서   이 자유롭지 못하다.

거지반
살 居 | 갈 之 | 반 半

거의 절반 가까이.
예 우리 논의 모내기가   끝나 간다.

겨냥하다

① 목표물을 겨누다.
예 그 선수는 표적의 중앙을   하며 활을 당겼다.
② 행동의 대상으로 삼다.
예 이번 패션쇼에서는 올여름을   한 화려한 옷들을 선보였다.

> 유의어 조준(照準)하다 총이나 포 따위를 쏘거나 할 때 목표물을 향해 방향과 거리를 잡다.

견고하다
굳을 堅 | 굳을 固

① 굳고 단단하다.
예 이 건물은 지어진 지 100년이 넘었지만 아직도 안전하고   하다.
② 사상이나 의지 따위가 동요됨이 없이 확고하다.
예 그는 어떠한 유혹에도 흔들리지 않고   하게 목표를 향해 나아갔다.

> 어휘 쏙 동요(動搖) 생각이나 처지가 확고하지 못하고 흔들림.
> 유의어 굳건하다 뜻이나 의지가 굳세고 건실하다.

결속
맺을 結 | 묶을 束

뜻이 같은 사람끼리 서로 단결함.
예 단체 경기에서는 팀원들 사이의   이 중요하다.

> 어휘 쏙 단결(團結) 많은 사람이 마음과 힘을 한데 뭉침.

01 ~ 04 다음 단어와 그 뜻풀이를 바르게 연결하시오.

01 거동 ・ ・㉠ 인정이 없고 삭막하다.

02 가독성 ・ ・㉡ 몸을 움직임. 또는 그런 짓이나 태도.

03 견고하다 ・ ・㉢ 사상이나 의지 따위가 동요됨이 없이 확고하다.

04 각박하다 ・ ・㉣ 인쇄물이 얼마나 쉽게 읽히는가 하는 능률의 정도.

05 ~ 06 다음 단어의 뜻풀이에서 알맞은 단어를 고르시오.

05 거지반 : 거의 (전부 | 절반) 가까이.

06 겨냥하다 : (마음속 | 목표물)을 겨누다.

07 ~ 09 〈보기〉의 글자들을 조합하여 다음 뜻풀이에 알맞은 단어를 쓰시오.

┤ 보기 ├
속 담 개 가 선 결

07 뜻이 같은 사람끼리 서로 단결함.　(　　　)

08 같은 편이 되어 일을 함께 하거나 도움.
(　　　)

09 잘못된 것이나 부족한 것, 나쁜 것 따위를 고쳐 더 좋게 만듦.　(　　　)

10 ~ 13 빈칸에 들어갈 알맞은 단어를 〈보기〉에서 찾아 쓰시오

┤ 보기 ├
가담 거동 단결 가독성 거지반

10 소풍을 온 아이들은 (　　　) 점심으로 김밥을 싸 왔다.

11 띄어쓰기를 정확하게 안 하면 글의 (　　　)이 떨어집니다.

12 학생과 노동자뿐만 아니라 일반 시민들도 그 시위에 (　　　)하였다.

13 전동차 내에서 (　　　)이 수상한 자를 발견하시면 즉시 역무원에게 신고하여 주시기 바랍니다.

14 밑줄 친 단어의 쓰임이 적절하지 않은 것은?

① 그 식당은 손님을 <u>각박하게</u> 대해서 점점 안 가게 된다.

② 셋째 돼지는 첫째, 둘째와 달리 벽돌로 <u>견고한</u> 집을 지었다.

③ 추석 연휴를 <u>겨냥한</u> 영화들이 이번 주부터 차례로 개봉한다.

④ 그는 환경 오염을 막아야 한다는 자신의 생각을 글로 <u>개선</u>하였다.

⑤ 외부의 공격과 같은 위기에 처하면 집단은 내부적으로 <u>결속</u>이 강해진다.

나의 어휘력 점수는?　　　　　＿＿＿＿＿점 / 총 **14점**
・틀린 어휘의 뜻과 예문을 다시 꼼꼼히 살펴보자.

관용 표현 - 주제별 한자 성어

★ 친구, 우정

간담상조 간 肝	쓸개 膽	서로 相	비출 照	서로 속마음을 털어놓고 친하게 사귐. 예 그들은 서로 고민도 상담해 주며 ▨▨▨▨▨ 하는 사이다.

지란지교 지초 芝	난초 蘭	갈 之	사귈 交	지초(芝草)와 난초(蘭草)의 교제라는 뜻으로, 벗 사이의 맑고도 고귀한 사귐을 이르는 말. 예 서로를 위해 진심 어린 충고를 아끼지 않는 두 사람의 ▨▨▨▨▨ 가 정말 아름답다.

지음 알 知	소리 音	마음이 서로 통하는 친한 벗을 이르는 말. 예 정은이와 수찬이는 눈빛만 봐도 서로의 마음을 알아차리는 ▨▨▨ 이다.

★ 뛰어난 사람

군계일학 무리 群	닭 鷄	하나 一	학 鶴	닭의 무리 가운데에서 한 마리의 학이란 뜻으로, 많은 사람 가운데서 뛰어난 인물을 이르는 말. 예 뛰어난 춤 솜씨를 보여 준 그는 무대 위의 많은 사람들 가운데서 단연 ▨▨▨▨ 이었다.

낭중지추 주머니 囊	가운데 中	갈 之	송곳 錐	주머니 속의 송곳이라는 뜻으로, 재능이 뛰어난 사람은 숨어 있어도 저절로 사람들에게 알려짐을 이르는 말. 예 ▨▨▨▨ 라고, 그 배우는 단역으로 출연했는데도 연기력이 돋보여 눈에 띈다.

백미 흰 白	눈썹 眉	흰 눈썹이라는 뜻으로, 여럿 가운데에서 가장 뛰어난 사람이나 훌륭한 물건을 이르는 말. 예 이 축제의 ▨▨▨ 는 수상 자전거를 타고 강변 풍경을 감상하는 일이다.

★ 실패해도 굴하지 아니함

백절불굴 일백 百	꺾을 折	아닐 不	굽을 屈	백 번 꺾여도 굴하지 않는다는 뜻으로, 어떤 어려움에도 굽히지 않음. 예 그는 ▨▨▨▨ 의 강인한 정신력으로 힘든 훈련을 이어 갔다.

칠전팔기 일곱 七	엎드러질 顚	여덟 八	일어날 起	일곱 번 넘어지고 여덟 번 일어난다는 뜻으로, 여러 번 실패하여도 굴하지 아니하고 꾸준히 노력함을 이르는 말. 예 그는 ▨▨▨▨ 끝에 국회 의원에 당선되었다.

 **확인 문제**

01~04 다음 뜻풀이에 해당하는 한자 성어를 〈보기〉에서 찾아 쓰시오.

┤ 보기 ├

백미   지음   군계일학   칠전팔기

01 마음이 서로 통하는 친한 벗을 이르는 말.

(   )

02 흰 눈썹이라는 뜻으로, 여럿 가운데에서 가장 뛰어난 사람이나 훌륭한 물건을 이르는 말.

(   )

03 닭의 무리 가운데에서 한 마리의 학이란 뜻으로, 많은 사람 가운데서 뛰어난 인물을 이르는 말.

(   )

04 일곱 번 넘어지고 여덟 번 일어난다는 뜻으로, 여러 번 실패하여도 굴하지 아니하고 꾸준히 노력함을 이르는 말.

(   )

05~08 제시된 초성을 참고하여 다음 뜻풀이에 알맞은 한자 성어를 쓰시오.

05 서로 속마음을 털어놓고 친하게 사귐.

| ㄱ | ㄷ | | |

06 백 번 꺾여도 굴하지 않는다는 뜻으로, 어떤 어려움에도 굽히지 않음.

| ㅂ | | ㅂ | |

07 지초와 난초의 교제라는 뜻으로, 벗 사이의 맑고도 고귀한 사귐을 이르는 말.

| | | ㅈ | ㄱ |

08 주머니 속의 송곳이라는 뜻으로, 재능이 뛰어난 사람은 숨어 있어도 저절로 사람들에게 알려짐을 이르는 말.

| | ㅈ | | ㅊ |

09~11 다음 대화 내용과 의미가 통하는 한자 성어를 〈보기〉에서 찾아 쓰시오.

┤ 보기 ├

간담상조   낭중지추   칠전팔기

09 민아: 나 드디어 컴퓨터 자격증을 땄어.
정원: 포기하지 않고 몇 번이고 도전하더니 결국 해냈구나. 축하해.   (   )

10 선생님: 제일 친한 친구가 연석이라며?
진욱: 네. 연석이랑은 비밀도 없고 속마음도 다 이야기할 정도로 친해요.   (   )

11 혜연: 3반 수영이가 춤을 그렇게 잘 춘다며?
슬기: 응. 3반이 축제 공연 연습하는 걸 잠깐 봤는데, 수영이가 제일 눈에 띄더라. 우리 학교에서 제일 잘 추는 것 같아.   (   )

12 밑줄 친 한자 성어의 쓰임이 적절하지 <u>않은</u> 것은?

① 손에 땀을 쥐게 하는 후반부 탈출 장면은 이 영화의 <u>백미</u>라 할 만하다.
② 일제 강점기에 악독한 심문 속에서도 <u>백절불굴</u>한 독립투사들이 많았다.
③ 누나가 <u>지음</u> 끝에 입사 시험에 합격하자 우리 집은 그야말로 축제 분위기가 되었다.
④ 그는 외모가 훤칠하고 총명하기까지 하여 동네 젊은이들 가운데 단연 <u>군계일학</u>이었다.
⑤ 우리 두 사람은 서로를 소중하게 대하면서 <u>지란지교</u>를 오래도록 이어 가기를 바라고 있다.

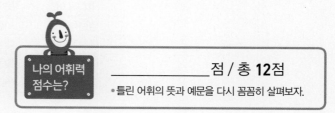

나의 어휘력 점수는?   _____ 점 / 총 **12점**

•틀린 어휘의 뜻과 예문을 다시 꼼꼼히 살펴보자.

헷갈리기 쉬운 말

가없다	끝이 없다. 예 그는 [ ]는 부모님의 은혜를 생각하며 눈물을 흘렸다.
가엾다	마음이 아플 만큼 안되고 처연하다. 예 세종 대왕은 글자를 모르는 백성을 [ ]게 여겨 훈민정음을 만들었다.
걷잡다	① 한 방향으로 치우쳐 흘러가는 형세 따위를 붙들어 잡다. 예 마른바람이 부는 날 산불이 나면 순식간에 [ ]을 수 없는 상태가 돼 버린다. ② 마음을 진정하거나 억제하다. 예 나는 불안한 마음을 [ ]지 못하여 계속 방 안을 왔다 갔다 했다.
겉잡다	겉으로 보고 대강 짐작하여 헤아리다. 예 혼자서 이 일을 다 하려면 [ ]아도 일주일은 걸린다.
겨누다	한 물체의 길이나 넓이 따위를 대중이 될 만한 다른 물체와 견주어 헤아리다. 예 새로 산 티셔츠를 집에 있는 옷과 [ ]어 보니 조금 컸다.
겨루다	서로 버티어 승부를 다투다. 예 나는 친구와 누가 더 빨리 달리는지를 [ ]었다.

필수 개념 – 시

시적 대상 시 詩	과녁 的	대답할 對	형상 象	시에서 화자가 노래하는 대상. 화자 자신, 특정 인물, 일상의 사물, 자연물, 인간의 감정이나 생각 등 모든 것이 시적 대상이 될 수 있다.
어조 말씀 語	고를 調	시에 드러나는 화자 특유의 말하는 방식이나 말씨. 어조는 화자의 나이, 성별, 성격 등에 따라 달라지며, 대상에 대한 화자의 태도나 심리적 상황에 따라 달라지기도 한다.

■ 어조의 예

독백적 어조	따로 정해진 청자 없이 혼잣말을 하는 듯한 어조
의지적 어조	뜻이나 목표를 이루고자 하는 굳은 마음이 느껴지는 어조
영탄적 어조	느낌표, 감탄사 등을 활용하여 감정을 강조하는 어조
예찬적 어조	대상의 장점을 기리고 칭찬하는 어조
애상적 어조	슬픔에 젖은 모습이 드러나는 어조
기원적 어조	원하는 일이 이루어지기를 바라는 어조

확인 문제

정답과 해설 28쪽

01 ~ 04 다음 단어와 그 뜻풀이를 바르게 연결하시오.

01 가없다 •

02 겨누다 •

03 겨루다 •

04 걷잡다 •

• ㉠ 끝이 없다.

• ㉡ 서로 버티어 승부를 다투다.

• ㉢ 마음을 진정하거나 억제하다.

• ㉣ 한 물체의 길이나 넓이 따위를 대중이 될 만한 다른 물체와 견주어 헤아리다.

05 ~ 07 다음 문장에서 적절한 단어를 고르시오.

05 높은 산에 올랐더니 (가없는 | 가없은) 바다의 모습이 눈에 들어왔다.

06 필요한 비용은 대충 (걷잡아 | 겉잡아) 말하지 말고 정확히 계산해서 보고하세요.

07 바지를 몸에 대충 (겨누어 | 겨루어) 보고 샀는데, 집에 와서 입어 보니 너무 헐렁하다.

08 밑줄 친 단어의 쓰임이 적절하지 <u>않은</u> 것은?

① <u>가없는</u> 푸른 하늘에는 눈부신 태양이 떠 있었다.

② 흥부는 다리를 다친 <u>가없은</u> 제비를 구해 주었다.

③ 나는 분하고 억울하여 흐르는 눈물을 <u>걷잡을</u> 수 없었다.

④ 시간이 지날수록 그 소문은 <u>걷잡을</u> 수 없이 퍼져 나갔다.

⑤ 결승에 진출한 우리 학교 배구 팀은 옆 학교와 우승을 <u>겨루게</u> 되었다.

09 ~ 11 다음 설명이 알맞으면 ○에, 틀리면 ×에 표시하시오.

09 시에서 인간의 감정이나 생각처럼 추상적인 것은 시적 대상이 될 수 없다. (○ , ×)

10 시에서 어조는 대상에 대한 화자의 태도나 심리적 상황에 따라 달라질 수 있다. (○ , ×)

11 시에서 화자의 슬픔에 젖은 모습이 드러나는 어조는 영탄적 어조이다. (○ , ×)

12 다음 시에 대한 설명으로 적절하지 <u>않은</u> 것은?

> 나는 나룻배 / 당신은 행인.
> 당신은 흙발로 나를 짓밟습니다.
>
> 나는 당신을 안고 물을 건너갑니다.
> 나는 당신을 안으면 깊으나 옅으나 급한 여울이나 건너갑니다.
>
> 만일 당신이 아니 오시면 나는 바람을 쐬고 눈비를 맞으며 밤에서 낮까지 당신을 기다리고 있습니다.
> 당신은 물만 건너면 나를 돌아보지도 않고 가십니다그려.
> 그러나 당신이 언제든지 오실 줄만은 알아요.
> 나는 당신을 기다리면서 날마다 날마다 낡아 갑니다.
>
> 나는 나룻배 / 당신은 행인.
>
> – 한용운, 〈나룻배와 행인〉

① 이 시의 화자는 '나'이다.

② 시적 대상은 '나'와 '당신'이다.

③ '-ㅂ니다'를 반복하며 공손하게 말하고 있다.

④ 예찬적 어조로 '당신'의 아름다움을 노래하고 있다.

⑤ '당신'을 위해 희생하고 인내하는 '나'의 태도가 드러난다.

나의 어휘력 점수는? _____ 점 / 총 **12점**

• 틀린 어휘의 뜻과 예문을 다시 꼼꼼히 살펴보자.

공부한 날 　◯ 월 　◯ 일

필수 어휘

겸허 겸손할 謙 | 빌 虛	스스로 자신을 낮추고 비우는 태도가 있음. 예 후보자들은 선거 결과를 　　　　하게 받아들이겠다고 밝혔다.	**유의어** 겸손(謙遜) 남을 존중하고 자기를 내세우지 않는 태도가 있음.
경각심 경계할 警 | 깨달을 覺 | 마음 心	정신을 차리고 주의 깊게 살피어 경계하는 마음. 예 화재 사건을 전한 뉴스는 불에 대한 　　　　을 일깨워 주었다.	**어휘 쏙** 경계(警戒) 뜻밖의 사고가 생기지 않도록 조심하여 단속함.
경솔하다 가벼울 輕 | 거느릴 率	말이나 행동이 조심성 없이 가볍다. 예 신중하게 두고 봤어야 했는데, 　　　　하게 나서는 바람에 일을 그치고 말았다.	**유의어** 경거망동(輕擧妄動)하다 경솔하여 생각 없이 망령되게 행동하다 **반의어** 신중(愼重)하다 매우 조심스럽다.
경이롭다 놀랄 驚 | 다를 異	놀랍고 신기한 데가 있다. 예 망원경으로 본 우주는 참으로 　　　　고 아름다웠다.	
계책 꾀할 計 | 꾀 策	어떤 일을 이루기 위하여 꾀나 방법을 생각해 냄. 또는 그 꾀나 방법. 예 이 위기를 극복할 좋은 　　　　이 떠올랐다.	
고려 생각할 考 | 생각할 慮	생각하고 헤아려 봄. 예 도로를 만들 때는 교통안전을 충분히 　　　　해야 한다.	
고루하다 굳을 固 | 좁을 陋	낡은 관념이나 습관에 젖어 고집이 세고 새로운 것을 잘 받아들이지 아니하다. 예 　　　　한 사고방식에 머물러 옛날 방식만 고집하면, 빠르게 변화하는 세상에 적응하기 어렵다.	**어휘 쏙** 관념(觀念) 어떤 일에 대한 견해나 생각.
고립 외로울 孤 | 설 立	다른 사람과 어울리어 사귀지 아니하거나 도움을 받지 못하여 외톨이로 됨. 예 어젯밤의 폭설로 그 마을은 완전히 　　　　되었다.	
고역 괴로울 苦 | 부릴 役	몹시 힘들고 고되어 견디기 어려운 일. 예 여름에 냉방 시설이 없는 차를 타는 것은 　　　　이야.	**어휘 쏙** 고되다 하는 일이 힘에 겨워 고단하다.

01~05 다음 뜻풀이에 해당하는 단어를 말상자에서 찾아 표시하시오.

무	인	경	솔	하	다
사	고	축	고	르	다
자	립	하	루	중	고
동	무	다	하	압	역
경	이	롭	다	감	사

01 놀랍고 신기한 데가 있다.

02 말이나 행동이 조심성 없이 가볍다.

03 몹시 힘들고 고되어 견디기 어려운 일.

04 다른 사람과 어울리어 사귀지 아니하거나 도움을 받지 못하여 외톨이로 됨.

05 낡은 관념이나 습관에 젖어 고집이 세고 새로운 것을 잘 받아들이지 아니하다.

06~09 〈보기〉의 글자들을 조합하여 다음 뜻풀이에 알맞은 단어를 쓰시오.

┤ 보기 ├
| 심 | 각 | 고 | 책 | 허 | 겸 | 경 | 려 | 계 |

06 생각하고 헤아려 봄. (   )

07 스스로 자신을 낮추고 비우는 태도가 있음. (   )

08 정신을 차리고 주의 깊게 살피어 경계하는 마음. (   )

09 어떤 일을 이루기 위하여 꾀나 방법을 생각해 냄. 또는 그 꾀나 방법. (   )

10~13 빈칸에 들어갈 알맞은 단어를 〈보기〉에서 찾아 쓰시오.

┤ 보기 ├
겸허   계책   고립   고역   관념

10 그 작가는 평론가들의 비평을 (   )한 자세로 받아들였다.

11 만원 버스를 타고 사람들 틈에 끼어 학교에 가는 것은 (   )이다.

12 구급대는 홍수로 (   )된 사람들을 구조하기 위해 헬기를 띄웠다.

13 고구려의 장군 을지문덕은 강물을 이용한 뛰어난 (   )(으)로 수나라의 대군을 물리쳤다.

14 밑줄 친 단어의 쓰임이 적절하지 <u>않은</u> 것은?

① 약속 시간까지 너무 많이 남아서 기다리는 것이 <u>고루</u>했다.

② 이번 사고는 국민들에게 안전에 대한 <u>경각심</u>을 불러일으켰다.

③ 그 선수가 이번 대회에서 세운 기록은 매우 <u>경이로운</u> 것이었다.

④ 대학에 진학할 때에는 자신의 적성을 <u>고려</u>하여 학과를 선택해야 한다.

⑤ 그렇게 크고 중요한 일을 부모님과 한마디 의논도 없이 결정하다니 <u>경솔했구나</u>.

나의 어휘력 점수는?   _____점 / 총 **14점**
• 틀린 어휘의 뜻과 예문을 다시 꼼꼼히 살펴보자.

관용 표현 – 주제별 관용어

★ 손

손에 익다	일이 손에 익숙해지다.
	예 이제 일이 ▨▨▨ 어서 일을 빠르고 정확하게 처리할 수 있다.

손을 끊다	교제나 거래 따위를 중단하다.
	예 그 회사는 몇 년간 거래하던 업체와 최근에 ▨▨▨ 었다.

손을 맞잡다	서로 뜻을 같이 하여 긴밀하게 협력하다.
	예 은지와 현우는 ▨▨▨ 고 기말시험 대비를 함께 해 나가기로 하였다.
	어휘쏙 긴밀(緊密)하다 서로의 관계가 매우 가까워 빈틈이 없다.

★ 발

발 벗고 나서다	적극적으로 나서다.
	예 그는 옳다고 생각하는 일이라면 항상 ▨▨▨ 는 사람이다.

발을 구르다	매우 안타까워하거나 다급해하다.
	예 약속에 늦은 재희는 동동 ▨▨▨ 며 버스를 기다렸다.

발이 닳다	매우 분주하게 많이 다니다.
	예 그는 집안 문제라면 항상 ▨▨▨ 도록 뛰어다닌다.
	어휘쏙 분주(奔走)하다 이리저리 바쁘고 수선스럽다.

★ 간

간이 떨어지다	몹시 놀라다.
	예 한밤중에 무언가 "쾅" 하고 떨어지는 소리가 나서 ▨▨▨ 는 줄 알았다.

간이 떨리다	마음속으로 몹시 겁이 나다.
	예 민규는 ▨▨▨ 어서 그 놀이 기구를 탈 수가 없었다.

간이 크다	겁이 없고 매우 대담하다.
	예 그 많은 사람들 앞에서 떨지 않고 노래를 마치다니, 너 보기보다 ▨▨▨ 구나.

01 ~ 05 다음 뜻풀이에 해당하는 관용어를 〈보기〉에서 찾아 기호를 쓰시오.

┌─── 보기 ├───
㉠ 발이 닳다
㉡ 손에 익다
㉢ 간이 떨리다
㉣ 발을 구르다
㉤ 간이 떨어지다
└─────────

01 몹시 놀라다. ( )

02 일이 손에 익숙해지다. ( )

03 매우 분주하게 많이 다니다. ( )

04 마음속으로 몹시 겁이 나다. ( )

05 매우 안타까워하거나 다급해하다. ( )

06 ~ 09 제시된 초성을 활용하여 관용어의 뜻풀이를 완성하시오.

06 발 벗고 나서다
→ ｜ㅈ｜ㄱ｜ㅈ｜으로 나서다.

07 간이 크다
→ ｜ㄱ｜이 없고 매우 대담하다.

08 손을 끊다
→ 교제나 ｜ㄱ｜ㄹ｜ 따위를 중단하다.

09 손을 맞잡다
→ 서로 뜻을 같이 하여 긴밀하게 ｜ㅎ｜ㄹ｜하다.

10 ~ 13 다음 빈칸에 들어갈 관용어를 〈보기〉에서 찾아 문맥에 맞게 쓰시오.

┌─── 보기 ├───
㉠ 간이 크다
㉡ 손에 익다
㉢ 손을 맞잡다
㉣ 발 벗고 나서다
└─────────

10 마을의 오래된 다리를 새로 공사하기 위해 마을 사람들이 너나없이 _____.

11 생긴 지 얼마 안 된 작은 기업에 그렇게 많은 돈을 투자하다니, 그는 참 _____.

12 1년 정도 일했더니 업무가 _____ 이제는 나 혼자서도 일을 끝까지 진행할 수 있다.

13 그들은 평소에는 서로 양보 없이 대립하는 사이였지만, 외부의 적을 무찌르기 위해 대립을 잠시 멈추고 서로 _____.

14 밑줄 친 관용어의 쓰임이 적절하지 <u>않은</u> 것은?

① 마을 사람들은 산불이 커져 마을로 번질까 봐 <u>발을 굴렀다</u>.
② 불량한 사람들과는 완전히 <u>손을 끊고</u> 건전하고 착실하게 살아라.
③ 전혀 예상치 못했던 큰돈을 손에 쥐자 <u>간이 떨려서</u> 잠도 오지 않았다.
④ 밤길을 걷는데 갑자기 내 앞으로 고양이가 튀어나와서 <u>간이 떨어질</u> 뻔했다.
⑤ 늦은 밤이 되었는데 동생이 돌아오지 않자 그는 걱정으로 <u>발이 닳아</u> 여기저기 전화를 해 보았다.

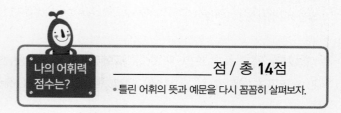

나의 어휘력 점수는? _____ 점 / 총 **14점**
• 틀린 어휘의 뜻과 예문을 다시 꼼꼼히 살펴보자.

다의어 · 동음이의어

가르다	① 쪼개거나 나누어 따로따로 되게 하다.
	예 청 팀과 백 팀으로 편을 [____]고 경기를 시작했다.
	② 물체가 공기나 물을 양옆으로 열며 움직이다.
	예 나룻배는 잠시 기우뚱대더니 곧 물살을 [____]며 나아갔다.
	③ 승부나 등수 따위를 서로 겨루어 정하다.
	예 두 사람은 승부를 [____]기 위해 이번 대회에서 만날 예정이다.

걸다	① 벽이나 못 따위에 어떤 물체를 떨어지지 않도록 매달아 올려놓다.
	예 거실 벽에 그림을 [____]었다.
	② 앞으로의 일에 대한 희망 따위를 품거나 기대하다.
	예 팬들은 그 작가의 새 작품에 큰 기대를 [____]고 있다.

길	① 사람, 동물, 자동차 따위가 지나갈 수 있게 땅 위에 낸 일정한 너비의 공간.
	예 이 [____]로 쭉 가면 바다가 나온다.
	② 방법이나 수단.
	예 그것만이 그 문제를 해결할 수 있는 유일한 [____]이다.
	③ 어떠한 일을 하는 도중이나 기회.
	예 심부름을 갔다 오는 [____]에 우연히 친구를 만났다.

필수 개념 – 시

| 운율
운 韻 | 가락 律 | 시를 읽을 때 느껴지는 말의 가락, 리듬. |
|---|---|
| | ■ 운율을 형성하는 요소 |
| | • 일정한 글자 수 반복 ・ 시에서 끊어 읽는 단위인 '음보' 반복 |
| | • 같거나 비슷한 소리, 단어 반복 ・ 일정한 위치에서 같은 말 반복 |
| | • 같거나 비슷한 문장 구조 반복 ・ 의성어, 의태어 사용 |

| 외형률
바깥 外 | 형상 形 | 가락 律 | 규칙적인 리듬이 겉으로 뚜렷하게 드러나는 운율. |
|---|---|

| 내재율
안 內 | 있을 在 | 가락 律 | 시의 겉에 뚜렷하게 드러나지 않고 시 속에서 은근하게 느껴지는 운율로, 시어, 행, 연, 작품 전체를 통해 느껴지는 주관적이고 개성적인 운율. |
|---|---|

01 ~ 03 밑줄 친 단어의 뜻풀이로 알맞은 것을 고르시오.

01 그를 설득할 수 있는 <u>길</u>은 이것뿐이다.
ㄱ 방법이나 수단.
ㄴ 사람, 동물, 자동차 따위가 지나갈 수 있게 땅 위에 낸 일정한 너비의 공간.

02 사과를 네 조각으로 <u>갈라</u> 한 조각씩 먹었다.
ㄱ 쪼개거나 나누어 따로따로 되게 하다.
ㄴ 승부나 등수 따위를 서로 겨루어 정하다.

03 그 선수는 목에 금메달을 <u>걸고</u> 환하게 웃었다.
ㄱ 앞으로의 일에 대한 희망 따위를 품거나 기대하다.
ㄴ 벽이나 못 따위에 어떤 물체를 떨어지지 않도록 매달아 올려놓다.

04 ~ 08 밑줄 친 단어의 뜻을 〈보기〉에서 찾아 기호를 쓰시오.

┌──────── 보기 ────────┐
ㄱ 어떠한 일을 하는 도중이나 기회.
ㄴ 승부나 등수 따위를 서로 겨루어 정하다.
ㄷ 물체가 공기나 물을 양옆으로 열며 움직이다.
ㄹ 앞으로의 일에 대한 희망 따위를 품거나 기대하다.
ㅁ 사람, 동물, 자동차 따위가 지나갈 수 있게 땅 위에 낸 일정한 너비의 공간.
└────────────────────┘

04 집으로 가는 <u>길</u>에 떡볶이를 먹었다.　(　)

05 비행기가 굉음과 함께 허공을 <u>가르며</u> 날았다.
(　)

06 그는 이 땅의 청년들에게 국가의 장래를 <u>걸었다</u>.
(　)

07 경기 종료 1분 전에 들어간 골이 이날의 승부를 <u>갈랐다</u>.　(　)

08 교차로의 교통 정체가 심해지자 시에서는 <u>길</u>을 넓히기로 했다.　(　)

09 ~ 11 다음 설명이 알맞으면 ○에, 틀리면 ×에 표시하시오.

09 운율이란 시를 읽을 때 마음속에 떠오르는 느낌이나 모습이다.　(○ , ×)

10 시에서 같거나 비슷한 소리, 단어, 문장 구조를 반복하면 운율이 형성될 수 있다.　(○ , ×)

11 내재율은 시어, 행, 연, 작품 전체를 통해 느껴지는 주관적이고 개성적인 운율이다.　(○ , ×)

12 다음 시에서 운율을 형성하는 요소가 <u>아닌</u> 것은?

┌────────────────────────────┐
돌담에 속삭이는 햇발같이
풀 아래 웃음 짓는 샘물같이
내 마음 고요히 고운 봄 길 위에
오늘 하루 하늘을 우러르고 싶다.

새악시 볼에 떠오는 부끄럼같이
시의 가슴에 살포시 젖는 물결같이
보드레한 에메랄드 얇게 흐르는
실비단 하늘을 바라보고 싶다.
　　　　　　　－ 김영랑, 〈돌담에 속삭이는 햇발〉
└────────────────────────────┘

① 대체로 3음보로 끊어 읽는다.
② 의성어와 의태어가 반복된다.
③ 동일한 문장 구조가 반복된다.
④ 울림소리 'ㄴ, ㄹ, ㅁ'이 반복된다.
⑤ 같은 위치에서 같은 말이 반복된다.

┌───┐
나의 어휘력
점수는?　　　　　　　_____ 점 / 총 **12**점
　　　　　　• 틀린 어휘의 뜻과 예문을 다시 꼼꼼히 살펴보자.
└───┘

필수 어휘

고즈넉하다	고요하고 아늑하다. 예 바닥이 따뜻한 온돌방 내부는 예스러운 장식으로 　　　　　 한 분위기를 자아내고 있다.	어휘쏙 아늑하다 포근하게 감싸 안기듯 편안하고 조용한 느낌이 있다.
골몰 다스릴 汨 | 잠길 沒	다른 생각을 할 여유도 없이 한 가지 일에만 파묻힘. 예 새집으로 이사한 그는 요즘 집을 꾸미는 일에 　　　　　 중이다.	유의어 열중(熱中) 한 가지 일에 정신을 쏟음.
공생 함께 共 | 날 生	서로 도우며 함께 삶. 예 두 회사는 　　　　　 관계를 유지하기 위해 협약을 맺었다.	유의어 공존(共存) 서로 도와서 함께 존재함.
과도하다 지날 過 | 법도 度	정도에 지나치다. 예 그는 　　　　　 한 스트레스 때문에 요즘 잠을 잘 못 잔다.	
관망 볼 觀 | 바랄 望	한발 물러나서 어떤 일이 되어 가는 형편을 바라봄. 예 한시라도 빨리 문제를 해결할 생각은 하지 않고 그렇게 　　　　　 만 하고 있으면 어떡합니까?	
관측 볼 觀 | 잴 測	① 육안이나 기계로 자연 현상 특히 천체나 기상의 상태, 추이, 변화 따위를 관찰하여 측정하는 일. 예 일부 혜성은 망원경 없이도 　　　　　 된다. ② 어떤 사정이나 형편 따위를 잘 살펴보고 그 장래를 헤아림. 예 경제가 점차 회복될 것이라는 희망적인 　　　　　 이 나오고 있다.	어휘쏙 육안(肉眼) 안경이나 망원경, 현미경 따위를 이용하지 않고 직접 보는 눈. 맨눈. 천체(天體) 우주에 존재하는 모든 물체.
괄시 근심 없을 恝 | 볼 視	업신여겨 하찮게 대함. 예 겉모습만 보고 사람을 그렇게 　　　　　 해서는 안 된다.	
교섭 사귈 交 | 건널 涉	어떤 일을 이루기 위하여 서로 의논하고 절충함. 예 무역 문제를 둘러싸고 두 나라 간의 　　　　　 이 시작되었다.	어휘쏙 절충(折衷) 서로 다른 사물, 의견, 관점 따위를 알맞게 조절하여 서로 잘 어울리게 함.
구사 몰 驅 | 부릴 使	말이나 수사법, 기교, 수단 따위를 능숙하게 마음대로 부려 씀. 예 그는 영어와 독일어 　　　　　 능력이 뛰어나다.	어휘쏙 수사법(修辭法) 효과적·미적 표현을 위하여 문장과 언어를 꾸미는 방법.

확인 문제

01 ~ 04 다음 뜻풀이에 해당하는 단어를 〈보기〉에서 찾아 쓰시오.

┤ 보기 ├
공생　관측　괄시　구사

01 서로 도우며 함께 삶.　（　　　　）

02 업신여겨 하찮게 대함.　（　　　　）

03 말이나 수사법, 기교, 수단 따위를 능숙하게 마음대로 부려 씀.　（　　　　）

04 육안이나 기계로 자연 현상 특히 천체나 기상의 상태, 추이, 변화 따위를 관찰하여 측정하는 일.　（　　　　）

05 ~ 06 다음 단어의 뜻풀이에서 알맞은 단어를 고르시오.

05 과도하다 : 정도에 (알맞다 | 지나치다).

06 고즈넉하다 : 고요하고 (넉넉하다 | 아늑하다).

07 ~ 09 〈보기〉의 글자들을 조합하여 다음 뜻풀이에 알맞은 단어를 쓰시오.

┤ 보기 ├
몰　골　교　관　섭　망

07 어떤 일을 이루기 위하여 서로 의논하고 절충함.　（　　　　）

08 한발 물러나서 어떤 일이 되어 가는 형편을 바라봄.　（　　　　）

09 다른 생각을 할 여유도 없이 한 가지 일에만 파묻힘.　（　　　　）

10 ~ 13 빈칸에 들어갈 알맞은 단어를 〈보기〉에서 찾아 쓰시오.

┤ 보기 ├
골몰　공존　관망　괄시　교섭

10 그는 가진 것이 없어서 (　　　　)을/를 당했던 젊은 시절을 회상했다.

11 당장 나서지 말고, 일단 여론이 어떻게 흘러가는지 좀 더 (　　　　)해 봅시다.

12 언니는 새로 산 책을 읽는 데 (　　　　)하느라 내가 방에 들어온 것도 알지 못했다.

13 내년도 임금 조정을 둘러싸고 노동자 측과 회사 측이 여러 차례 (　　　　)을/를 벌였다.

14 밑줄 친 단어의 쓰임이 적절하지 <u>않은</u> 것은?

① 내가 보기에 그들은 버는 것에 비해 씀씀이가 <u>과도</u>한 듯하다.
② 우리는 인적이 드문 <u>고즈넉한</u> 호숫가 카페에서 차를 마셨다.
③ 작가가 되려면 기본적으로 어휘를 다양하게 <u>구사</u>할 줄 알아야 한다.
④ 의사와 환자는 어찌 보면 서로 <u>공생</u>하는 관계에 있다고 말할 수 있다.
⑤ 마을의 골칫거리였던 그는 사람들의 <u>관측</u>에 결국 도망치듯 동네를 떠나고 말았다.

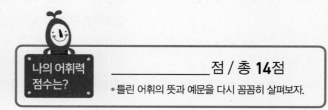

나의 어휘력 점수는?　＿＿＿＿＿＿점 / 총 **14**점
• 틀린 어휘의 뜻과 예문을 다시 꼼꼼히 살펴보자.

관용 표현 – 주제별 한자 성어

★ 학문, 독서

격물치지
격식 格 | 만물 物 | 이를 致 | 알 知

실제 사물의 이치를 연구하여 지식을 완전하게 함.
예 어떤 분야의 학문이든   의 태도로 꾸준히 노력하는 것이 중요하다.

교학상장
가르칠 敎 | 배울 學 | 서로 相 | 길 長

가르치고 배우는 과정에서 스승과 제자가 함께 성장함.
예 그 감독은 자신도 제자들로부터 배운 것이 많다며   의 즐거움과 가치에 대해 언급했다.

등화가친
등잔 燈 | 불 火 | 옳을 可 | 친할 親

등불을 가까이할 만하다는 뜻으로, 서늘한 가을밤은 등불을 가까이 하여 글 읽기에 좋음을 이르는 말.
예   이라는 말처럼, 가을밤은 시원하여 책을 읽을 때 집중이 잘된다.

수불석권
손 手 | 아닐 不 | 풀 釋 | 책 卷

손에서 책을 놓지 아니하고 늘 글을 읽음.
예 김 도령은 어려서부터   하더니 이른 나이에 과거 시험에 합격했다.

위편삼절
가죽 韋 | 엮을 編 | 석 三 | 끊을 絶

공자가 주역을 즐겨 읽어 책의 가죽끈이 세 번이나 끊어졌다는 뜻으로, 책을 열심히 읽음을 이르는 말.
예 시영이는 자신의 독서 계획에 따라   을 하며 겨울 방학을 보냈다.

★ 말

감언이설
달 甘 | 말씀 言 | 이로울 利 | 말씀 說

귀가 솔깃하도록 남의 비위를 맞추거나 이로운 조건을 내세워 꾀는 말.
예 그는 믿을 만한 사람이 못 되므로, 큰돈을 벌게 해 주겠다는   에 넘어가서는 안 된다.
어휘쏙 솔깃하다 그럴듯해 보여 마음이 쏠리는 데가 있다.
비위(脾胃) 어떤 것을 좋아하거나 싫어하는 성미. 또는 그러한 기분.

설왕설래
말씀 說 | 갈 往 | 말씀 說 | 올 來

서로 변론을 주고받으며 옥신각신함. 또는 말이 오고 감.
예 요즘 우리 집은 여행 장소를 정하는 문제로   가 한창이다.
어휘쏙 변론(辯論) 사리를 밝혀 옳고 그름을 따짐.

어불성설
말씀 語 | 아닐 不 | 이룰 成 | 말씀 說

말이 조금도 사리에 맞지 아니함.
예 물이 부족한 지역에서 물 축제를 열자고 주장하다니, 참으로   이다.

01 ~ 04 다음 뜻풀이에 해당하는 한자 성어를 〈보기〉에서 찾아 쓰시오.

┤ 보기 ├
교학상장 등화가친 설왕설래 수불석권

01 손에서 책을 놓지 아니하고 늘 글을 읽음.
( )

02 가르치고 배우는 과정에서 스승과 제자가 함께 성장함.
( )

03 서로 변론을 주고받으며 옥신각신함. 또는 말이 오고 감.
( )

04 등불을 가까이할 만하다는 뜻으로, 서늘한 가을밤은 등불을 가까이 하여 글 읽기에 좋음을 이르는 말.
( )

05 ~ 08 제시된 초성을 참고하여 다음 뜻풀이에 알맞은 한자 성어를 쓰시오.

05 말이 조금도 사리에 맞지 아니함.
| ㅇ | | ㅅ | |

06 실제 사물의 이치를 연구하여 지식을 완전하게 함.
| ㄱ | ㅁ | | |

07 귀가 솔깃하도록 남의 비위를 맞추거나 이로운 조건을 내세워 꾀는 말.
| | | ㅇ | ㅅ |

08 공자가 주역을 즐겨 읽어 책의 가죽끈이 세 번이나 끊어졌다는 뜻으로, 책을 열심히 읽음을 이르는 말.
| | ㅍ | ㅈ | |

09 ~ 11 다음 대화 내용과 의미가 통하는 한자 성어를 〈보기〉에서 찾아 쓰시오.

┤ 보기 ├
교학상장 설왕설래 수불석권

09 아빠: 영민아, 밥 먹을 때는 책은 그만 봐야지.
엄마: 영민이는 잘 때 빼고는 책을 손에서 놓지 않아요. ( )

10 도연: 한 해 동안 선생님께 정말 많이 배웠습니다.
선생님: 나도 열심히 배우려는 너희를 보면서 참 많은 것을 깨달았다. 오히려 내가 고맙구나.
( )

11 윤정: 이번 축제 공연에서 우리 반은 방송 댄스를 하는 게 어떨까?
우석: 그것보다는 합창을 하는 게 좋을 것 같아.
빛나: 나는 사물놀이를 하는 게 의미도 있고 좋을 것 같은데. ( )

12 밑줄 친 한자 성어의 쓰임이 적절하지 <u>않은</u> 것은?

① 가을은 <u>등화가친</u>의 계절이니, 우리 모두 독서를 합시다.

② 아라는 책 읽기를 좋아하여 추석 연휴 내내 <u>위편삼절</u>하였다.

③ 시험공부를 하지도 않으면서 좋은 성적을 바라는 것은 어불성설이다.

④ 시장에 가면 자꾸 사고 싶어지는 것이 많아지니, <u>격물치지</u>라는 말이 맞다.

⑤ 점원의 <u>감언이설</u>에 넘어가 굳이 필요하지도 않은 비싼 컴퓨터를 사고 말았다.

헷갈리기 쉬운 말

가진
'자기 것으로 하다.', '생각, 태도, 사상 따위를 마음에 품다.' 등의 의미를 지닌 동사 '가지다'의 활용형.
예 지금 내가 ▢▢▢▢ 돈은 통틀어 천 원뿐이다.

갖은
골고루 다 갖춘. 또는 여러 가지의.
예 흥부는 형 놀부의 집에서 쫓겨나 ▢▢▢▢ 고생을 했다.

긷다
우물이나 샘 따위에서 두레박이나 바가지 따위로 물을 떠내다.
예 옛날 아낙네들은 샘에서 물을 ▢▢▢ 거나 그 옆에서 빨래를 하기도 했다.

깁다
떨어지거나 해어진 곳에 다른 조각을 대거나 또는 그대로 꿰매다.
예 구멍 난 옷과 양말을 다 ▢▢▢ 고 나니 어느새 저녁이었다.

거저
① 아무런 노력이나 대가 없이.
예 그런 고물 시계는 ▢▢▢▢ 줘도 싫다.
② 아무것도 가지지 않고 빈손으로.
예 그는 할머니 댁에 갈 때 ▢▢▢▢ 가지 않는다.

그저
① 다른 일은 하지 않고 그냥.
예 두 사람은 마주 선 채로 ▢▢▢▢ 서로를 바라볼 뿐이었다.
② 별로 신기할 것 없이.
예 요즘은 특별한 일 없이 ▢▢▢▢ 그렇게 지내고 있습니다.

필수 개념 - 시

반어법
돌이킬 反 | 말씀 語 | 법도 法
말하고자 하는 의도나 감정을 정반대로 표현하는 방법.
예 나 보기가 역겨워 / 가실 때에는 / 죽어도 아니 눈물 흘리우리다 - 김소월, 〈진달래꽃〉
→ 임과 이별하면 몹시 울 것이니 떠나지 말아 달라는 속마음을 반어적으로 표현함.

역설법
거스를 逆 | 말씀 說 | 법도 法
논리적으로 이치에 맞지 않는 말 속에 진리를 담아 표현하는 방법.
예 아아, 님은 갔지마는 나는 님을 보내지 아니하였습니다. - 한용운, 〈님의 침묵〉
→ 임이 떠났는데 임을 보내지 않았다는 모순된 표현을 통해 재회에 대한 믿음을 드러냄.
■ 역설적 표현의 효과
• 겉으로 드러나는 모순을 통해 강한 인상을 준다.
• 익숙한 인식을 낯설게 하여 새로움을 느끼게 한다.
• 표현에 담긴 진리나 가치에 대해 독자 스스로 생각해 보게 한다.

01 ~ 04 다음 단어와 그 뜻풀이를 바르게 연결하시오.

01 갖은 •

02 긷다 •

03 거저 •

04 깁다 •

• ㉠ 아무런 노력이나 대가 없이.

• ㉡ 골고루 다 갖춘. 또는 여러 가지의.

• ㉢ 우물이나 샘 따위에서 두레박이나 바가지 따위로 물을 떠내다.

• ㉣ 떨어지거나 해어진 곳에 다른 조각을 대거나 또는 그대로 꿰매다.

05 ~ 07 다음 문장에서 적절한 단어를 고르시오.

05 그녀는 무슨 고민이 있는지 (거저 | 그저) 울기만 했다.

06 알리바바가 들어간 동굴 안에는 (가진 | 갖은) 보물이 가득했다.

07 할아버지는 아침마다 약수터에 가서 물을 (긷고 | 깁고) 간단히 운동을 하신다.

08 밑줄 친 단어의 쓰임이 적절하지 <u>않은</u> 것은?

① 예전에는 양철로 만든 두레박으로 물을 길었다.
② 그는 사람들을 설득하기 위해 <u>가진</u> 노력을 다 했다.
③ 찢어진 커튼을 <u>깁기</u> 위해 커튼과 비슷한 천을 사 왔다.
④ 친한 친구의 생일인데 <u>거저</u> 갈 수가 없어서 액세서리 가게에 들렀다.
⑤ 감독은 마지막 경기를 앞두고 선수들의 힘을 북돋우기 위해 <u>갖은</u> 애를 썼다.

09 ~ 11 다음 설명이 알맞으면 ○에, 틀리면 ×에 표시하시오.

09 말하고자 하는 의도나 감정을 정반대로 표현하는 방법을 반어법이라고 한다. (○ , ×)

10 반어법을 사용하면 이치에 맞지 않는 모순된 표현을 통해 강한 인상을 줄 수 있다. (○ , ×)

11 역설법을 사용하면 표현에 담긴 진리나 가치에 대해 독자 스스로 생각해 보게 하는 효과를 줄 수 있다. (○ , ×)

12 다음 시의 밑줄 친 부분에 사용된 것과 동일한 표현 방법이 쓰인 것은?

> 먼 훗날 당신이 찾으시면
> 그때에 내 말이 '잊었노라.'
>
> 당신이 속으로 나무라면
> '무척 그리다가 <u>잊었노라.</u>'
>
> 그래도 당신이 나무라면
> '믿기지 않아서 <u>잊었노라.</u>'
>
> 오늘도 어제도 아니 잊고
> 먼 훗날 그때에 '<u>잊었노라.</u>'
>
> – 김소월, 〈먼 후일〉

① 이것은 소리 없는 아우성
② 오늘 밤에도 별이 바람에 스치운다.
③ 머얼리서 오는 하늘은 / 호수처럼 푸르다.
④ 나 보기가 역겨워 / 가실 때에는 / 죽어도 아니 눈물 흘리우리다.
⑤ 금방울과 같이 호동그란 고양이의 눈에 / 미친 봄의 불길이 흐르도다.

나의 어휘력 점수는? _____ 점 / 총 **12점**

• 틀린 어휘의 뜻과 예문을 다시 꼼꼼히 살펴보자.

공부한 날 ◯ 월 ◯ 일

필수 어휘

구전
입 口 | 전할 傳

말로 전하여 내려옴. 또는 말로 전함.
예 이 노래는   되어 온 민요이다.

구제
구원할 救 | 건널 濟

자연적인 재해나 사회적인 피해를 당하여 어려운 처지에 있는 사람을 도와줌.
예 굶주리는 백성들을   하기 위해 나라에서 쌀을 나눠 주었다.

> **유의어** 구호(救護) 재해나 재난 따위로 어려움에 처한 사람을 도와 보호함.

극한
지극할 極 | 한계 限

궁극의 한계. 사물이 진행하여 도달할 수 있는 최후의 단계나 지점을 이른다.
예 한 치의 양보 없이 자기주장만 거듭하던 그들의 대립은 결국   에 이르렀다.

> **유의어** 극도(極度) 더할 수 없는 정도.
> 정점(頂點) 사물의 진행이나 발전이 최고의 경지에 달한 상태.

근시안적
가까울 近 | 볼 視 | 눈 眼 | 과녁 的

앞날의 일이나 사물 전체를 보지 못하고 눈앞의 부분적인 현상에만 사로잡히는. 또는 그런 것.
예 이것은 10년 후도 내다보지 못한   인 도시 계획이다.

근절
뿌리 根 | 끊을 絶

다시 살아날 수 없도록 아주 뿌리째 없애 버림.
예 학교 폭력을   하기 위해서는 교사, 학생, 학부모 모두의 노력이 필요하다.

급감
급할 急 | 덜 減

급작스럽게 줄어듦.
예 일회용품 규제 강화로 일회용품 사용량이   하였다.

> **반의어** 급증(急增) 갑작스럽게 늘어남.

기별
기이할 奇 | 다를 別

다른 곳에 있는 사람에게 소식을 전함. 또는 소식을 적은 종이.
예 그는 외국 땅을 밟자마자 가족들에게 잘 도착했다고   을 보냈다.

기여하다
부칠 寄 | 더불 與

도움이 되도록 이바지하다.
예 그는 영화 음악 분야에   한 바가 인정되어 이번에 음악상을 받게 되었다.

> **유의어** 공헌(貢獻)하다 힘을 써 이바지하다.

기원
일어날 起 | 근원 源

사물이 처음으로 생김. 또는 그런 근원.
예 이 풍습은 고려 시대에서   한 것이다.

> **어휘 쏙** 근원(根源) 사물이 비롯되는 근본이나 원인.

확인 문제

01 ~ 05 다음 뜻풀이에 해당하는 단어를 말상자에서 찾아 표시하시오.

구	제	도	매	급	소
석	공	리	달	감	근
기	여	하	다	식	시
적	나	라	제	초	안
자	기	원	상	대	적

01 급작스럽게 줄어듦.

02 도움이 되도록 이바지하다.

03 사물이 처음으로 생김. 또는 그런 근원.

04 자연적인 재해나 사회적인 피해를 당하여 어려운 처지에 있는 사람을 도와줌.

05 앞날의 일이나 사물 전체를 보지 못하고 눈앞의 부분적인 현상에만 사로잡히는. 또는 그런 것.

06 ~ 09 〈보기〉의 글자들을 조합하여 다음 뜻풀이에 알맞은 단어를 쓰시오.

| 보기 |
| 한 전 근 기 구 극 별 절 |

06 말로 전하여 내려옴. 또는 말로 전함.
( )

07 다시 살아날 수 없도록 아주 뿌리째 없애 버림.
( )

08 다른 곳에 있는 사람에게 소식을 전함. 또는 소식을 적은 종이.
( )

09 궁극의 한계. 사물이 진행하여 도달할 수 있는 최후의 단계나 지점을 이른다.
( )

10 ~ 13 빈칸에 들어갈 알맞은 단어를 〈보기〉에서 찾아 쓰시오.

| 보기 |
| 구제 극한 근절 급증 기원 |

10 정부에서는 피해 상인들을 ( )하기 위한 대책을 마련하기로 했다.

11 이번 처벌이 본보기가 되어 공직자의 부정부패가 확실하게 ( )되기를 바란다.

12 그는 ( )의 고통을 참아 내며 훈련한 결과 세계 선수권 대회에서 우승할 수 있었다.

13 42.195km를 달리는 마라톤은 고대 아테네와 페르시아의 마라톤 전투에서 ( )한 것이다.

14 밑줄 친 단어의 쓰임이 적절하지 않은 것은?

① 이번 대회의 우승자에게는 메달과 상금을 <u>기여합니다.</u>
② 그는 이번 여름휴가 때 고향에 가겠다고 부모님께 <u>기별하였다.</u>
③ 건강을 생각하는 소비자들이 늘면서 탄산음료의 소비가 <u>급감하고</u> 있다.
④ 그런 <u>근시안적인</u> 사고는 국가의 미래와 장기적인 발전에 전혀 도움이 안 됩니다.
⑤ 최근에는 사용자들에게 상품에 대한 입소문을 내게 하는 <u>구전</u> 마케팅이 널리 활용되고 있다.

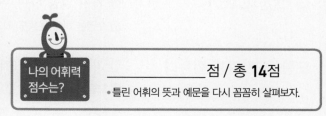

나의 어휘력 점수는? _____ 점 / 총 **14점**
• 틀린 어휘의 뜻과 예문을 다시 꼼꼼히 살펴보자.

관용 표현 – 주제별 속담

★ 겸손, 경계

뛰는 놈 위에 나는 놈 있다	아무리 재주가 뛰어나다 하더라도 그보다 더 뛰어난 사람이 있다는 뜻으로, 스스로 뽐내는 사람을 경계하여 이르는 말. 예 네가 국가 대표 선발전에서는 1위를 했지만, 뛰는 놈 위에 　　　　는 걸 기억하고 국제 대회를 준비해야 해.
벼 이삭은 익을수록 고개를 숙인다	교양이 있고 수양을 쌓은 사람일수록 겸손하고 남 앞에서 자기를 내세우려 하지 않는다는 것을 이르는 말. 예 벼 이삭은 　　　　　　　　고, 그 가수는 세계적인 스타가 되었는데도 잘난 체하지 않고 늘 겸손하다.
오르지 못할 나무는 쳐다보지도 마라	자기의 능력 밖의 불가능한 일에 대해서는 처음부터 욕심을 내지 않는 것이 좋다는 말. 예 뒷산도 못 오르면서 에베레스트산을 정복하겠다니, 　　　　　　는 쳐다보지도 마라.

★ 사람과의 관계

개밥에 도토리	개는 도토리를 먹지 않기 때문에 밥 속에 있어도 먹지 않고 남긴다는 뜻에서, 따돌림을 받아서 여럿의 축에 끼지 못하는 사람을 이르는 말. 예 그는 모임에 가면 　　　　　　처럼 사람들과 떨어져 혼자 음식에만 집중한다.
꾸어다 놓은 보릿자루	여럿이 모여 이야기하는 자리에서 아무 말도 하지 않고 한옆에 가만히 있는 사람을 이르는 말. 예 평소에는 말이 많던 유진이가 오늘따라 　　　　　　　처럼 조용하구나.
바늘 가는 데 실 간다	바늘이 가는 데 실이 항상 뒤따른다는 뜻으로, 사람의 긴밀한 관계를 이르는 말. 예 　　　　　　 실 간다더니, 지수가 오니까 쌍둥이 동생도 덩달아 따라오더라.

★ 두 가지 이익

꿩 먹고 알 먹기	한 가지 일을 하여 두 가지 이상의 이익을 보게 됨을 이르는 말. 예 수영을 하면 운동도 되고 밥맛도 좋아지니, 그야말로 　　　　　　다.
도랑 치고 가재 잡는다	한 가지 일로 두 가지 이익을 봄을 이르는 말. 예 도랑 치고 　　　　　　고, 채소를 직접 키워 먹으면 채솟값도 아끼고 건강에도 좋다.

01~04 다음 뜻풀이에 해당하는 속담을 〈보기〉에서 찾아 기호를 쓰시오.

┤ 보기 ├
㉠ 꿩 먹고 알 먹기
㉡ 바늘 가는 데 실 간다
㉢ 뛰는 놈 위에 나는 놈 있다
㉣ 오르지 못할 나무는 쳐다보지도 마라

01 사람의 긴밀한 관계를 이르는 말.　　（　　　）

02 한 가지 일을 하여 두 가지 이상의 이익을 보게 됨을 이르는 말.　　（　　　）

03 자기의 능력 밖의 불가능한 일에 대해서는 처음부터 욕심을 내지 않는 것이 좋다는 말.　（　　　）

04 아무리 재주가 뛰어나다 하더라도 그보다 더 뛰어난 사람이 있다는 뜻으로, 스스로 뽐내는 사람을 경계하여 이르는 말.　　（　　　）

05~08 제시된 초성을 참고하여 뜻풀이에 해당하는 속담을 완성하시오.

05 개밥에 ㄷ ㅌ ㄹ
　→ 따돌림을 받아서 여럿의 축에 끼지 못하는 사람을 이르는 말.

06 ㄷ ㄹ 치고 ㄱ ㅈ 잡는다
　→ 한 가지 일로 두 가지 이익을 봄을 이르는 말.

07 꾸어다 놓은 ㅂ ㄹ ㅈ ㄹ
　→ 여럿이 모여 이야기하는 자리에서 아무 말도 안하고 한옆에 가만히 있는 사람을 이르는 말.

08 ㅂ 이삭은 익을수록 ㄱ ㄱ 를 숙인다
　→ 교양이 있고 수양을 쌓은 사람일수록 겸손하고 남 앞에서 자기를 내세우려 하지 않는다는 것을 이르는 말.

09~11 밑줄 친 속담의 쓰임이 적절하면 ○에, 그렇지 않으면 ×에 표시하시오.

09 혜수: 나 내일 야구장 갈 건데 너도 갈 거지?
　　은비: 뛰는 놈 위에 나는 놈 있다고, 네가 가는데 단짝인 나도 당연히 가야지.　（ ○ , × ）

10 지연: 어제 우희 생일 파티는 재밌었어?
　　민하: 말도 마. 우희 빼고는 다 모르는 사람들이라 꾸어다 놓은 보릿자루처럼 있다가 왔어. （ ○ , × ）

11 창민: 어제 방 청소하다가 서랍에서 만 원을 찾았어. 공돈이 생겼으니 떡볶이 먹으러 가자.
　　승호: 오! 개밥에 도토리라더니, 방도 깨끗해지고 공돈도 생겼네.　　（ ○ , × ）

12~14 빈칸에 들어갈 적절한 속담을 〈보기〉에서 찾아 기호를 쓰시오.

┤ 보기 ├
㉠ 도랑 치고 가재 잡는다
㉡ 벼 이삭은 익을수록 고개를 숙인다
㉢ 오르지 못할 나무는 쳐다보지도 마라

12 사회적으로 큰 성공을 이뤄 냈다고 자만하지 말고, （　　　）는 말을 늘 기억해라.

13 그는 지역 대표로도 뽑히지 못하면서 올림픽 금메달을 꿈꾸는 동생에게 '（　　　）'라며 충고했다.

14 （　　　）고, 자신이 안 쓰는 물건을 기부하면 자원 낭비를 줄이고 다른 사람도 도울 수 있어 좋다.

나의 어휘력 점수는?　　　＿＿＿＿＿＿ 점 / 총 **14점**
　　　• 틀린 어휘의 뜻과 예문을 다시 꼼꼼히 살펴보자.

다의어 · 동음이의어

기르다	① 동식물을 보살펴 자라게 하다.
	예 세은이는 취미로 선인장을 ▢▢▢▢고 있다.
	② 아이를 보살펴 키우다.
	예 그는 아이를 ▢▢▢▢▢느라 친구들을 자주 만나지 못하고 있다.
	③ 육체나 정신을 단련하여 더 강하게 만들다.
	예 지호는 체력을 ▢▢▢▢▢기 위해 매일 한 시간 이상 운동한다.
	④ 습관 따위를 몸에 익게 하다.
	예 현수는 아침에 일찍 일어나는 습관을 ▢▢▢▢려고 노력하는 중이다.

| 기상¹
기운 氣 \| 형상 象 | 대기 중에서 일어나는 물리적인 현상을 통틀어 이르는 말. 바람, 구름, 비, 눈, 더위, 추위 따위를 이른다. |
| | 예 ▢▢▢▢▢ 상태가 좋지 않아서 등산을 하지 않기로 했다. |

| 기상²
일어날 起 \| 평상 牀 | 잠자리에서 일어남. |
| | 예 나는 평소에 7시쯤 ▢▢▢▢한다. |

| 기술¹
재주 技 \| 꾀 術 | 사물을 잘 다룰 수 있는 방법이나 능력. |
| | 예 그는 가구를 만드는 ▢▢▢▢이 뛰어났다. |

| 기술²
기록할 記 \| 지을 述 | 대상이나 과정의 내용과 특징을 있는 그대로 열거하거나 기록하여 서술함. |
| | 예 안네의 일기에는 그녀가 겪은 여러 가지 일들이 ▢▢▢▢되어 있다. |

필수 개념 – 시

설의법 베풀 設 | 의심할 疑 | 법도 法	당연한 사실이나 결론이 분명한 내용을 물어보는 형식으로 표현하는 방법.
	예 밤중의 광명이 너만 한 이 또 있느냐. – 윤선도, 〈오우가〉
	→ '–느냐'라는 의문문 형식으로 '너만 한 이 또 없다.'라는 의미를 강조함.

도치법 거꾸로 倒 | 둘 置 | 법도 法	문장 속 말의 차례를 바꾸어 변화를 주는 방법.
	예 가믈음 땅에 스며든 더운 김이 / 등에 서리나니, 훈훈히, – 정지용, 〈발열〉
	→ '등에 훈훈히 서리나니'가 자연스러운 문장인데, 말의 순서를 바꾸어 나타냄.

대구법 마주할 對 | 구절 句 | 법도 法	구조가 같거나 비슷한 문장을 나란히 배열하는 방법.
	예 내를 건너서 숲으로 / 고개를 넘어서 마을로 – 윤동주, 〈새로운 길〉
	→ '~를 ~(어)서 ~(으)로'라는 문장 구조를 나란히 배열함.

01 ~ 03 밑줄 친 단어의 뜻풀이로 알맞은 것을 고르시오.

01 그는 딸을 <u>기르면서</u> 장난감에 관심이 많아졌다.
　㉠ 아이를 보살펴 키우다.
　㉡ 습관 따위를 몸에 익게 하다.

02 갑작스러운 <u>기상</u> 변화로 비행기가 뜨지 못했다.
　㉠ 잠자리에서 일어남.
　㉡ 대기 중에서 일어나는 물리적인 현상을 통틀어 이르는 말.

03 형은 성인이 되자 학원에서 운전 <u>기술</u>을 배웠다.
　㉠ 사물을 잘 다룰 수 있는 방법이나 능력.
　㉡ 대상이나 과정의 내용과 특징을 있는 그대로 열거하거나 기록하여 서술함.

04 ~ 08 밑줄 친 단어의 뜻을 〈보기〉에서 찾아 기호를 쓰시오.

┌─ 보기 ├─
㉠ 잠자리에서 일어남.
㉡ 습관 따위를 몸에 익게 하다.
㉢ 동식물을 보살펴 자라게 하다.
㉣ 육체나 정신을 단련하여 더 강하게 만들다.
㉤ 대상이나 과정의 내용과 특징을 있는 그대로 열거하거나 기록하여 서술함.
└─────────────

04 아침 식사를 하는 버릇을 <u>길러라</u>. (　　　)

05 진아는 마당에서 하얀 토끼를 <u>기르고</u> 있다.
　　　　　　　　　　　　　　　　　　(　　　)

06 그는 <u>기상</u>하자마자 물을 한 잔 마시는 습관이 있다. (　　　)

07 이 책에는 조선 시대의 의복에 대한 내용이 자세하게 <u>기술</u>되어 있다. (　　　)

08 성격이 급해서 실수를 자주 하는 소미는 인내심을 <u>기르기</u> 위해 노력 중이다. (　　　)

09 ~ 11 다음 설명이 알맞으면 ○에, 틀리면 ×에 표시하시오.

09 문장 속 말의 차례를 바꾸어 변화를 주는 표현 방법을 도치법이라고 한다. (　○　,　×　)

10 대구법은 구조가 같거나 비슷한 문장을 나란히 배열하는 방법이다. (　○　,　×　)

11 '내를 건너서 숲으로 / 고개를 넘어서 마을로'에는 설의법이 사용되었다. (　○　,　×　)

12 (가)와 (나)의 표현상 특징을 〈보기〉에서 모두 골라 기호를 쓰시오.

┌──────────────
가 더우면 꽃 피고 추우면 잎 지거늘
　　솔아, 너는 어찌 눈서리를 모르느냐.
　　구천(九泉)에 뿌리 곧은 줄을 그로 하여 아노라
　　　　　　　　　　　　– 윤선도, 〈오우가〉 제4수

나 들가에 떨어져 나가 앉은 멧기슭의
　　넓은 바다의 물가 뒤에,
　　나는 지으리, 나의 집을,
　　다시금 큰길을 앞에다 두고.
　　　　　　　　　　　　　　　– 김소월, 〈나의 집〉
└──────────────

┌─ 보기 ├─
㉠ 비슷한 구조의 문장을 나란히 배열하였다.
㉡ 대상의 이름을 불러 주의를 불러일으켰다.
㉢ 모순되는 표현 속에 삶의 진리를 담아냈다.
㉣ 문장 속 말의 차례를 바꾸어 변화를 주었다.
㉤ 당연한 사실을 물어보는 형식으로 표현하였다.
└─────────────

(가): _____　　(나): _____

나의 어휘력 점수는?　　　_____점 / 총 **12점**
• 틀린 어휘의 뜻과 예문을 다시 꼼꼼히 살펴보자.

필수 어휘

낙방 떨어질 落 | 패 榜	시험, 모집, 선거 따위에 응하였다가 떨어짐. 예 그는 어제 치른 한식 실기 시험에서 또 하고 말았다.	**반의어** 합격(合格) 시험, 검사, 심사 따위에서 일정한 조건을 갖추어 어떠한 자격이나 지위 따위를 얻음.
난무하다 어지러울 亂 | 춤출 舞	함부로 나서서 마구 날뛰다. 예 그가 회사를 그만둔 이유에 대하여 온갖 추측이 하고 있다.	
남짓	크기, 수효, 부피 따위가 어느 한도에 차고 조금 남는 정도임을 나타내는 말. 예 우리는 이십 분 걸어 공원에 도착했다.	**어휘 쏙** 한도(限度) 일정한 정도 또는 한정된 정도.
남용 넘칠 濫 | 쓸 用	① 일정한 기준이나 한도를 넘어서 함부로 씀. 예 약물을 하면 치료는커녕 오히려 건강을 해친다. ② 권리나 권한 따위를 본래의 목적이나 범위를 벗어나 함부로 행사함. 예 그는 팀장의 권한을 하여 직원들의 비난을 받았다.	
납득 들일 納 | 얻을 得	다른 사람의 말이나 행동, 형편 따위를 잘 알아서 긍정하고 이해함. 예 여러 번 설명했는데도 혜미는 여전히 을 할 수 없다는 표정을 짓고 있었다.	**유의어** 수긍(首肯) 옳다고 인정함.
노상	언제나 변함없이 한 모양으로 줄곧. 예 그는 웃고 다닌다.	**유의어** 으레 틀림없이 언제나. 늘 계속하여 언제나.
논쟁 논의할 論 | 다툴 爭	서로 다른 의견을 가진 사람들이 각각 자기의 주장을 말이나 글로 논하여 다툼. 예 교복의 필요성에 대한 의견이 제각기 달라 이 벌어졌다.	
뇌다	지나간 일이나 한 번 한 말을 여러 번 거듭 말하다. 예 경기장에 들어서면서 나는 잘할 수 있다고 입버릇처럼 었다.	
느닷없이	나타나는 모양이 아주 뜻밖이고 갑작스럽게. 예 아기는 잘 놀다가 울기 시작했다.	**유의어** 불현듯 어떤 행동을 갑작스럽게 하는 모양.

01 ~ 04 다음 단어와 그 뜻풀이를 바르게 연결하시오.

01 남짓 •

02 납득 •

03 노상 •

04 느닷없이 •

• ㉠ 언제나 변함없이 한 모양으로 줄곧.

• ㉡ 나타나는 모양이 아주 뜻밖이고 갑작스럽게.

• ㉢ 다른 사람의 말이나 행동, 형편 따위를 잘 알아서 긍정하고 이해함.

• ㉣ 크기, 수효, 부피 따위가 어느 한도에 차고 조금 남는 정도임을 나타내는 말.

05 ~ 06 다음 단어의 뜻풀이에서 알맞은 단어를 고르시오.

05 난무하다 : 함부로 나서서 마구 (쫓다 | 날뛰다).

06 뇌다 : 지나간 일이나 한 번 한 말을 여러 번 거듭 (말하다 | 후회하다).

07 ~ 09 〈보기〉의 글자들을 조합하여 다음 뜻풀이에 알맞은 단어를 쓰시오.

┌───── 보기 ─────┐
남 방 용 쟁 낙 논
└──────────────┘

07 시험, 모집, 선거 따위에 응하였다가 떨어짐.
( )

08 권리나 권한 따위를 본래의 목적이나 범위를 벗어나 함부로 행사함. ( )

09 서로 다른 의견을 가진 사람들이 각각 자기의 주장을 말이나 글로 논하여 다툼. ( )

10 ~ 13 빈칸에 들어갈 알맞은 단어를 〈보기〉에서 찾아 쓰시오.

┌──────── 보기 ────────┐
남용 남짓 납득 논쟁 불현듯
└────────────────────┘

10 이번에 새로 들어온 직원은 서른 살 ( ) 되어 보였다.

11 그 드라마의 내용 흐름이 상식적으로 ( ) 이 되지 않는다.

12 농약의 ( )은 생태계의 균형을 허물어뜨리는 결과를 낳았다.

13 두 사람은 같은 작품을 읽고 난 감상과 의견이 달라 열띤 ( )을 벌였다.

14 밑줄 친 단어의 쓰임이 적절하지 <u>않은</u> 것은?

① 그는 느닷없이 회사에 사표를 던지고 사라졌다.
② 시험에 낙방한 사람끼리 마음을 달랠 겸 여행을 떠났다.
③ 최근 인터넷상에서 욕설과 인신공격 등의 언어폭력이 난무하고 있다.
④ 내 사무실은 9m² 노상의 작은 공간이지만 깔끔해서 그리 답답하지는 않다.
⑤ 그는 여기서 포기할 수 없다고 몇 번이고 마음속으로 뇌며 고된 훈련을 이어 갔다.

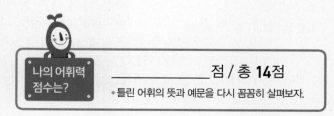
나의 어휘력 점수는?   _____ 점 / 총 **14점**
• 틀린 어휘의 뜻과 예문을 다시 꼼꼼히 살펴보자.

관용 표현 – 주제별 한자 성어

★ 끊임없는 노력

분골쇄신
가루 粉 | 뼈 骨 | 부술 碎 | 몸 身

뼈를 가루로 만들고 몸을 부순다는 뜻으로, 정성으로 노력함을 이르는 말.

예 많은 독립운동가들이 민족의 독립을 위해 ░░░░░░░░ 하여 싸웠다.

불철주야
아닐 不 | 거둘 撤 | 낮 晝 | 밤 夜

어떤 일에 몰두하여 조금도 쉴 사이 없이 밤낮을 가리지 아니함.

예 경찰들이 그 사건을 해결하기 위해 ░░░░░░░░ 노력하고 있다.

자강불식
스스로 自 | 강할 強 | 아닐 不 | 숨쉴 息

스스로 힘써 몸과 마음을 가다듬어 쉬지 아니함.

예 고등학교 3학년이 된 언니는 바라는 대학에 합격하기 위해 올 한 해 ░░░░░░░░ 할 것을 다짐했다.

절차탁마
끊을 切 | 갈 磋 | 쪼을 琢 | 갈 磨

옥이나 돌 따위를 갈고 닦아서 빛을 낸다는 뜻으로, 부지런히 학문과 덕행을 닦음을 이르는 말.

예 음식에 관심이 많은 종원이는 ░░░░░░░░ 하여 요리사 못지않은 요리 실력을 길렀다.

주마가편
달릴 走 | 말 馬 | 더할 加 | 채찍 鞭

달리는 말에 채찍질한다는 뜻으로, 잘하는 사람을 더욱 장려함을 이르는 말.

예 감독은 그 배우에게 연기가 좋다고 칭찬하면서, 감정 표현이 더욱 잘 드러나도록 신경 써 달라고 ░░░░░░░░ 하였다.

형설지공
개똥벌레 螢 | 눈 雪 | 갈 之 | 공 功

반딧불·눈과 함께 하는 노력이라는 뜻으로, 고생을 하면서 부지런하고 꾸준하게 공부하는 자세를 이르는 말.

예 그는 어려운 환경에서도 ░░░░░░░░ 으로 공부에 힘썼다.

★ 남의 실패를 교훈으로 삼음

반면교사
돌이킬 反 | 낯 面 | 가르칠 教 | 스승 師

사람이나 사물 따위의 부정적인 면에서 얻는 깨달음이나 가르침을 주는 대상을 이르는 말.

예 피해가 컸던 지난 태풍을 ░░░░░░░░ 로 삼아, 태풍 피해를 줄이기 위해 더욱 단단히 대비해야 한다.

타산지석
다를 他 | 뫼 山 | 갈 之 | 돌 石

다른 산의 나쁜 돌이라도 자신의 산의 옥돌을 가는 데에 쓸 수 있다는 뜻으로, 본이 되지 않은 남의 말이나 행동도 자신의 지식과 인격을 수양하는 데에 도움이 될 수 있음을 이르는 말.

예 석진이는 공부를 대충 하여 시험을 망친 형의 행동을 ░░░░░░░░ 삼아 자신은 절대 그러지 않겠다고 결심했다.

01 ~ 04 다음 뜻풀이에 해당하는 한자 성어를 〈보기〉에서 찾아 쓰시오.

┤ 보기 ├

반면교사　분골쇄신　불철주야　형설지공

01 어떤 일에 몰두하여 조금도 쉴 사이 없이 밤낮을 가리지 아니함.　　　　　　（　　　　　）

02 뼈를 가루로 만들고 몸을 부순다는 뜻으로, 정성으로 노력함을 이르는 말.　　　（　　　　　）

03 사람이나 사물 따위의 부정적인 면에서 얻는 깨달음이나 가르침을 주는 대상을 이르는 말.
（　　　　　）

04 반딧불·눈과 함께 하는 노력이라는 뜻으로, 고생을 하면서 부지런하고 꾸준하게 공부하는 자세를 이르는 말.　　　　　　　　（　　　　　）

05 ~ 08 제시된 초성을 참고하여 다음 뜻풀이에 알맞은 한자 성어를 쓰시오.

05 스스로 힘써 몸과 마음을 가다듬어 쉬지 아니함.

| ㅈ | ㄱ | | |

06 달리는 말에 채찍질한다는 뜻으로, 잘하는 사람을 더욱 장려함을 이르는 말.

| | | ㅁ | ㅍ |

07 옥이나 돌 따위를 갈고 닦아서 빛을 낸다는 뜻으로, 부지런히 학문과 덕행을 닦음을 이르는 말.

| | | ㅌ | ㅁ |

08 본이 되지 않은 남의 말이나 행동도 자신의 지식과 인격을 수양하는 데에 도움이 될 수 있음을 이르는 말.

| ㅌ | | ㅈ | |

09 ~ 11 다음 밑줄 친 부분과 의미가 통하는 한자 성어를 〈보기〉에서 찾아 쓰시오.

┤ 보기 ├

절차탁마　주마가편　타산지석

09 영하는 소설가가 되기 위해 <u>매일 책을 읽고 소설 강연도 듣고 부지런히 글쓰기 공부도 하고 있다.</u>
（　　　　　）

10 연경이는 <u>쉬지 않고 훈련만 하다가 쓰러진 선배를 보고, 충분한 휴식을 취하면서 무리하지 않는 선에서 훈련을 하고 있다.</u>　（　　　　　）

11 주엽이는 농구 실력이 뛰어나 중학교 선수 중에 최고로 꼽히고 있는데, 그의 코치는 <u>이 정도에서 만족하면 안 된다며 더욱 열심히 훈련해야 한다고 하였다.</u>　　　　　　（　　　　　）

12 밑줄 친 한자 성어의 쓰임이 적절하지 <u>않은</u> 것은?

① 치료제를 만들기 위해 연구진은 <u>불철주야</u> 연구에 몰두하였다.

② 그는 자신에게 이 일을 맡겨 준다면 <u>분골쇄신</u>하여 열심히 하겠다고 말했다.

③ 소희는 상대 팀의 실력을 얕보는 동료에게 <u>자강불식</u>하지 말라고 충고하였다.

④ 그는 학비를 마련하느라 바쁘게 일하면서도 <u>형설지공</u>으로 공부하여 대학원까지 마쳤다.

⑤ 나는 낭비가 심했던 과거를 <u>반면교사</u>로 삼아 앞으로는 올바른 소비 생활을 하겠다고 다짐했다.

나의 어휘력 점수는?　　　　　　　　점 / 총 **12점**

• 틀린 어휘의 뜻과 예문을 다시 꼼꼼히 살펴보자.

헷갈리기 쉬운 말

가게

작은 규모로 물건을 파는 집.

예 과일 　　　　　 에서 딸기와 방울토마토를 샀다.

가계
집 家 | 꾀할 計

집안 살림을 꾸려 나가는 방도나 형편.

예 그는 일찍부터 　　　　　 를 책임지면서 동생들을 돌보았다.

골다

잠잘 때 거친 숨결이 콧구멍을 울려 드르렁거리는 소리를 내다.

예 옆 사람이 하도 코를 　　　　　 아서 한숨도 못 잤다.

곯다¹

속이 물크러져 상하다.

예 참외가 속으로 　　　　　 아서 만져 보면 물컹거린다.

곯다²

양에 아주 모자라게 먹거나 굶다.

예 배를 　　　　　 지 말고 밥 잘 챙겨 먹어라.

그슬리다

불에 겉만 약간 타다.

예 가까이서 불을 쬐다가 목도리 끝이 불에 　　　　　 고 말았다.

그을리다

햇볕이나 불, 연기 따위를 오래 쬐어 검게 되다.

예 그는 피부가 햇볕에 　　　　　 어 가무스름하다.

필수 개념 – 시

시조
때 時 | 고를 調

고려 중기에 발생하여 현재까지 창작되고 있는 우리 고유의 정형시.

■ 시조의 특징
- 창작된 시대, 형식, 길이에 따라 여러 종류로 나뉜다.
- 3장(초장·중장·종장) 6구 45자 내외가 기본 형식이다.
- 3·4조 또는 4·4조의 4음보 운율이 드러난다.
- 종장의 첫 음보는 3음절로 고정된다.

평시조
평평할 平 | 때 時 | 고를 調

3장 6구 45자 내외로 이루어진 시조. 시조의 기본형이다.

■ 평시조의 특징
- 조선 전기에 주로 양반 계층이 창작하고 즐겼다.
- 주로 충·효·예 등의 유교적 사상, 자연에서 느끼는 한가로운 삶 등을 노래하였다.

01~04 다음 단어와 그 뜻풀이를 바르게 연결하시오.

01 가계 •　　　• ㉠ 불에 겉만 약간 타다.

02 곯다 •　　　• ㉡ 양에 아주 모자라게 먹거나 굶다.

03 그슬리다 •　　　• ㉢ 집안 살림을 꾸려 나가는 방도나 형편.

04 그을리다 •　　　• ㉣ 햇볕이나 불, 연기 따위를 오래 쬐어 검게 되다.

05~07 다음 문장에서 적절한 단어를 고르시오.

05 부모님께서 시장에 작은 반찬 (가게 | 가계)를 내셨다.

06 아버지의 코 (고는 | 곯는) 소리가 어찌나 큰지 마당까지 들려왔다.

07 고양이가 난로 옆을 지나다가 꼬리털 끝이 불에 (그슬리고 | 그을리고) 말았다.

08 밑줄 친 단어의 쓰임이 적절하지 <u>않은</u> 것은?

① 어머니께서 시커멓게 그을린 냄비를 버리셨다.
② 그녀는 밥 먹을 시간도 없이 하루 종일 바빠서 배를 곯았다.
③ 촛불을 가까이 두고 책을 읽다가 머리카락이 불에 살짝 그슬렸다.
④ 그는 가계가 넉넉지 못해서 학교를 다니며 여러 가지 아르바이트를 했다.
⑤ 냉장고에 넣고 잊어버렸던 복숭아를 한 달 만에 꺼내 보니 곯아서 먹을 수가 없었다.

09~11 다음 설명이 알맞으면 ○에, 틀리면 ×에 표시하시오.

09 시조는 조선 시대에 발생하고 창작된 우리 고유의 정형시이다.　　　　　　　　　(○ , ×)

10 3장 6구 45자 내외로 이루어진 평시조는 시조의 기본형이다.　　　　　　　　　(○ , ×)

11 시조는 종장의 첫 음보를 3음절로 고정하는 형식적 특징을 지닌다.　　　　　　　(○ , ×)

12~13 (가)와 (나)를 읽고 물음에 답하시오.

> 가 묏버들 가려 꺾어 보내노라 임에게
> 　　자시는 창밖에 심어 두고 보소서.
> 　　밤비에 새잎이 나거든 날인가도 여기소서.　　　－ 홍랑
>
> 나 이 몸이 죽고 죽어 일백 번 고쳐 죽어
> 　　백골이 진토되어 넋이라도 있고 없고
> 　　임 향한 일편단심이야 가실 줄이 있으랴.　　　－ 정몽주

12 (가)와 (나)에서 드러나는 공통된 특성을 〈보기〉에서 모두 고르시오.

┤ 보기 ├
㉠ 시조의 기본형인 평시조이다.
㉡ 3음보의 운율을 느낄 수 있다.
㉢ 초장, 중장, 종장으로 구성되어 있다.
㉣ 임에 대한 충성심을 의지적 태도로 노래하였다.

13 (가)와 (나)에서 글자 수가 고정되어 있는 부분을 찾아 쓰시오.

(가): ＿＿＿＿＿＿＿＿　(나): ＿＿＿＿＿＿＿＿

나의 어휘력 점수는?　＿＿＿＿＿＿ 점 / 총 **13점**
●틀린 어휘의 뜻과 예문을 다시 꼼꼼히 살펴보자.

필수 어휘

다변화 많을 多 | 가 邊 | 될 化	일의 방법이나 모양이 다양하고 복잡해짐. 또는 그렇게 만듦. 예 ░░░░░ 하는 소비자의 취향에 따라 상품도 다양해지고 있다.	
단조롭다 홑 單 | 고를 調	단순하고 변화가 없어 새로운 느낌이 없다. 예 동해는 해안선이 ░░░░░고 밋밋하다.	
달관 통할 達 | 볼 觀	사소한 사물이나 일에 얽매이지 않고 세속을 벗어난 활달한 식견이나 인생관에 이름. 예 그의 표정에는 모든 것을 ░░░░░한 사람에게서 느낄 수 있는 평온함이 깃들어 있었다.	**어휘쏙** 세속(世俗) 사람이 살고 있는 모든 사회를 통틀어 이르는 말. 또는 세상의 일반적인 풍속. 식견(識見) 사물을 분별할 수 있는 능력을 이르는 말.
달갑잖다	거리낌이나 불만이 있어 마음이 흡족하지 아니하다. 예 해인이는 화가 났는지 ░░░░░은 목소리로 대답했다.	**어휘쏙** 흡족(洽足) 조금도 모자람이 없을 정도로 넉넉하여 만족함.
달음질	급히 뛰어 달려감. 예 아무리 ░░░░░을 해도 자전거를 따라잡을 수 없었다.	**유의어** 뜀박질 급히 뛰어 달려감.
대거리 대답할 對 | 거리	상대편에게 맞서서 대듦. 또는 그런 말이나 행동. 예 그가 자꾸 시비를 걸어서 나도 ░░░░░를 할 수밖에 없었다.	
도화선 이끌 導 | 불 火 | 선 線	사건이 일어나게 된 직접적인 원인. 예 사소한 오해가 싸움의 ░░░░░이 되었다.	**유의어** 빌미 재앙이나 탈 따위가 생기는 원인.
독자적 홀로 獨 | 스스로 自 | 과녁 的	① 남에게 기대지 아니하고 혼자서 하는. 또는 그런 것. 예 이번 사업은 도움을 받지 않고 ░░░░░으로 운영하고 싶다. ② 다른 것과 구별되는 혼자만의 특유한. 또는 그런 것. 예 지역마다 나라마다 ░░░░░인 문화가 형성된다.	
동조 같을 同 | 고를 調	남의 주장에 자기의 의견을 일치시키거나 보조를 맞춤. 예 고개를 끄덕여 그에게 ░░░░░하는 태도를 보였다.	**반의어** 반대(反對) 어떤 행동이나 견해, 제안 따위에 따르지 아니하고 맞서 거스름.

01 ~ 06 다음 빈칸을 채워 십자말풀이를 완성하시오.

	01		02		
					03
04				05	
		06			

01 일의 방법이나 모양이 다양하고 복잡해짐. 또는 그렇게 만듦.

02 사소한 사물이나 일에 얽매이지 않고 세속을 벗어난 활달한 식견이나 인생관에 이름.

03 단순하고 변화가 없어 새로운 느낌이 없다.

04 사건이 일어나게 된 직접적인 원인.

05 남의 주장에 자기의 의견을 일치시키거나 보조를 맞춤.

06 거리낌이나 불만이 있어 마음이 흡족하지 아니하다.

07 ~ 09 〈보기〉의 글자들을 조합하여 다음 뜻풀이에 알맞은 단어를 쓰시오.

┤ 보기 ├

자	리	적	대	음	질	독	거	달

07 급히 뛰어 달려감.   (   )

08 상대편에게 맞서서 대듦. 또는 그런 말이나 행동.   (   )

09 남에게 기대지 아니하고 혼자서 하는. 또는 그런 것.   (   )

10 ~ 13 빈칸에 들어갈 알맞은 단어를 〈보기〉에서 찾아 쓰시오.

┤ 보기 ├

달관   동조   다변화   대거리   뜀박질

10 그는 반대 세력을 설득하여 자신에게 (   ) 하게 만들었다.

11 자꾸 트집을 잡는 것이 억울해서 나도 가만히 있지 않고 적극적으로 (   )을/를 했다.

12 그는 오랜 수양으로 삶의 고통을 이겨 냈고, 마침내 인생을 (   )하는 경지에 이르렀다.

13 중국으로의 자동차 수출이 어렵게 되자 그 회사는 수출 시장을 (   )하여 위기를 극복하였다.

14 밑줄 친 단어의 쓰임이 적절하지 <u>않은</u> 것은?

① 그녀는 <u>단조로운</u> 일상에서 벗어나고자 여행을 떠나기로 결심했다.

② 그는 뭐가 그리 급한지 내 말을 끝까지 듣지도 않고 <u>달음질</u>하여 가 버렸다.

③ 1919년 도쿄에서 있었던 2·8 독립 선언은 3·1 운동의 <u>도화선</u>이 되었다.

④ 두칠이는 너무 이른 아침부터 찾아온 대섭이를 <u>달갑잖은</u> 표정으로 맞았다.

⑤ 거듭되는 실패로 모든 의욕을 잃은 그는 이제 아무것도 하고 싶지 않다며 <u>독자적인</u> 태도를 보였다.

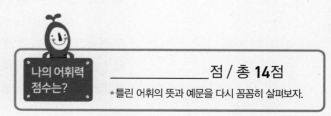

나의 어휘력 점수는?   _____ 점 / 총 **14**점

• 틀린 어휘의 뜻과 예문을 다시 꼼꼼히 살펴보자.

관용 표현 – 주제별 관용어

★ 머리

머리가 굵다	어른처럼 생각하거나 판단하게 되다. 예 아이들이 이제 제법 었다고 삼촌 말을 잘 안 듣는다.
머리가 깨다	뒤떨어진 생각에서 벗어나다. 예 할아버지는 어 있는 분이셔서 중학생인 내 얘기에 공감을 잘해 주신다.
머리를 짓누르다	정신적으로 강한 자극이 오다. 예 그와 이별하고 나니 는 아픔이 강하게 밀려들어 왔다.
머리 꼭대기에 앉다	① 상대방의 생각이나 행동을 꿰뚫다. 예 그 팀은 상대 팀의 아 작전을 펼쳤다. ② 잘난 체하며 남을 업신여기다. 예 오냐오냐했더니 이 녀석이 내 으려고 하는구나.

★ 가슴

가슴에 못을 박다	다른 사람에게 원통한 생각을 마음속 깊이 맺히게 하다. 예 아무리 답답하고 화가 나더라도, 부모님 는 말은 하면 안 되는 거야.
가슴에 손을 얹다	양심에 근거를 두다. 예 네가 진짜 잘못한 것이 없는지 고 생각해 보아라.
가슴이 무겁다	슬픔이나 걱정으로 마음이 가라앉다. 예 힘들어하는 친구를 돕고 싶은데 내가 할 수 있는 일이 없어서 다.
가슴이 미어지다	① 마음이 슬픔이나 고통으로 가득 차 견디기 힘들게 되다. 예 그는 돌아가신 아버지가 그리워 는 것 같았다. ② 큰 기쁨이나 감격으로 마음속이 꽉 차다. 예 다시 그를 만난 기쁨으로 는 듯했다.
가슴이 서늘하다	두려움으로 마음속에 찬 바람이 이는 것같이 선득하다. 예 캄캄한 마당에서 무언가 덜컹대는 소리가 나자 순간 해졌다. 어휘쏙 선득하다 갑자기 놀라서 마음에 서늘한 느낌이 있다.

01 ~ 05 다음 뜻풀이에 해당하는 관용어를 〈보기〉에서 찾아 기호를 쓰시오.

┤ 보기 ├
㉠ 머리가 깨다
㉡ 가슴이 무겁다
㉢ 가슴이 미어지다
㉣ 가슴에 못을 박다
㉤ 머리 꼭대기에 앉다

01 뒤떨어진 생각에서 벗어나다. ( )

02 상대방의 생각이나 행동을 꿰뚫다. ( )

03 슬픔이나 걱정으로 마음이 가라앉다. ( )

04 마음이 슬픔이나 고통으로 가득 차 견디기 힘들게 되다. ( )

05 다른 사람에게 원통한 생각을 마음속 깊이 맺히게 하다. ( )

06 ~ 09 제시된 초성을 활용하여 관용어의 뜻풀이를 완성하시오.

06 가슴에 손을 얹다
→ [ㅇ][ㅅ]에 근거를 두다.

07 머리를 짓누르다
→ 정신적으로 강한 [ㅈ][ㄱ]이 오다.

08 머리가 굵다
→ [ㅇ][ㄹ]처럼 생각하거나 판단하게 되다.

09 가슴이 서늘하다
→ [ㄷ][ㄹ][ㅇ]으로 마음속에 찬 바람이 이는 것같이 선득하다.

10 ~ 13 다음 빈칸에 들어갈 관용어를 〈보기〉에서 찾아 문맥에 맞게 쓰시오.

┤ 보기 ├
㉠ 머리가 굵다
㉡ 머리를 짓누르다
㉢ 가슴이 서늘하다
㉣ 가슴에 못을 박다

10 남의 _____ 놓고 자기만 행복하게 잘 살기를 바라서야 되겠느냐.

11 내가 저지른 돌이킬 수 없는 잘못을 생각하니, 극심한 자책감이 _____.

12 _____ 자식들은 부모에게 의존하지 않으려 하고 집에서 독립해 나가려 한다.

13 사소한 오해로 친구들이 모두 떠나가 버리자 명우는 절망감과 낭패감으로 _____.

14 밑줄 친 관용어의 쓰임이 적절하지 <u>않은</u> 것은?

① 나에게 거짓말한 적이 없는지 <u>가슴에 손을 얹고</u> 생각해 봐.
② 반려동물을 떠나보낸 그가 서럽게 우는 모습을 보니 <u>가슴이 무거웠다</u>.
③ 지금 헤어지면 두 번 다시 만날 수 없다는 절망감에 그는 <u>가슴이 미어졌다</u>.
④ 언니는 내 <u>머리 꼭대기에 앉아</u> 수를 모두 읽어서 장기를 두면 항상 내가 진다.
⑤ 내 동생은 이제 <u>머리가 깨어서</u> 어른들 말대로 따르기보다는 모든 일을 혼자 결정하려고 한다.

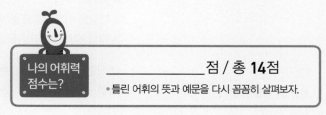
나의 어휘력 점수는? _____점 / 총 **14점**
• 틀린 어휘의 뜻과 예문을 다시 꼼꼼히 살펴보자.

다의어 · 동음이의어

내외¹ 안 內 | 바깥 外	① 안과 밖을 아울러 이르는 말. 예 관중들이 경기장 　　　　를 가득 메웠다. ② 약간 덜하거나 넘음. 예 원고지 1,000자 　　　　로 글을 써 오세요.
내외² 안 內 | 바깥 外	남편과 아내를 아울러 이르는 말. 예 그 집은 자식들은 모두 결혼하여 떠나고 　　　　만 오붓하게 지내고 있다.
다지다¹	마음이나 뜻을 굳게 가다듬다. 예 나는 굳게 각오를 　　　　며 출발선에 섰다.
다지다²	고기, 채소 양념감 따위를 여러 번 칼질하여 잘게 만들다. 예 그는 국에 넣을 마늘을 　　　　고 파를 썰었다.
달다¹	안타깝거나 조마조마하여 마음이 몹시 조급해지다. 예 합격자 발표를 기다리는 슬기의 마음은 바싹 　　　　아 있었다.
달다²	물건을 일정한 곳에 붙이다. 예 유치원생들이 가슴에 이름표를 　　　　고 한 줄로 서 있었다.
달다³	마땅하여 기껍다. 예 나는 그의 충고를 　　　　게 받아들이기로 했다.

필수 개념 – 시

사설시조 말씀 辭 | 말씀 說 | 때 時 | 고를 調	평시조에서 두 구절 이상 길어진 형태의 시조. 초장 · 중장이 무제한으로 길어질 수 있고 종장도 어느 정도 길어질 수 있다. ■ 사설시조의 특징 • 조선 중기 이후에 주로 평민 계층이 창작하고 즐겼다. • 남녀 간의 애정, 평민들의 생활 감정, 현실에 대한 비판 등을 노래하였다.
풍자 욀 諷 | 찌를 刺	개인의 부정적인 면이나 사회의 부조리 등을 비웃으면서 간접적으로 비판하는 표현 방법. ■ 풍자의 특징 • 대상을 비꼬거나 조롱하여 우스꽝스럽게 만드는 경우가 많다. • 직접 말하기 어려운 불합리나 사회의 부조리를 에둘러 비판할 수 있다.
해학 화할 諧 | 희롱할 謔	대상을 익살스럽고 우스꽝스럽게 드러내어 웃음을 유발하는 표현 방법. 인간에 대한 동정과 이해, 긍정적 시선을 바탕으로 선의의 웃음을 유발하는 것이다.

01 ~ 03 밑줄 친 단어의 뜻풀이로 알맞은 것을 고르시오.

01 우리나라의 연평균 강수량은 1,000mm <u>내외</u>이다.
ㄱ 약간 덜하거나 넘음.
ㄴ 안과 밖을 아울러 이르는 말.

02 언니가 내 옷에 단추를 <u>달아</u> 주었다.
ㄱ 물건을 일정한 곳에 붙이다.
ㄴ 안타깝거나 조마조마하여 마음이 몹시 조급해지다.

03 국가 대표 선수들은 필승의 결의를 <u>다졌다</u>.
ㄱ 마음이나 뜻을 굳게 가다듬다.
ㄴ 고기, 채소 양념감 따위를 여러 번 칼질하여 잘게 만들다.

04 ~ 08 밑줄 친 단어의 뜻을 <보기>에서 찾아 기호를 쓰시오.

┌─ 보기 ┤
ㄱ 마땅하여 기껍다.
ㄴ 안과 밖을 아울러 이르는 말.
ㄷ 남편과 아내를 아울러 이르는 말.
ㄹ 안타깝거나 조마조마하여 마음이 몹시 조급해지다.
ㅁ 고기, 채소 양념감 따위를 여러 번 칼질하여 잘게 만들다.
└─────┘

04 옆집 <u>내외</u>는 금실이 참 좋다. (   )

05 저에게 정말 잘못이 있다면 벌을 <u>달게</u> 받겠습니다. (   )

06 이 건축물은 <u>내외</u>가 모두 대리석으로 장식되어 있다. (   )

07 이 요리에는 쇠고기보다 양고기를 <u>다져</u> 넣는 것이 좋습니다. (   )

08 나는 그의 답장을 기다리느라 애가 <u>달아</u> 휴대 전화를 손에서 놓지 못했다. (   )

09 ~ 11 다음 설명이 알맞으면 ○에, 틀리면 ×에 표시하시오.

09 사설시조는 평시조에서 두 구절 이상 길어진 형태의 시조이다. (○ , ×)

10 풍자적 표현을 사용하면 직접 말하기 어려운 불합리나 사회의 부조리를 에둘러 비판할 수 있다. (○ , ×)

11 해학은 개인의 부정적인 면이나 사회의 부조리 등을 비웃으면서 간접적으로 비판하는 표현 방법이다. (○ , ×)

12 ~ 13 다음 작품을 읽고 물음에 답하시오.

> 두꺼비 파리를 물고 두엄 위에 치달아 앉아
> 건너편 산 바라보니 백송골이 떠 있거늘 가슴이 끔찍하여 펄쩍 뛰어 내닫다가 두엄 아래 자빠졌구나.
> 모쳐라 날랜 나이기 망정이지 멍이 들 뻔했구나.
> – 작자 미상

12 ⓐ~ⓒ에 해당하는 소재를 이 작품에서 찾아 쓰시오.

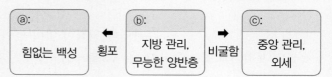

ⓐ: 힘없는 백성 ← 횡포 ← ⓑ: 지방 관리, 무능한 양반층 → 비굴함 → ⓒ: 중앙 관리, 외세

13 이 작품에 대한 설명으로 적절한 것을 <보기>에서 모두 고르시오.

┌─ 보기 ┤
ㄱ 조선 후기에 창작된 사설시조이다.
ㄴ 두꺼비를 우스꽝스럽게 나타내어 해학성이 느껴진다.
ㄷ 당시 양반들의 횡포와 허세를 직접적으로 비판하였다.
ㄹ 종장 첫 음보가 3음절로 고정된 시조의 형식을 따른다.
└─────┘

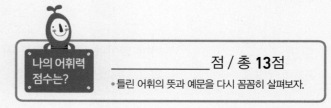

나의 어휘력 점수는? _____점 / 총 **13**점
• 틀린 어휘의 뜻과 예문을 다시 꼼꼼히 살펴보자.

필수 어휘

등재
오를 登 | 실을 載

① 일정한 사항을 장부나 대장에 올림.
예 경주 남산은 2000년 유네스코 세계 문화유산으로 　　　　 되었다.
② 서적이나 잡지 따위에 실음.
예 신문사와 기자는 신문에 　　　　 된 기사에 책임을 져야 한다.

어휘 쏙 대장(臺帳) 어떤 근거가 되도록 일정한 양식으로 기록한 장부.

딴지

일이 순순히 진행되지 못하도록 훼방을 놓거나 어기대는 것.
예 너는 왜 내가 하는 말마다 　　　　 를 놓니?

어휘 쏙 어기대다 순순히 따르지 아니하고 못마땅한 말이나 행동으로 뻗대다.

떨떠름하다

마음이 내키지 않는 데가 있다.
예 나는 민호의 부탁을 거절한 것이 영 　　　　 했다.

마름

땅 주인을 대신하여 소작권을 관리하는 사람.
예 땅을 빌려 농사를 짓는 소작인들은 땅을 관리하는 　　　　 의 눈치를 볼 수밖에 없었다.

어휘 쏙 소작권(小作權) 일정한 사용료를 내고 다른 사람의 농지를 빌려 농사를 짓고 이익을 얻을 수 있는 권리.

만감
일만 萬 | 느낄 感

솟아오르는 온갖 느낌.
예 30년 만에 고향 언덕에 올라서니 　　　　 이 교차했다.

맹목적
눈 멀 盲 | 눈 目 | 과녁 的

주관이나 원칙이 없이 덮어놓고 행동하는. 또는 그런 것.
예 그는 부하들에게 　　　　 인 충성을 요구했다.

유의어 무비판적(無批判的) 옳고 그름을 판단하지 않고 무조건 받아들이는. 또는 그런 것.

명소
이름 名 | 바 所

경치나 고적, 산물 따위로 널리 알려진 곳.
예 강릉에는 경포대, 경포 호수, 경포 해수욕장 등 　　　　 가 많다.

어휘 쏙 고적(古跡) 옛 문화를 보여 주는 건물이나 터.
산물(産物) 일정한 곳에서 생산되어 나오는 물건.

명실상부
이름 名 | 열매 實 | 서로 相 | 부호 符

이름과 실상이 서로 꼭 맞음.
예 브라질은 　　　　 한 축구 강국이다.

어휘 쏙 실상(實狀) 실제의 상태나 내용.

모면
꾀할 謀 | 면할 免

어떤 일이나 책임을 꾀를 써서 벗어남.
예 그는 뛰어난 말재주로 위기를 　　　　 할 수 있었다.

01~04 다음 뜻풀이에 해당하는 단어를 〈보기〉에서 찾아 쓰시오.

┤ 보기 ├
딴지 마름 만감 맹목적

01 솟아오르는 온갖 느낌. ( )

02 땅 주인을 대신하여 소작권을 관리하는 사람. ( )

03 주관이나 원칙이 없이 덮어놓고 행동하는. 또는 그런 것. ( )

04 일이 순순히 진행되지 못하도록 훼방을 놓거나 어기대는 것. ( )

05~06 다음 단어의 뜻풀이에서 알맞은 단어를 고르시오.

05 명실상부 : 이름과 (생각 | 실상)이 서로 꼭 맞음.

06 떨떠름하다 : 마음이 (내키지 | 놓이지) 않는 데가 있다.

07~09 〈보기〉의 글자들을 조합하여 다음 뜻풀이에 알맞은 단어를 쓰시오.

┤ 보기 ├
소 재 면 모 등 명

07 일정한 사항을 장부나 대장에 올림. ( )

08 어떤 일이나 책임을 꾀를 써서 벗어남. ( )

09 경치나 고적, 산물 따위로 널리 알려진 곳. ( )

10~13 빈칸에 들어갈 알맞은 단어를 〈보기〉에서 찾아 쓰시오.

┤ 보기 ├
대장 등재 명소 모면 명실상부

10 그들은 책임을 ( )하기 위해 서로 앞다퉈 변명했다.

11 그는 연기를 시작한 지 3년 만에 ( )한 인기 배우가 되었다.

12 김 교수가 작년에 쓴 논문이 세계적으로 유명한 학술지에 ( )되었다.

13 이곳은 드라마 촬영지로 사용된 후 관광객들이 자주 찾는 ( )이/가 되었다.

14 밑줄 친 단어의 쓰임이 적절하지 <u>않은</u> 것은?

① 나에 대한 그의 <u>맹목적</u>인 사랑이 때때로 부담스럽게 느껴진다.
② 소작료를 받으러 다니는 <u>마름</u>들이 지주보다도 더 위세를 부렸다.
③ 참석자 몇 사람이 계속 <u>딴지</u>를 걸어서 회의가 제대로 진행되지 않았다.
④ 동생은 내가 만든 요리가 맛있다며 <u>떨떠름한</u> 표정으로 그릇을 싹 비웠다.
⑤ 생명의 위협과 온갖 어려움을 견뎌 내고 마침내 왕위에 오른 순간, 그의 얼굴에는 <u>만감</u>이 교차했다.

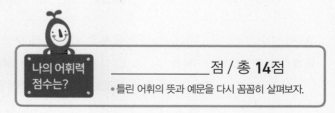

나의 어휘력 점수는? _____점 / 총 **14**점
• 틀린 어휘의 뜻과 예문을 다시 꼼꼼히 살펴보자.

관용 표현 – 주제별 한자 성어

★ 애정, 그리움

상사불망
서로 相 | 생각 思 | 아닐 不 | 잊을 忘
서로 그리워하여 잊지 못함.
예 어쩔 수 없이 헤어진 두 사람은 　　　　　하며 힘든 시간을 보내고 있다.

수구초심
머리 首 | 언덕 丘 | 처음 初 | 마음 心
여우가 죽을 때에 머리를 자기가 살던 굴 쪽으로 둔다는 뜻으로, 고향을 그리워하는 마음을 이르는 말.
예 　　　　　이라고, 나이가 드니 고향 생각이 더 난다.

연모지정
사모할 戀 | 사모할 慕 | 갈 之 | 뜻 情
이성을 사랑하여 간절히 그리워하는 마음.
예 그는 멀리 떨어져 있는 연인에 대한 　　　　　으로 밤에 잠을 잘 이루지 못했다.

오매불망
깰 寤 | 잠잘 寐 | 아닐 不 | 잊을 忘
자나 깨나 잊지 못함.
예 호윤이는 　　　　　하던 시골집 강아지가 반가워서 달려가 품에 안았다.

★ 한탄

만시지탄
늦을 晚 | 때 時 | 갈 之 | 탄식할 歎
시기에 늦어 기회를 놓쳤음을 안타까워하는 탄식.
예 시험공부를 좀 더 일찍 시작했어야 한다고 후회해 봤자 　　　　　일 뿐이었다.
어휘 쏙 탄식(歎息) 원통하거나 뉘우치는 일이 있을 때 한숨을 쉼. 또는 그 한숨.

맥수지탄
보리 麥 | 빼어날 秀 | 갈 之 | 탄식할 嘆
보리만 무성하게 자란 것을 탄식함이라는 뜻으로, 고국의 멸망을 한탄함을 이르는 말.
예 고려 말기에서 조선 전기의 학자인 길재는 멸망한 고려 왕조에 대한 　　　　　을 담은 시조를 지었다.

★ 과장

침소봉대
바늘 針 | 작을 小 | 몽둥이 棒 | 큰 大
작은 바늘을 큰 몽둥이라고 한다는 뜻으로, 작은 일을 크게 부풀려 떠벌림을 이르는 말.
예 별것도 아닌 일을 이렇게 　　　　　로 이야기하다니 과장이 심하군.

허장성세
빌 虛 | 베풀 張 | 소리 聲 | 기세 勢
실속은 없으면서 큰소리치거나 허세를 부림.
예 이 분야에 대해서는 모르는 게 없다던 그의 말은 　　　　　였다.
어휘 쏙 허세(虛勢) 실속이 없이 겉으로만 드러나 보이는 기세.

01 ~ 04 다음 뜻풀이에 해당하는 한자 성어를 <보기>에서 찾아 쓰시오.

┤ 보기 ├

만시지탄   상사불망   수구초심   허장성세

01 서로 그리워하여 잊지 못함.   (   )

02 실속은 없으면서 큰소리치거나 허세를 부림.
(   )

03 시기에 늦어 기회를 놓쳤음을 안타까워하는 탄식.
(   )

04 여우가 죽을 때에 머리를 자기가 살던 굴 쪽으로 둔다는 뜻으로, 고향을 그리워하는 마음을 이르는 말.   (   )

05 ~ 08 제시된 초성을 참고하여 다음 뜻풀이에 알맞은 한자 성어를 쓰시오.

05 자나 깨나 잊지 못함.

	ㅁ		ㅁ

06 이성을 사랑하여 간절히 그리워하는 마음.

ㅇ	ㅁ		

07 보리만 무성하게 자란 것을 탄식함이라는 뜻으로, 고국의 멸망을 한탄함을 이르는 말.

ㅁ		ㅈ	

08 작은바늘을 큰 몽둥이라고 한다는 뜻으로, 작은 일을 크게 부풀려 떠벌림을 이르는 말.

		ㅂ	ㄷ

09 ~ 11 다음 대화 내용과 의미가 통하는 한자 성어를 <보기>에서 찾아 쓰시오.

┤ 보기 ├

수구초심   만시지탄   침소봉대

09 지헌: 어제 오이를 수확했는데 어찌나 크던지, 내 팔뚝의 세 배만 하더라.
새아: 에이, 그렇게 큰 오이가 어디 있어.
(   )

10 손녀: 휴전선과 가까운 임진각에 오시니까 고향 생각이 더 나시지요?
할아버지: 그래. 여기서 1시간만 가면 닿을 수 있는 곳인데…… . 고향에 너무 가고 싶구나.
(   )

11 김 대리: 학교 다닐 때 친구들과 여행을 많이 못 다닌 게 너무 후회돼요.
정 대리: 저도요. 이제는 다들 바빠서 서로 얼굴 보기도 힘드네요.   (   )

12 밑줄 친 한자 성어의 쓰임이 적절하지 <u>않은</u> 것은?

① 그는 <u>오매불망</u>하던 아들의 편지를 받고 기뻐했다.
② 이별한 견우와 직녀는 <u>상사불망</u>하며 다시 만날 날만을 기다렸다.
③ 옥에 갇힌 춘향은 한양에 있을 이 도령에 대한 <u>연모지정</u>으로 눈물을 흘렸다.
④ 환경이 이미 파괴된 후에 자연을 보호하지 않은 것을 후회해 봤자 <u>맥수지탄</u>일 뿐이다.
⑤ 김 서방은 자신이 바위도 번쩍 들 만큼 힘이 세다고 <u>허장성세</u>를 부렸지만, 그의 가느다란 팔을 본 동네 사람들은 그 말을 믿지 않았다.

나의 어휘력 점수는?   _____ 점 / 총 **12점**
• 틀린 어휘의 뜻과 예문을 다시 꼼꼼히 살펴보자.

헷갈리기 쉬운 말

내력
올 來 | 지낼 歷

① 지금까지 지내온 경로나 경력.
예 그는 자신이 살아온 ▢▢▢ 을 책으로 엮었다.

② 일정한 과정을 거치면서 이루어진 까닭.
예 일이 어떻게 해서 그렇게 되었는지 ▢▢▢ 을 잘 모르겠다.

내역
안 內 | 번역할 譯

물품이나 금액 따위의 내용.
예 신용 카드를 쓰면 거래 ▢▢▢ 을 문자 메시지로 알려 준다.

느리다

① 어떤 동작을 하는 데 걸리는 시간이 길다.
예 사람들은 모두 더위에 지쳐 ▢▢▢ 게 움직이고 있었다.

② 어떤 일이 이루어지는 과정이나 기간이 길다.
예 행사가 너무 ▢▢▢ 게 진행되어서 지루하다.

늘리다

① 물체의 넓이, 부피 따위를 본디보다 커지게 하다.
예 주차장의 규모를 두 배 ▢▢▢ 기로 했다.

② 수나 분량 따위를 본디보다 많아지게 하거나 무게를 더 나가게 하다.
예 그는 맡은 배역에 어울리도록 체중을 15kg 정도 ▢▢▢ 기로 했다.

늘이다

본디보다 더 길어지게 하다.
예 바짓단을 조금 ▢▢▢ 고 주머니를 달아 새로운 옷으로 만들었다.

필수 개념 – 소설

사건
일 事 | 사건 件

소설에서 등장인물이 겪거나 벌이는 일들. 소설 구성의 3요소 중 하나이다.

복선
엎드릴 伏 | 선 線

앞으로 일어날 사건을 독자가 미리 짐작할 수 있도록 넌지시 알려 주어 사건에 필연성을 부여하는 장치.

소재
본디 素 | 재목 材

작가가 한 편의 이야기를 전개하기 위해 사용하는 글의 재료. 특정 사물이나 환경, 인물의 감정이나 행동 등 모든 것이 소재가 될 수 있다.

■ 소재의 기능
• 소재를 대하는 인물의 태도를 통해 인물의 심리 상태나 성격을 보여 준다.
• 갈등이 생기거나 깊어지게 하기도 하고, 갈등 해소의 계기가 되기도 한다.
• 앞으로 일어날 사건을 미리 암시하거나 새로운 분위기를 조성한다.
• 작가가 말하고자 하는 주제를 상징적으로 드러낸다.

01 ~ 04 다음 단어와 그 뜻풀이를 바르게 연결하시오.

01 내력 •
02 내역 •
03 느리다 •
04 늘이다 •

• ㉠ 물품이나 금액 따위의 내용.

• ㉡ 본디보다 더 길어지게 하다.

• ㉢ 지금까지 지내온 경로나 경력.

• ㉣ 어떤 일이 이루어지는 과정이나 기간이 길다.

05 ~ 07 다음 문장에서 적절한 단어를 고르시오.

05 그는 매출이 오르자 가게의 크기를 (늘여 | 늘려) 옆 건물로 이사했다.

06 형은 입원해 있는 다른 환자들에 비해 회복 속도가 약간 (느린 | 늘인) 편이다.

07 어머니는 내게 옥반지를 물려주시면서, 그에 얽힌 (내력 | 내역)을 자세히 들려주셨다.

08 밑줄 친 단어의 쓰임이 적절하지 <u>않은</u> 것은?

① 아이는 고무줄을 길게 <u>늘였다가</u> 놓기를 반복했다.
② 대회가 한 달 앞으로 다가오자 선수들은 연습량을 <u>늘렸다</u>.
③ 자기소개서에는 자신이 성장해 온 <u>내역</u>을 솔직하게 적어야 한다.
④ 굼벵이는 행동이 <u>느린</u> 사물이나 사람을 비유적으로 이르는 말이다.
⑤ 떠돌이로 살던 그가 이 마을에 정착하게 된 데에는 나름의 <u>내력</u>이 있었다.

09 ~ 11 다음 설명이 알맞으면 ○에, 틀리면 ×에 표시하시오.

09 소재는 소설 구성의 3요소에 속한다. (○ , ×)

10 소재는 작가가 말하고자 하는 주제를 상징적으로 드러내는 기능을 하기도 한다. (○ , ×)

11 복선은 앞으로 일어날 사건을 독자가 미리 짐작할 수 있도록 넌지시 알려 주는 장치이다. (○ , ×)

12 다음을 읽고 표의 ⓐ~ⓒ에 적절한 말을 쓰시오.

> 가 필연코 요년이 나의 약을 올리느라고 또 닭을 집어내다가 내가 내려올 길목에다 쌈을 시켜 놓고, 저는 그 앞에 앉아서 천연스레 호드기를 불고 있음에 틀림없으리라.
>
> 나 나는 대뜸 달려들어서 나도 모르는 사이에 큰 수탉을 단매로 때려 엎었다. 닭은 푹 엎어진 채 다리 하나 꼼짝 못 하고 그대로 죽어 버렸다. 그리고 나는 멍하니 섰다가 점순이가 매섭게 눈을 홉뜨고 닥치는 바람에 뒤로 벌렁 나자빠졌다.
> "이놈아! 너 왜 남의 닭을 때려죽이니?"
>
> 다 "요담부터 또 그래 봐라, 내 자꾸 못살게 굴 테니."
> "그래그래, 인젠 안 그럴 테야."
> "닭 죽은 건 염려 마라. 내 안 이를 테니."
> 그리고 뭣에 떠다밀렸는지 나의 어깨를 짚은 채 그대로 퍽 쓰러진다. 그 바람에 나의 몸뚱이도 겹쳐서 쓰러지며 한창 피어 퍼드러진 노란 동백꽃 속으로 푹 파묻혀 버렸다.
>
> – 김유정, 〈동백꽃〉

사건	점순이가 자꾸 (ⓐ)을/를 붙이자 화가 난 '나'가 점순이네 닭을 때려죽이고, 이후 두 사람이 화해함.
소재	• 닭싸움: 점순이가 '나'의 관심을 끌려는 수단으로, 둘 사이의 (ⓑ)을/를 고조시킴. • (ⓒ): 향토적인 분위기를 형성하며, 인물들의 화해와 풋풋한 사랑을 드러냄.

나의 어휘력 점수는?

_____점 / 총 **12점**

• 틀린 어휘의 뜻과 예문을 다시 꼼꼼히 살펴보자.

필수 어휘

무단
없을 無 | 끊을 斷

사전에 허락이 없음. 또는 아무 사유가 없음.

예 도로에서 　　　　　 횡단을 하는 것은 매우 위험하다.

어휘쏙 **사전(事前)** 일이 일어나기 전 또는 일을 시작하기 전.
사유(事由) 일의 까닭.

무상
없을 無 | 갚을 償

어떤 행위에 대하여 아무런 대가나 보상이 없음.

예 이 제품은 구입 후 1년간 　　　　　 으로 수리를 받을 수 있습니다.

유의어 **무료(無料)** 요금이 없음.

무안하다
없을 無 | 얼굴 顔

수줍거나 창피하여 볼 낯이 없다.

예 나는 어제 저지른 실수가 　　　　　 하여 사람들 앞에 나설 수가 없었다.

유의어 **무색(無色)하다** 겸연쩍고 부끄럽다.

묵묵하다
잠잠할 默 | 잠잠할 默

말없이 잠잠하다.

예 어려운 상황에서도 그는 　　　　　 하게 살림을 꾸려 나갔다.

물색
만물 物 | 빛 色

어떤 기준으로 거기에 알맞은 사람이나 물건, 장소를 고르는 일.

예 드라마 제작진은 주인공 역할을 맡길 배우를 　　　　　 중이다.

물의
만물 物 | 의논할 議

어떤 사람 또는 단체의 처사에 대하여 많은 사람이 이러쿵저러쿵 논평하는 상태. 대개 부정적인 뜻으로 쓰인다.

예 그 가수는 다른 노래를 표절한 사실이 밝혀져 사회적 　　　　　 를 일으켰다.

어휘쏙 **처사(處事)** 일을 처리함. 또는 그런 처리.
논평(論評) 어떤 글이나 말, 사건 따위의 내용에 대해 논하여 비평함.

물정
만물 物 | 뜻 情

세상의 이러저러한 실정이나 형편.

예 그는 너무 순진하여 세상 　　　　　 을 모른다.

어휘쏙 **실정(實情)** 실제의 사정이나 정세.

미간
눈썹 眉 | 사이 間

두 눈썹의 사이.

예 그는 햇빛에 눈이 부신 듯 　　　　　 을 찌푸렸다.

밑천

어떤 일을 하는 데 바탕이 되는 돈이나 물건, 기술, 재주 따위를 이르는 말.

예 그는 논밭을 팔아 장사 　　　　　 을 마련하였다.

01 ~ 05 다음 뜻풀이에 해당하는 단어를 말상자에서 찾아 표시하시오.

열	무	채	색	무	료
화	단	식	침	안	심
상	염	묵	묵	하	다
물	색	감	하	다	처
기	약	물	의	미	사

01 말없이 잠잠하다.

02 수줍거나 창피하여 볼 낯이 없다.

03 사전에 허락이 없음. 또는 아무 사유가 없음.

04 어떤 기준으로 거기에 알맞은 사람이나 물건, 장소를 고르는 일.

05 어떤 사람 또는 단체의 처사에 대하여 많은 사람이 이러쿵저러쿵 논평하는 상태.

06 ~ 09 〈보기〉의 글자들을 조합하여 다음 뜻풀이에 알맞은 단어를 쓰시오.

┤ 보기 ├
밑 간 천 상 무 정 미 물

06 두 눈썹의 사이. ( )

07 세상의 이러저러한 실정이나 형편. ( )

08 어떤 행위에 대하여 아무런 대가나 보상이 없음.
( )

09 어떤 일을 하는 데 바탕이 되는 돈이나 물건, 기술, 재주 따위를 이르는 말. ( )

10 ~ 13 빈칸에 들어갈 알맞은 단어를 〈보기〉에서 찾아 쓰시오.

┤ 보기 ├
무단 무료 물색 미간 밑천

10 어부들은 통그물을 설치할 장소를 ( )하고 있었다.

11 광대뼈가 넓고 ( )이/가 좁은 것이 그의 얼굴 생김새의 특징이다.

12 돈이 있으면 작은 가게라도 열 텐데, ( )이/가 없어서 그것도 어렵다.

13 이 섬의 돌들은 ( ) 반출이 금지되어 있으니 관광객들은 유의하시기 바랍니다.

14 밑줄 친 단어의 쓰임이 적절하지 **않은** 것은?

① 그는 언제나 자기가 맡은 일을 <u>묵묵하게</u> 해낸다.
② 우리나라는 고등학교까지 <u>무상</u> 의무 교육을 실시하기로 했다.
③ 누리꾼들은 <u>물의</u>를 일으킨 연예인의 방송 출연을 반대하고 있다.
④ 매번 도움만 받은 친구에게 또 부탁을 하려니 <u>무안해서</u> 말을 꺼내기 어려웠다.
⑤ 그 대학교는 다른 지역에 분교를 세우기 위해 현재 적당한 장소를 <u>물정</u> 중이라고 밝혔다.

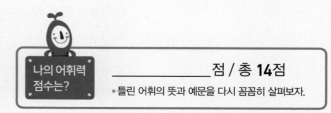

나의 어휘력 점수는? _____ 점 / 총 **14점**
• 틀린 어휘의 뜻과 예문을 다시 꼼꼼히 살펴보자.

관용 표현 – 주제별 속담

★ 환경

개천에서 용 난다	미천한 집안이나 변변하지 못한 부모에게서 훌륭한 인물이 나는 경우를 이르는 말. 예 가난을 견디고 노력한 끝에 성공한 윤호를 보니, _____는 말이 떠올라.
서당 개 삼 년에 풍월을 읊는다	서당에서 삼 년을 살면서 매일 글 읽는 소리를 듣다 보면 개조차도 글 읽는 소리를 내게 된다는 뜻으로, 어떤 분야에 대해 지식과 경험이 전혀 없는 사람이라도 그 부문에 오래 있으면 얼마간의 지식과 경험을 갖게 됨을 이르는 말. 예 서당 개 삼 년에 _____고, 어릴 적부터 부모님이 하시는 음식점 일을 돕다 보니 웬만한 요리는 다 할 수 있게 되었다.

★ 실속 없음

냉수 먹고 이 쑤시기	잘 먹은 체하며 이를 쑤신다는 뜻으로, 실속은 없으면서 무엇이 있는 체함을 이르는 말. 예 결과물은 아무것도 없으면서 중요한 일을 하는 듯이 항상 바쁜 척하는 걸 보면, 그 사람은 _____가 특기야.
빈 수레가 요란하다	실속 없는 사람이 겉으로 더 떠들어 댐을 이르는 말. 예 _____고, 자기 자랑이 심한 사람치고 괜찮은 사람 못 봤다.
소문난 잔치에 먹을 것 없다	떠들썩한 소문이나 큰 기대에 비하여 실속이 없거나 소문이 실제와 일치하지 아니하는 경우를 이르는 말. 예 소문난 잔치에 _____더니, 알려진 것에 비해 축제가 시시했다.

★ 부적절한 행동

누워서 침 뱉기	남을 해치려고 하다가 도리어 자기가 해를 입게 된다는 것을 이르는 말. 예 자기 가족을 흉보고 다니는 것은 _____인 행동이다.
다 된 죽에 코 풀기	거의 다 된 일을 망쳐 버리는 주책없는 행동을 이르는 말. 예 동생의 깜짝 생일 파티를 준비했는데, 큰형이 동생에게 오늘 파티가 있다고 말해 버려서 _____ 격으로 실패했지 뭐야.
불난 집에 부채질한다	남의 재앙을 점점 더 커지게 하거나 성난 사람을 더욱 성나게 함을 이르는 말. 예 배탈이 났는데 옆에서 피자를 먹으며 약 올리다니, _____하는구나.

확인 문제

01 ~ 04 다음 뜻풀이에 해당하는 속담을 〈보기〉에서 찾아 기호를 쓰시오.

┤ 보기 ├
ㄱ 누워서 침 뱉기
ㄴ 개천에서 용 난다
ㄷ 소문난 잔치에 먹을 것 없다
ㄹ 서당 개 삼 년에 풍월을 읊는다

01 남을 해치려고 하다가 도리어 자기가 해를 입게 된다는 것을 이르는 말. (　　)

02 미천한 집안이나 변변하지 못한 부모에게서 훌륭한 인물이 나는 경우를 이르는 말. (　　)

03 떠들썩한 소문이나 큰 기대에 비해 실속이 없거나 소문이 실제와 일치하지 않는 경우를 이르는 말. (　　)

04 어떤 분야에 대해 지식과 경험이 전혀 없는 사람이라도 그 부문에 오래 있으면 얼마간의 지식과 경험을 갖게 됨을 이르는 말. (　　)

05 ~ 08 제시된 초성을 참고하여 뜻풀이에 해당하는 속담을 완성하시오.

05 ㄴ ㅅ 먹고 이 쑤시기
→ 실속은 없으면서 무엇이 있는 체함을 이르는 말.

06 빈 ㅅ ㄹ 가 요란하다
→ 실속 없는 사람이 겉으로 더 떠들어 댐을 이르는 말.

07 다 된 ㅈ 에 코 풀기
→ 거의 다 된 일을 망쳐 버리는 주책없는 행동을 이르는 말.

08 불난 집에 ㅂ ㅊ ㅈ 한다
→ 남의 재앙을 점점 더 커지게 하거나 성난 사람을 더욱 성나게 함을 이르는 말.

09 ~ 11 밑줄 친 속담의 쓰임이 적절하면 ○에, 그렇지 않으면 ×에 표시하시오.

09 가인: 네가 요리를 해 준다고? 잘할 수 있겠어?
나은: 개천에서 용 난다고, 요리사인 아빠를 보고 배운 게 있는데 자신 있지. (○ , ×)

10 다혜: 우리 언니는 자기가 엄청 예쁜 줄 알아. 내 동생은 공부 좀 잘한다고 잘난 척을 엄청 하고.
라희: 그런 말은 빈 수레가 요란한 거야. 결국 같은 가족인 네 흉이 되는 거니까. (○ , ×)

11 마석: 콘서트 다녀왔다며? 볼거리를 많이 준비했다는 뉴스를 봤는데 실제로 어땠어?
바울: 기대를 많이 했는데, 소문난 잔치에 먹을 것 없다고 대단한 퍼포먼스는 없었어. (○ , ×)

12 ~ 14 빈칸에 들어갈 적절한 속담을 〈보기〉에서 찾아 기호를 쓰시오.

┤ 보기 ├
ㄱ 다 된 죽에 코 풀기
ㄴ 냉수 먹고 이 쑤시기
ㄷ 불난 집에 부채질한다

12 미술 과제로 그림을 그렸는데, (　　　)(라)고 동생이 그림에 물감을 엎질러 버렸다.

13 재하가 상을 받았다고 자랑했는데, 알고 봤더니 참가자들한테 다 주는 거였더라고. (　　　)(라)는 말이 딱 맞지 뭐야.

14 시험을 망쳐 속상해하는 지환이 앞에서 문제가 너무 쉬워서 다들 잘 본 것 같다고 말하는 희수를 보니, (　　　)(라)는 말이 떠올랐다.

나의 어휘력 점수는?　　＿＿＿＿＿＿점 / 총 **14점**
● 틀린 어휘의 뜻과 예문을 다시 꼼꼼히 살펴보자.

다의어 · 동음이의어

되다¹

① 새로운 신분이나 지위를 가지다.

예 나는 커서 영화감독이 [   ]고 싶다.

② 어떤 때나 시기, 상태에 이르다.

예 어느새 계절은 봄이 [   ]었다.

③ 어떠한 심리적 상태에 놓이다.

예 내일이 소풍날인데 밤부터 비가 내려서 걱정이 [   ]었다.

되다²

반죽이나 밥 따위가 물기가 적어 **빡빡하다.**

예 밥이 너무 [   ]면 고들고들하고 빡빡하게 된다.

떨다¹

① 몹시 추워하거나 두려워하다.

예 혼자 산길을 가면서 무서움에 얼마나 [   ]었는지 모른다.

② 몸이나 몸의 일부를 **빠르고** 잦게 자꾸 흔들다.

예 그는 분에 못 이겨 몸을 부르르 [   ]었다.

③ 어떤 행동을 경망스럽게 자꾸 하다. 또는 그런 성질을 겉으로 나타내다.

예 종민이는 등산을 간다며 아침 일찍부터 부지런을 [   ]었다.

어휘 쏙 **경망(輕妄)스럽다** 행동이나 말이 가볍고 조심성 없는 데가 있다.

떨다²

달려 있거나 붙어 있는 것을 쳐서 떼어 내다.

예 경수는 현관에서 모자 위에 쌓인 눈을 [   ]고 있었다.

필수 개념 – 소설

서술자
줄 敍 | 지을 述 | 사람 者

소설의 내용을 독자에게 전달해 주는 존재.

시점
볼 視 | 점찍을 點

소설에서 인물이나 사건을 바라보는 서술자의 위치와 태도.

■ 시점의 종류

1인칭	주인공 시점	주인공 '나'가 자신의 이야기를 함.
	관찰자 시점	주인공이 아닌 '나'가 다른 인물을 관찰함.
3인칭	작가 관찰자 시점	작품 밖의 작가가 관찰자가 되어 인물의 행동과 사건을 객관적으로 전달함.
	전지적 작가 시점	작품 밖의 작가가 마치 신처럼 인물의 행동, 심리, 사건 등을 모두 알고 전달함.

01 ~ 03 밑줄 친 단어의 뜻풀이로 알맞은 것을 고르시오.

01 밀가루 반죽이 너무 <u>되면</u> 물을 좀 더 넣으세요.
 ㉠ 어떤 때나 시기, 상태에 이르다.
 ㉡ 반죽이나 밥 따위가 물기가 적어 빡빡하다.

02 친구는 내게 가수가 <u>되는</u> 게 어떻겠냐고 권했다.
 ㉠ 어떠한 심리적 상태에 놓이다.
 ㉡ 새로운 신분이나 지위를 가지다.

03 겨울에 얇게 입고 밖에 나갔다가 온종일 <u>떨었던</u> 기억이 있다.
 ㉠ 몹시 추워하거나 두려워하다.
 ㉡ 달려 있거나 붙어 있는 것을 쳐서 떼어 내다.

04 ~ 08 밑줄 친 단어의 뜻을 〈보기〉에서 찾아 기호를 쓰시오.

---- | 보기 | ----
㉠ 어떠한 심리적 상태에 놓이다.
㉡ 어떤 때나 시기, 상태에 이르다.
㉢ 달려 있거나 붙어 있는 것을 쳐서 떼어 내다.
㉣ 몸이나 몸의 일부를 빠르고 잦게 자꾸 흔들다.
㉤ 어떤 행동을 경망스럽게 자꾸 하다. 또는 그런 성질을 겉으로 나타내다.

04 여름이 <u>되면</u> 기온과 습도가 높아진다. (　　)

05 그의 당당한 모습을 보니 비로소 안심이 <u>되었다</u>. (　　)

06 동생은 오는 길에 연예인을 보았다며 야단법석을 <u>떨었다</u>. (　　)

07 외출했다가 집으로 돌아오면 겉옷과 신발의 먼지를 <u>떨어야</u> 한다. (　　)

08 앞사람이 다리를 <u>떠는</u> 것이 신경 쓰여서 시험 문제에 제대로 집중을 못 했다. (　　)

09 ~ 11 다음 설명이 알맞으면 ○에, 틀리면 ×에 표시하시오.

09 소설의 서술자는 소설의 내용을 독자에게 전달해 주는 존재이다. (○ , ×)

10 서술자가 작품 안에 위치하면 1인칭 시점이고, 작품 밖에 위치하면 3인칭 시점이다. (○ , ×)

11 소설에서 주인공이 아닌 '나'가 다른 인물을 관찰하여 내용을 전달하는 것은 작가 관찰자 시점이다. (○ , ×)

12 다음 (가), (나)의 서술자에 대한 설명으로 적절하지 <u>않은</u> 것은?

> **가** 오늘도 또 우리 수탉이 막 쪼이었다. 내가 점심을 먹고 나무를 하러 갈 양으로 나올 때이었다. 산으로 올라서려니까 등 뒤에서 '푸드덕푸드덕' 하고 닭의 횃소리가 야단이다. 깜짝 놀라며 고개를 돌려 보니 아니나 다르랴. 두 놈이 또 얼렸다.
>   – 김유정, 〈동백꽃〉
>
> **나** 공이 물러가라 하자 그제야 길동은 침소로 돌아와 슬퍼해 마지않았다. 길동이 본래 재주가 뛰어나고 도량이 활달하나, 마음을 가라앉히지 못해 밤이면 잠을 이루지 못하곤 했다.
>   – 허균, 〈홍길동전〉

① (가)의 서술자는 작품 안에 있다.
② (나)는 작품 밖의 작가가 서술자이다.
③ (가)의 서술자는 주인공을 관찰하고 있다.
④ (나)의 서술자는 길동의 속마음을 알고 있다.
⑤ (가)와 달리 (나)에는 '나'가 등장하지 않는다.

나의 어휘력 점수는?　　　　　_____ 점 / 총 **12**점
• 틀린 어휘의 뜻과 예문을 다시 꼼꼼히 살펴보자.

필수 어휘

반영
돌이킬 反 | 비출 映

다른 것에 영향을 받아 어떤 현상이 나타남. 또는 어떤 현상을 나타냄.

예 유행어는 시대 현실을 _____ 한다.

반색

매우 반가워함. 또는 그런 기색.

예 지윤이는 마당에 꽃이 핀 것을 발견하고 _____ 하며 다가갔다.

반출
옮길 搬 | 날 出

운반하여 냄.

예 이 책들은 도서관 밖으로의 _____ 이 금지되어 있다.

반의어 반입(搬入) 운반하여 들여옴.

반포
나눌 頒 | 베 布

세상에 널리 퍼뜨려 모두 알게 함.

예 세종 대왕은 1443년에 한글을 창제하였으며 3년 후 이를 _____ 하였다.

유의어 공포(公布) 일반 대중에게 널리 알림.

방류
놓을 放 | 흐를 流

① 모아서 가두어 둔 물을 흘려 보냄.

예 이 저수지의 물은 두 차례에 걸쳐 하천으로 _____ 된다.

② 물고기를 기르기 위하여, 어린 새끼 고기를 강물에 놓아 보냄.

예 환경 보호 단체에서는 호수에 어린 물고기를 _____ 하였다.

발휘
필 發 | 휘두를 揮

재능, 능력 따위를 떨치어 나타냄.

예 이번 경기에서는 선수들 실력이 제대로 _____ 되지 못했다.

배척
물리칠 排 | 물리칠 斥

따돌리거나 거부하여 밀어 내침.

예 그는 남의 의견은 무조건 _____ 하고 자기주장만 내세운다.

유의어 배제(排除) 받아들이지 아니하고 물리쳐 제외함.

배포
짝 配 | 베 布

신문이나 책자 따위를 널리 나누어 줌.

예 후보들은 자신을 소개하는 자료집을 만들어 _____ 하였다.

번영
많을 繁 | 꽃 榮

번성하고 영화롭게 됨.

예 로마 시대에 폼페이는 가장 _____ 한 도시 중의 하나였다.

어휘 쏙 번성(蕃盛) 한창 성하게 일어나 퍼짐.
영화(榮華)롭다 몸이 귀하게 되어 이름이 세상에 빛날 만하다.

01 ~ 04 다음 단어와 그 뜻풀이를 바르게 연결하시오.

01 배척 •

02 반포 •

03 반출 •

04 번영 •

• ㉠ 운반하여 냄.

• ㉡ 번성하고 영화롭게 됨.

• ㉢ 따돌리거나 거부하여 밀어 내침.

• ㉣ 세상에 널리 퍼뜨려 모두 알게 함.

05 ~ 06 다음 단어의 뜻풀이에서 알맞은 단어를 고르시오.

05 반색 : 매우 (못마땅함 | 반가워함). 또는 그런 기색.

06 방류 : 모아서 가두어 둔 (물 | 공기)을/를 흘려보냄.

07 ~ 09 〈보기〉의 글자들을 조합하여 다음 뜻풀이에 알맞은 단어를 쓰시오.

┤ 보기 ├
배 반 포 휘 발 영

07 재능, 능력 따위를 떨치어 나타냄. (   )

08 신문이나 책자 따위를 널리 나누어 줌.

(   )

09 다른 것에 영향을 받아 어떤 현상이 나타남. 또는 어떤 현상을 나타냄. (   )

10 ~ 13 빈칸에 들어갈 알맞은 단어를 〈보기〉에서 찾아 쓰시오.

┤ 보기 ├
반영 방류 번성 배척 배포

10 잡지의 창간호는 홍보 차원에서 무료 (   ) 하기로 했다.

11 염색 공장에서 폐수를 그대로 하천에 (   ) 하여 하천이 오염되었다.

12 그 대학은 내년부터 면접시험을 입학 성적에 적극 (   )하겠다고 발표했다.

13 척화비는 흥선 대원군이 서양을 (   )하기 위해 세운 비석으로, 서양과 화합할 수 없다는 내용을 담고 있다.

14 밑줄 친 단어의 쓰임이 적절하지 <u>않은</u> 것은?

① 할머니는 오랜만에 놀러 온 손주들을 <u>반색</u>하며 맞았다.

② 허가 없이 문화재를 해외로 <u>반출</u>하는 것은 불법 행위이다.

③ 그녀는 가게를 열었음을 알리는 광고 전단을 만들어 <u>반포</u>하였다.

④ 우리나라는 급속도의 산업화 과정을 거쳐 경제적 <u>번영</u>을 이룩하였다.

⑤ 교육은 학생들이 창의력을 <u>발휘</u>할 수 있는 방향으로 이루어져야 한다.

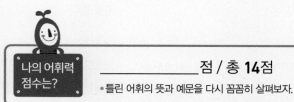

나의 어휘력 점수는?
_____ 점 / 총 **14점**
• 틀린 어휘의 뜻과 예문을 다시 꼼꼼히 살펴보자.

관용 표현 – 주제별 한자 성어

★ 세상의 변화

격세지감
막을 隔 | 세대 世 | 갈 之 | 느낄 感

오래지 않은 동안에 몰라보게 변하여 아주 다른 세상이 된 것 같은 느낌.

예 그는 명절날 윷놀이 대신 휴대폰 게임을 하는 조카들을 보며   을 느꼈다.

변화무쌍
변할 變 | 될 化 | 없을 無 | 쌍 雙

변하는 정도가 비할 데 없이 심함.

예 올해 봄은 다른 해보다 유난히 날씨가   하다.

상전벽해
뽕나무 桑 | 밭 田 | 푸를 碧 | 바다 海

뽕나무밭이 변하여 푸른 바다가 된다는 뜻으로, 세상일의 변천이 심함을 이르는 말.

예 논밭이 사라지고 아파트가 들어선 마을의 모습은   가 따로 없었다.

어휘 쏙 **변천(變遷)** 세월의 흐름에 따라 바뀌고 변함.

★ 위태로운 상황

누란지세
묶을 累 | 알 卵 | 갈 之 | 기세 勢

층층이 쌓아 놓은 알의 형세라는 뜻으로, 몹시 위태로운 형세를 이르는 말.

예 1분 사이에 공이 몇 번이나 우리 골대를 맞고 튕기는   의 상황이 이어졌다.

사면초가
넉 四 | 낯 面 | 가시나무 楚 | 노래 歌

사방에서 들리는 초(楚)나라의 노래라는 뜻으로, 아무에게도 도움을 받지 못하는, 외롭고 곤란한 지경에 빠진 형편을 이르는 말.

예 성 밖에도 적, 성안에도 적, 그야말로   였다.

풍전등화
바람 風 | 앞 前 | 등잔 燈 | 불 火

바람 앞의 등불이라는 뜻으로, 사물이 매우 위태로운 처지에 놓여 있음을 이르는 말.

예 그 회사는 수익이 크게 줄어든 데다 경쟁 업체들까지 마구 생기면서   의 위기에 놓이게 되었다.

★ 고지식하고 어리석음

각주구검
새길 刻 | 배 舟 | 구할 求 | 칼 劍

칼을 강물에 떨어뜨리자 뱃전에 그 자리를 표시했다가 나중에 그 칼을 찾으려 한다는 뜻으로, 융통성 없이 현실에 맞지 않는 낡은 생각을 고집하는 어리석음을 이르는 말.

예 사오라고 한 식재료들 중에 한 가지가 없다고 아예 아무것도 안 사오다니,   이 따로 없다.

수주대토
지킬 守 | 그루 株 | 기다릴 待 | 토끼 兔

그루터기를 지켜 토끼를 기다린다는 뜻으로, 한 가지 일에만 얽매여 발전을 모르는 어리석은 사람을 이르는 말.

예 세상이 변했는데 낡은 습관만 고집하는 사람은   라 할 만하다.

01 ~ 04 다음 뜻풀이에 해당하는 한자 성어를 〈보기〉에서 찾아 쓰시오.

┤ 보기 ├
각주구검   격세지감   누란지세   풍전등화

01 오래지 않은 동안에 몰라보게 변하여 아주 다른 세상이 된 것 같은 느낌. ( )

02 층층이 쌓아 놓은 알의 형세라는 뜻으로, 몹시 위태로운 형세를 이르는 말. ( )

03 융통성 없이 현실에 맞지 않는 낡은 생각을 고집하는 어리석음을 이르는 말. ( )

04 바람 앞의 등불이라는 뜻으로, 사물이 매우 위태로운 처지에 놓여 있음을 이르는 말. ( )

05 ~ 08 제시된 초성을 참고하여 다음 뜻풀이에 알맞은 한자 성어를 쓰시오.

05 변하는 정도가 비할 데 없이 심함.

		ㅁ	ㅆ

06 뽕나무밭이 변하여 푸른 바다가 된다는 뜻으로, 세상일의 변천이 심함을 이르는 말.

ㅅ	ㅈ		

07 그루터기를 지켜 토끼를 기다린다는 뜻으로, 한 가지 일에만 얽매여 발전을 모르는 어리석은 사람을 이르는 말.

	ㅈ		ㅌ

08 사방에서 들리는 초나라의 노래라는 뜻으로, 아무에게도 도움을 받지 못하는, 외롭고 곤란한 지경에 빠진 형편을 이르는 말.

ㅅ		ㅊ	

09 ~ 11 다음 대화 내용과 의미가 통하는 한자 성어를 〈보기〉에서 찾아 쓰시오.

┤ 보기 ├
누란지세   상전벽해   수주대토

09 현아: 할머니 댁에는 잘 다녀왔어?
서경: 응. 오랜만에 가 보니 큰 도로와 공원이 생겨서 완전히 다른 동네가 됐더라. ( )

10 혜원: 놀이터 옆쪽에 있는 돌담 봤어?
종혁: 응. 안 그래도 위태로워 보였는데, 엊그제 비가 온 뒤로 당장이라도 담이 무너질 것 같아서 불안해. ( )

11 소희: 그 애는 발표할 때 컴퓨터 활용을 전혀 안 하더라. 그림이나 표는 직접 그려 와서 보여 주고.
영찬: 예전에 그런 방식으로 발표하고 칭찬받은 뒤로 항상 그렇게 한대. 상황에 따라 컴퓨터를 써야 할 때도 있는데 좀 현명하지 못한 것 같아. ( )

12 밑줄 친 한자 성어의 쓰임이 적절하지 **않은** 것은?

① 적군이 코앞까지 쳐들어오면서 나라의 운명은 풍전등화의 위기에 놓였다.
② 그는 이번 뮤지컬에서 1인 2역을 맡아 변화무쌍한 연기를 선보일 예정이다.
③ 3년 만에 다시 와 본 이 도시는 그야말로 격세지감을 느낄 만큼 발전하였다.
④ 허허벌판이었던 이곳에 높은 건물들이 들어선 것을 보니 각주구검이 따로 없다.
⑤ 그 선수는 부적절한 행동으로 상대 팀은 물론 같은 팀 선수와 팬들에게까지 비난을 받는 사면초가의 상황에 처했다.

나의 어휘력 점수는?   _____점 / 총 **12점**
• 틀린 어휘의 뜻과 예문을 다시 꼼꼼히 살펴보자.

헷갈리기 쉬운 말

☐ **담그다**	액체 속에 넣다. 예 계곡물에 손을 ▨▨▨▨▨ 니 시원하다.
☐ **담다**	① 어떤 물건을 그릇 따위에 넣다. 예 김밥을 예쁜 접시에 ▨▨▨ 으니 더욱 모양이 좋다. ② 어떤 내용이나 사상을 그림, 글, 말, 표정 따위 속에 포함하거나 반영하다. 예 그는 바위에 걸터앉아 눈앞의 경치를 스케치북에 ▨▨▨ 고 있었다.
☐ **당기다**	① 물건 따위를 힘을 주어 자기 쪽이나 일정한 방향으로 가까이 오게 하다. 예 어부들이 그물을 ▨▨▨▨▨ 고 있다. ② 정한 시간이나 기일을 앞으로 옮기거나 줄이다. 예 비가 올 것이라는 일기 예보에 체육 대회 날짜를 이틀 ▨▨▨▨▨ 기로 했다.
☐ **댕기다**	불이 옮아 붙다. 또는 그렇게 하다. 예 아버지께서 종이에 불을 ▨▨▨▨▨ 자마자 기름을 잔뜩 먹은 종이가 순식간에 불타올랐다.
☐ **땅기다**	몹시 단단하고 팽팽하게 되다. 예 한나절 내내 걸었더니 종아리가 ▨▨▨▨▨ 고 허벅지도 뻐근했다.

필수 개념 – 소설

☐ **배경** 등 背 | 경치 景	소설 속 사건이 일어나고 인물이 행동하는 시간적, 공간적, 사회적 환경이나 상황. ■ **배경의 기능** • 작품의 사실성과 현장감을 높일 수 있다. • 밝음, 신비로움, 우울함 등 작품의 전반적인 분위기를 만들어 내는 역할을 한다. • 인물의 심리를 간접적으로 나타내거나 앞으로의 사건 전개 방향을 암시한다. • 배경 자체가 상징적인 의미를 나타내거나 주제를 드러내기도 한다.
☐ **시간적 배경** 때 時 | 사이 間 | 과녁 的	사건이 일어나고 인물이 행동하는 시간, 시대, 계절. 예 저녁, 장마철, 1970년대, 가을
☐ **공간적 배경** 빌 空 | 사이 間 | 과녁 的	사건이 벌어지고 인물이 행동하는 장소, 지역. 예 어느 바닷가, 농촌, 학교, 서울 청계천
☐ **사회적 배경** 모일 社 | 모일 會 | 과녁 的	인물을 둘러싼 사회 현실과 시대적·역사적 환경. 예 신분 제도가 있는 사회, 전쟁으로 혼란한 시대 상황

01 ~ 04 다음 단어와 그 뜻풀이를 바르게 연결하시오.

01 담다 ・

02 담그다 ・

03 당기다 ・

04 댕기다 ・

・ ㉠ 액체 속에 넣다.

・ ㉡ 어떤 물건을 그릇 따위에 넣다.

・ ㉢ 불이 옮아 붙다. 또는 그렇게 하다.

・ ㉣ 물건 따위를 힘을 주어 자기 쪽이나 일정한 방향으로 가까이 오게 하다.

05 ~ 07 다음 문장에서 적절한 단어를 고르시오.

05 정성을 (담근 | 담은) 선물이니 꼭 받아 주세요.

06 그는 말고삐를 (당겨 | 댕겨) 내리막길을 달리려는 말을 멈춰 세웠다.

07 세수를 한 뒤 물기가 마르자 얼굴이 (당겨서 | 땅겨서) 로션을 듬뿍 발랐다.

08 밑줄 친 단어의 쓰임이 적절하지 <u>않은</u> 것은?

① 그의 초라한 모습이 내 호기심에 불을 <u>댕겼다</u>.

② 수업이 시작되자 그는 의자를 바싹 <u>땅겨</u> 앉았다.

③ 여름날 계곡물에 수박을 <u>담가</u> 두면 시원하게 먹을 수 있다.

④ 그녀는 직접 캔 나물을 바구니에 가득 <u>담아</u> 우리 집에 가져왔다.

⑤ 한 달로 잡았던 공사 기간을 <u>당겨</u> 예정보다 일찍 도로 공사를 끝냈다.

09 ~ 11 다음 설명이 알맞으면 ○에, 틀리면 ×에 표시하시오.

09 소설 속 사건이 일어나고 인물이 행동하는 시간적, 공간적, 사회적 환경이나 상황을 '배경'이라고 한다. (○ , ×)

10 배경을 통해 소설의 사실성과 현장감을 높일 수 있다. (○ , ×)

11 '깊은 산속, 오두막집, 외딴 섬' 등은 사회적 배경에 해당하는 예이다. (○ , ×)

12 다음 글의 ㉠~㉟ 중 〈보기〉의 빈칸에 들어갈 알맞은 내용을 골라 기호를 쓰시오.

> ㉠새침하게 흐린 품이 눈이 올 듯하더니, 눈은 아니 오고 얼다가 만 비가 추적추적 내리는 날이었다.
> 이날이야말로 ㉡동소문 안에서 ㉢인력거꾼 노릇을 하는 김 ㉣첨지에게는 오래간만에도 닥친 운수 좋은 날이었다. 문안에 (거기도 문밖은 아니지만) 들어간답시는 앞집 ㉤마나님을 전찻길까지 모셔다 드린 것을 비롯하여 행여나 손님이 있을까 하고 정류장에서 어정어정하며, 내리는 사람 하나하나에게 거의 비는 듯한 눈길을 보내고 있다가, 마침내 ㉥교원인 듯한 양복쟁이를 ㉟동광 학교까지 태워다 주기로 되었다.
> – 현진건, 〈운수 좋은 날〉

┤ 보기 ├

> 이 소설은 1920년대 일제 강점기를 배경으로 한 소설이다. 이 글에서 배경이 드러난 부분을 살펴보면, 우선 공간적 배경은 ( )이다. ( )은 시간적 배경으로 음산하고 불길한 분위기를 조성하고 있다. ( )은 나이 많은 남자를 부르는 말이고 ( )은 지금은 없는 직업으로, 1920년대의 사회적 배경을 드러낸다.

나의 어휘력 점수는? ＿＿＿＿＿＿＿점 / 총 **12점**

• 틀린 어휘의 뜻과 예문을 다시 꼼꼼히 살펴보자.

공부한 날 ◯월 ◯일

필수 어휘

범주
법 範 | 밭 두둑 疇

동일한 성질을 가진 부류나 범위.
예 이번 전시회에서 다루는 주제는 크게 5개 [   ]로 나뉜다.

> 어휘쏙 범위(範圍) 일정하게 한정된 영역.

변모
변할 變 | 모양 貌

모양이나 모습이 달라지거나 바뀜. 또는 그 모양이나 모습.
예 10년 만에 찾아간 학교는 너무나도 많이 [   ]해 있었다.

병행
아우를 並 | 다닐 行

둘 이상의 일을 한꺼번에 행함.
예 선우는 학업과 직장 생활을 [   ]하고 있다.

보류
보전할 保 | 머무를 留

어떤 일을 당장 처리하지 아니하고 나중으로 미루어 둠.
예 우리 회사는 상황이 안정될 때까지 해외 진출을 일단 [   ]하기로 했다.

> 유의어 유보(留保) 어떤 일을 당장 처리하지 아니하고 나중으로 미루어 둠.

보편적
널리 普 | 두루 遍 | 과녁 的

모든 것에 두루 미치거나 통하는. 또는 그런 것.
예 사회 구성원 간의 갈등은 어느 사회에나 존재하는 [   ]인 현상이다.

> 유의어 일반적(一般的) 일부에 한정되지 아니하고 전체에 걸치는. 또는 그런 것

복구
돌아올 復 | 옛 舊

손실 이전의 상태로 회복함.
예 한번 오염된 환경을 [   ]하는 데에는 수십, 수백 년의 세월이 든다.

> 유의어 복원(復元) 원래대로 회복함.

본의
근본 本 | 뜻 意

본디부터 변함없이 그대로 가지고 있는 마음.
예 어제는 [   ] 아니게 실례가 많았습니다.

부지기수
아닐 不 | 알 知 | 그 其 | 셀 數

헤아릴 수가 없을 만큼 많음. 또는 그렇게 많은 수효.
예 옛날에는 식량이 부족해서 끼니를 거르는 사람이 [   ]였다고 한다.

분배
나눌 分 | 짝 配

몫몫이 별러 나눔.
예 축구 월드컵의 본선 진출 티켓은 대륙별로 [   ]된다.

> 어휘쏙 벼르다 일정한 비례에 맞추어서 여러 몫으로 나누다.

01 ~ 05 다음 뜻풀이에 해당하는 단어를 말상자에서 찾아 표시하시오.

지	속	보	류	복	구
구	태	편	의	무	조
본	능	적	대	감	변
의	동	의	장	사	모
사	부	지	기	수	녀

01 손실 이전의 상태로 회복함.

02 본디부터 변함없이 그대로 가지고 있는 마음.

03 모든 것에 두루 미치거나 통하는. 또는 그런 것.

04 헤아릴 수가 없을 만큼 많음. 또는 그렇게 많은 수효.

05 모양이나 모습이 달라지거나 바뀜. 또는 그 모양이나 모습.

06 ~ 09 〈보기〉의 글자들을 조합하여 다음 뜻풀이에 알맞은 단어를 쓰시오.

┤ 보기 ├

| 보 | 행 | 분 | 주 | 범 | 류 | 배 | 병 |

06 몫몫이 별러 나눔. ( )

07 둘 이상의 일을 한꺼번에 행함. ( )

08 동일한 성질을 가진 부류나 범위. ( )

09 어떤 일을 당장 처리하지 아니하고 나중으로 미루어 둠. ( )

10 ~ 13 빈칸에 들어갈 알맞은 단어를 〈보기〉에서 찾아 쓰시오.

┤ 보기 ├

변모 병행 보류 복원 분배

10 그 학교는 도서관 건물을 새로 지으려던 계획을 내년으로 ( )했다.

11 과거에는 논밭이었던 곳이 몇 년 사이에 화려한 거리로 ( )되어 있었다.

12 마을 공동 사업으로 벌어들인 수익은 주민 모두에게 고르게 ( )됩니다.

13 이 설문 조사는 방문 조사가 기본이며 우편 · 전화 · 인터넷 조사도 ( )하고 있다.

14 밑줄 친 단어의 쓰임이 적절하지 **않은** 것은?

① 훼손된 많은 문화재들의 <u>범주</u>가 무엇보다 시급하다.

② 석희는 친구와의 약속 시간에 늦는 일이 <u>부지기수</u>였다.

③ 그들은 각자 일로 바빠 <u>본의</u> 아니게 연락을 자주 하지 못했다.

④ 방송국에서 나온 기자는 수해 <u>복구</u> 현장을 화면에 담아 뉴스로 내보냈다.

⑤ 그 소설은 이별의 슬픔이라는 인류 <u>보편적</u> 정서를 개성적인 문체로 그려 낸 작품이다.

나의 어휘력 점수는? _____점 / 총 **14점**

• 틀린 어휘의 뜻과 예문을 다시 꼼꼼히 살펴보자.

관용 표현 - 주제별 관용어

★ 눈

눈 밖에 나다	신임을 잃고 미움을 받게 되다.
	예 그는 약속을 지키지 않아 동료들의 [ ]고 말았다.
	어휘 쏙 신임(信任) 믿고 일을 맡김. 또는 그 믿음.

눈에 차다	흡족하게 마음에 들다.
	예 이 가게에는 [ ]는 물건이 없으니 다른 곳으로 가 보자.

눈앞이 캄캄하다	어찌할 바를 몰라 아득하다.
	예 저 높은 산꼭대기까지 올라갈 생각을 하니 [ ]했다.
	어휘 쏙 아득하다 어떻게 하면 좋을지 몰라 막막하다.

★ 귀

귀가 가렵다	남이 제 말을 한다고 느끼다.
	예 우리가 이렇게 그 사람 이야기를 하고 있으니 아마도 그는 지금 [ ]겠지.

귀를 기울이다	남의 이야기나 의견에 관심을 가지고 주의를 모으다.
	예 대형 강의실에서는 학생 백여 명이 김 교수의 강의에 [ ]고 있었다.

귀를 의심하다	믿기 어려운 이야기를 들어 잘못 들은 것이 아닌가 생각하다.
	예 생각지도 못한 소식에 나는 내 [ ]며 그게 정말이냐고 되물었다.

★ 입

입을 모으다	여러 사람이 같은 의견을 말하다.
	예 이번 선거는 여당과 야당 모두 쉽지 않을 것이라고 전문가들은 [ ]고 있다.

입을 씻다	이익 따위를 혼자 차지하거나 가로채고서는 시치미를 떼다.
	예 그는 상품을 타면 나눠 주겠다며 도움을 청하더니, 내 덕에 상품을 타 놓고 [ ]었다.

입만 아프다	여러 번 말하여도 받아들이지 아니하여 말한 보람이 없다.
	예 방 청소 좀 하라고 그렇게 얘기했는데도 듣질 않으니, 계속 말해 봤자 내 [ ]지.

01 ~ 05 다음 뜻풀이에 해당하는 관용어를 〈보기〉에서 찾아 기호를 쓰시오.

┤ 보기 ├
㉠ 귀가 가렵다
㉡ 입을 모으다
㉢ 입만 아프다
㉣ 귀를 의심하다
㉤ 눈앞이 캄캄하다

01 어찌할 바를 몰라 아득하다. (　　　)

02 남이 제 말을 한다고 느끼다. (　　　)

03 여러 사람이 같은 의견을 말하다. (　　　)

04 여러 번 말하여도 받아들이지 아니하여 말한 보람이 없다. (　　　)

05 믿기 어려운 이야기를 들어 잘못 들은 것이 아닌가 생각하다. (　　　)

06 ~ 09 제시된 초성을 활용하여 관용어의 뜻풀이를 완성하시오.

06 눈에 차다
→ 흡족하게 □ ㅇ 에 들다.

07 눈 밖에 나다
→ 신임을 잃고 □ ㅇ 을 받게 되다.

08 귀를 기울이다
→ 남의 이야기나 의견에 ㄱ ㅅ 을 가지고 주의를 모으다.

09 입을 씻다
→ 이익 따위를 혼자 차지하거나 가로채고서는 ㅅ ㅊ ㅁ 를 떼다.

10 ~ 13 다음 빈칸에 들어갈 관용어를 〈보기〉에서 찾아 문맥에 맞게 쓰시오.

┤ 보기 ├
㉠ 입만 아프다
㉡ 눈 밖에 나다
㉢ 귀를 기울이다
㉣ 눈앞이 캄캄하다

10 간신히 버스를 탔는데 가방 어디에도 지갑이 없어서 순간 _____.

11 국회 의원은 국민의 대표로 선출되는 것이므로, 국민의 목소리에 _____ 한다.

12 그 선수는 불성실하고 게으른 태도 때문에 감독의 _____ 경기 출전 명단에 포함되지 못했다.

13 그는 늘 자기 의견만 앵무새처럼 반복하고 조금도 양보를 하지 않으니, 아무리 회의를 반복해도 내 _____ 뿐 일이 진전이 안 된다.

14 밑줄 친 관용어의 쓰임이 적절하지 <u>않은</u> 것은?

① 야구인들은 우리나라에 돔 구장이 더 필요하다고 <u>입을 모은다</u>.
② 내가 선물로 준 머리핀이 취향이 까다로운 언니의 <u>눈에 찬</u> 듯 보였다.
③ 포상금이 나오면 공평하게 나누자던 그가, 막상 포상금이 나오니 <u>입을 씻었다</u>.
④ 별로 안 친해 보였던 두 사람이 결혼한다는 말에 나는 <u>귀를 의심하지</u> 않을 수 없었다.
⑤ 그는 집에 너무 늦게 들어가면 부모님께 혼날까 봐 <u>귀가 가렵다</u>며 서둘러 집으로 돌아갔다.

나의 어휘력 점수는? _____ 점 / 총 **14점**
• 틀린 어휘의 뜻과 예문을 다시 꼼꼼히 살펴보자.

다의어 · 동음이의어

띄다
① 눈에 보이다.
예 공원 여기저기에 강아지와 산책하는 사람들의 모습이 눈에 [   ]었다.
② 남보다 훨씬 두드러지다.
예 그 그림은 전시된 작품들 가운데 가장 눈에 [   ]는 것이었다.

띠다
① 빛깔이나 색채 따위를 가지다.
예 노을이 비친 호수는 온통 붉은 빛깔을 [   ]고 있다.
② 감정이나 기운 따위를 나타내다.
예 그는 아기를 보며 얼굴에 미소를 [   ]었다.
③ 어떤 성질을 가지다.
예 판소리는 음악, 문학, 연극적 요소가 어우러진 종합 예술적 성격을 [   ]고 있다.

바람¹
① 기압의 변화 또는 사람이나 기계에 의하여 일어나는 공기의 움직임.
예 찌는 더위에는 선풍기 [   ]조차도 덥게 느껴진다.
② 뒷말의 근거나 원인을 나타내는 말.
예 그와 나는 시간이 어긋나는 [   ]에 서로 만나지 못했다.

바람²
어떤 일이 이루어지기를 기다리는 간절한 마음.
예 나의 [   ]대로 크리스마스에 눈이 왔으면 좋겠다.

필수 개념 – 고전 소설

고전 소설
옛 古 | 법 典 | 작을 小 | 말씀 說

조선 시대에 생겨난 산문 문학의 한 종류로, 갑오개혁(1894년) 이전까지 창작된 우리 소설을 현대 소설과 구분하여 이르는 말.

■ 고전 소설의 일반적 특징
• 시간의 흐름에 따라 사건이 전개되며, 전지적 작가 시점으로 서술된다.
• 우연적인 만남이나 상황에 의해 사건이 발생하고, 신비로운 요소가 나타난다.
• 착한 사람은 복을 받고 악한 사람은 벌을 받는다는 권선징악의 가치관이 드러난다.
• 성격 변화가 없는 평면적 인물과 특정 집단의 성격을 대표하는 전형적 인물이 주로 등장한다.
• 주인공이 고난과 시련을 모두 이겨 내고 행복해지는 결말을 맺는다.

일대기적 구성
하나 一 | 대신할 代 | 기록할 記 | 과녁 的 | 얽을 構 | 이룰 成

인물이 태어나서 죽기까지 일생 동안 겪는 일로 내용을 전개하는 구성. 주로 고전 소설에서 나타난다.

01 ~ 03 밑줄 친 단어의 뜻풀이로 알맞은 것을 고르시오.

01 우리는 남의 눈에 <u>띄지</u> 않게 밤에 움직였다.
ㄱ 눈에 보이다.
ㄴ 남보다 훨씬 두드러지다.

02 생선을 고를 때는 아가미가 선홍색을 <u>띤</u> 것을 골라야 한다.
ㄱ 빛깔이나 색채 따위를 가지다.
ㄴ 감정이나 기운 따위를 나타내다.

03 창문으로 들어오는 <u>바람</u>이 시원하게 느껴졌다.
ㄱ 어떤 일이 이뤄지기를 기다리는 간절한 마음.
ㄴ 기압의 변화 또는 사람이나 기계에 의하여 일어나는 공기의 움직임.

04 ~ 08 밑줄 친 단어의 뜻을 〈보기〉에서 찾아 기호를 쓰시오.

┌─── 보기 ┐
ㄱ 어떤 성질을 가지다.
ㄴ 남보다 훨씬 두드러지다.
ㄷ 감정이나 기운 따위를 나타내다.
ㄹ 뒷말의 근거나 원인을 나타내는 말.
ㅁ 어떤 일이 이루어지기를 기다리는 간절한 마음.
└──────────────────┘

04 새 극단의 창단으로 연극계가 활기를 <u>띠고</u> 있다.
（　　）

05 그날의 모임은 친목 도모의 성격을 <u>띠고</u> 있었다.
（　　）

06 나의 <u>바람</u>은 그의 병이 하루빨리 회복되는 것이다.
（　　）

07 아침부터 비가 쏟아지는 <u>바람</u>에 야외 행사가 취소되었다.
（　　）

08 그 집은 층이 높고 지붕 모양이 독특해서 다른 건물들 사이에서 유독 눈에 <u>띈다.</u>
（　　）

09 ~ 11 다음 설명이 알맞으면 ○에, 틀리면 ✕에 표시하시오.

09 고전 소설은 조선 시대에 생겨난 산문 문학의 한 종류이다.
（ ○ , ✕ ）

10 고전 소설에는 성격 변화가 없는 평면적 인물과 특정 집단의 성격을 대표하는 전형적 인물이 주로 등장한다.
（ ○ , ✕ ）

11 고전 소설은 인물이 일생 동안 겪는 일로 내용을 전개하는 구성 방식을 취하는 경우가 많다.
（ ○ , ✕ ）

12 다음 줄거리와 고전 소설의 특징을 고려할 때, 〈심청전〉의 특징으로 적절한 것을 〈보기〉에서 모두 고르시오.

　황해도 도화동에 심학규라는 맹인이 살았다. 그는 늦은 나이에 딸 심청을 얻었는데, 아내가 출산 후 7일 만에 죽게 되어 동네 아낙들에게 젖을 얻어먹여 가며 딸을 기른다.
　어느 날 심 봉사는 우연히 몽은사 화주승으로부터 공양미 삼백 석을 절에 시주하면 눈을 뜰 수 있다는 말을 듣고 시주를 약속한다. 이 사실을 알게 된 심청은 공양미 삼백 석을 구하기 위해 제물로 바칠 처녀를 찾는 남경 상인들에게 자신을 팔게 된다. 제물로 인당수에 몸을 던진 심청은 용왕의 도움으로 연꽃에 싸여 인간 세상으로 돌아오고, 황후가 되어 맹인 잔치를 연다. 잔치에 온 심 봉사는 심청과 재회하고 눈을 뜨게 된다.
　　　　　　　　　－ 작자 미상, 〈심청전〉 줄거리

┌─── 보기 ┐
ㄱ 심청은 효녀로, 전형적 인물에 해당한다.
ㄴ 용왕이 등장하는 등 신비로운 요소가 나타난다.
ㄷ 영웅적 인물의 일대기를 시간의 흐름에 따라 전개한다.
ㄹ 주인공이 시련을 겪지만 결국 행복해지는 결말이 드러난다.
└──────────────────┘

나의 어휘력 점수는?
＿＿＿＿＿＿ 점 / 총 **12점**
• 틀린 어휘의 뜻과 예문을 다시 꼼꼼히 살펴보자.

필수 어휘

분연히
떨칠 奮 | 그럴 然 | 히

떨쳐 일어서는 기운이 세차고 꿋꿋한 모양.
예 임진왜란이 일어나자 그들은 나라를 구하고자 ▢▢▢▢ 일어섰다.

> (어휘 쏙) **꿋꿋하다** 사람의 기개, 의지, 태도나 마음가짐 따위가 매우 굳세다.

분포
나눌 分 | 베 布

일정한 범위에 흩어져 퍼져 있음.
예 정부는 이 지역에 ▢▢▢▢ 된 천연기념물을 보호하도록 했다.

불모지
아닐 不 | 털 毛 | 땅 地

① 식물이 자라지 못하는 거칠고 메마른 땅.
예 그 땅은 풀 한 포기 없는 ▢▢▢ 이다.

② 어떠한 사물이나 현상이 발달되어 있지 않은 곳. 또는 그런 상태를 비유적으로 이르는 말.
예 슈바이처는 의학의 ▢▢▢ 였던 아프리카에서 의료 봉사를 했다.

비약적
날 飛 | 뛸 躍 | 과녁 的

① 지위나 수준 따위가 갑자기 빠른 속도로 높아지거나 향상되는. 또는 그런 것.
예 우리나라의 경제 수준은 짧은 기간에 ▢▢▢ 으로 성장했다.

② 논리나 사고방식 따위가 그 차례나 단계를 따르지 아니하고 뛰어넘는. 또는 그런 것.
예 이 영화는 내용이 너무 ▢▢▢ 으로 전개되어 이해하기가 어렵다.

> (어휘 쏙) **향상(向上)** 실력, 수준, 기술 따위가 나아짐.

빈도
자주 頻 | 법도 度

같은 현상이나 일이 반복되는 도수.
예 기름값이 올라 대중교통을 이용하는 ▢▢▢ 가 증가했다.

> (어휘 쏙) **도수(度數)** 거듭하는 횟수.

빈정대다

남을 은근히 비웃는 태도로 자꾸 놀리다.
예 네가 뭘 아느냐고 ▢▢▢▢ 는 말에 기분이 몹시 상했다.

> (유의어) **비꼬다** 남의 마음에 거슬릴 정도로 빈정거리다.

사리사욕
사사로울 私 | 이로울 利 |
사사로울 私 | 욕심 慾

사사로운 이익과 욕심.
예 사회 지도층이 ▢▢▢▢ 을 채우는 데에만 급급해서는 안 된다.

> (어휘 쏙) **사사(私私)롭다** 공적이 아닌 개인적인 범위나 관계의 성질이 있다.

사무치다

깊이 스며들거나 멀리까지 미치다.
예 오래 떠나 있던 고향이 ▢▢▢ 게 그리워졌다.

산출
낳을 産 | 날 出

물건을 생산하여 내거나 인물·사상 따위를 냄.
예 프랑스 남부에는 포도주를 ▢▢▢ 하는 유명한 지역이 많다.

01 ~ 04 다음 뜻풀이에 해당하는 단어를 〈보기〉에서 찾아 쓰시오.

┤ 보기 ├
산출   분포   비약적   빈정대다

01 일정한 범위에 흩어져 퍼져 있음.   (   )

02 남을 은근히 비웃는 태도로 자꾸 놀리다.
(   )

03 물건을 생산하여 내거나 인물·사상 따위를 냄.
(   )

04 지위나 수준 따위가 갑자기 빠른 속도로 높아지거나 향상되는. 또는 그런 것.   (   )

05 ~ 06 다음 단어의 뜻풀이에서 알맞은 단어를 고르시오.

05 사무치다 : (깊이 | 얕게) 스며들거나 멀리까지 미치다.

06 불모지 : 식물이 자라지 못하는 (거칠고 | 기름지고) 메마른 땅.

07 ~ 09 〈보기〉의 글자들을 조합하여 다음 뜻풀이에 알맞은 단어를 쓰시오.

┤ 보기 ├
사   연   분   리   도   사   히   빈   욕

07 사사로운 이익과 욕심.   (   )

08 같은 현상이나 일이 반복되는 도수.   (   )

09 떨쳐 일어서는 기운이 세차고 꿋꿋한 모양.
(   )

10 ~ 13 빈칸에 들어갈 알맞은 단어를 〈보기〉에서 찾아 쓰시오.

┤ 보기 ├
분포   빈도   향상   불모지   사리사욕

10 아직도 지구상에는 현대 문명의 (   )(으)로 남아 있는 곳이 있다.

11 이 풀은 전국적으로 (   )하므로 우리나라 어디에서나 볼 수 있다.

12 부패한 공직자가 (   )에 눈이 멀어 저지른 비리가 만천하에 드러났다.

13 배달 앱이 활성화되면서 가정에서 배달 음식을 주문하는 (   )이/가 높아졌다.

14 밑줄 친 단어의 쓰임이 적절하지 <u>않은</u> 것은?

① 이 금광에서는 금이 더 이상 산출되지 않는다.
② 올해는 작년에 비해 자동차 수출이 비약적으로 줄어들었다.
③ 수완이는 뭐가 마음에 들지 않는지 빈정대는 말투로 나에게 말했다.
④ 그 사람과 이별한 뒤 나는 밤마다 사무치는 그리움에 잠을 이루지 못했다.
⑤ 지금도 많은 사람들이 인류의 평화를 위해 세계 각지에서 분연히 싸우고 있다.

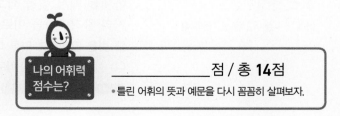

나의 어휘력 점수는?   _____점 / 총 **14점**
• 틀린 어휘의 뜻과 예문을 다시 꼼꼼히 살펴보자.

관용 표현 – 주제별 한자 성어

★ 마음에서 마음으로 전함

불립문자
아닐 不 | 설 立 | 글월 文 | 글자 字

불도의 깨달음은 마음에서 마음으로 전하는 것이므로 말이나 글에 의지하지 않는다는 말.
예 그는 경전의 내용을 파고들기보다는 ＿＿＿＿＿의 태도로 마음을 갈고닦았다.

심심상인
마음 心 | 마음 心 | 서로 相 | 도장 印

말없이 마음과 마음으로 뜻을 전함.
예 그는 굳이 말로 설명하지 않아도 ＿＿＿＿＿으로 나와 생각이 아주 잘 통한다.

염화미소
집을 拈 | 빛날 華 | 작을 微 | 웃을 笑

꽃을 집어 들고 웃음을 띤다는 뜻으로, 말로 통하지 아니하고 마음에서 마음으로 전하는 일.
예 눈빛만 봐도 서로의 마음을 알아차리는 부부를 보니 ＿＿＿＿＿라는 말이 떠오르는군.

이심전심
써 以 | 마음 心 | 전할 傳 | 마음 心

마음과 마음으로 서로 뜻이 통함.
예 말없이 걷던 진구와 소영이는 ＿＿＿＿＿으로 누가 먼저랄 것도 없이 떡볶이 가게 앞에서 멈춰 섰다.

★ 임시의 방법

고식지계
시어미 姑 | 숨쉴 息 | 갈 之 | 꾀할 計

우선 당장 편한 것만을 택하는 꾀나 방법. 한때의 안정을 얻기 위하여 임시로 둘러맞추어 처리하거나 이리저리 주선하여 꾸며 내는 계책을 이른다.
예 당장 눈앞의 일에만 급급하여 ＿＿＿＿＿를 낼 것이 아니라, 먼 앞날까지 내다본 계획을 세워야 한다.

동족방뇨
얼 凍 | 발 足 | 놓을 放 | 오줌 尿

언 발에 오줌 누기라는 뜻으로, 잠시 동안만 효력이 있을 뿐 효력이 바로 사라짐을 이르는 말.
예 금방 들킬 거짓말로 순간의 위기를 넘겨 봤자 ＿＿＿＿＿에 불과할 뿐이다.

미봉책
두루 彌 | 꿰맬 縫 | 꾀 策

꿰매어 깁는 계책이란 뜻으로, 눈가림만 하는 일시적인 계책을 이르는 말.
예 그런 ＿＿＿＿＿이 아니라 근본적인 대책을 세워야 한다.

하석상대
아래 下 | 돌 石 | 위 上 | 돈대 臺

아랫돌 빼서 윗돌 괴고 윗돌 빼서 아랫돌 괸다는 뜻으로, 임시변통으로 이리저리 둘러맞춤을 이르는 말.
예 빚을 갚겠다고 다른 데서 돈을 빌리고, 그 돈을 갚겠다고 또 다른 데서 돈을 빌리다니, ＿＿＿＿＿가 따로 없구나.
어휘 쏙 임시변통(臨時變通) 갑자기 터진 일을 우선 간단하게 둘러맞추어 처리함.

01 ~ 04 다음 뜻풀이에 해당하는 한자 성어를 <보기>에서 찾아 쓰시오.

─┤ 보기 ├─
하석상대 불립문자 이심전심 염화미소

01 마음과 마음으로 서로 뜻이 통함. (   )

02 불도의 깨달음은 마음에서 마음으로 전하는 것이므로 말이나 글에 의지하지 않는다는 말.
(   )

03 꽃을 집어 들고 웃음을 띤다는 뜻으로, 말로 통하지 아니하고 마음에서 마음으로 전하는 일.
(   )

04 아랫돌 빼서 윗돌 괴고 윗돌 빼서 아랫돌 괸다는 뜻으로, 임시변통으로 이리저리 둘러맞춤을 이르는 말. (   )

05 ~ 08 제시된 초성을 참고하여 다음 뜻풀이에 알맞은 한자 성어를 쓰시오.

05 말없이 마음과 마음으로 뜻을 전함.

ㅅ □ ㅅ □

06 꿰매어 깁는 계책이란 뜻으로, 눈가림만 하는 일시적인 계책을 이르는 말.

ㅁ □ □

07 언 발에 오줌 누기라는 뜻으로, 잠시 동안만 효력이 있을 뿐 효력이 바로 사라짐을 이르는 말.

ㄷ ㅈ □ □

08 우선 당장 편한 것만을 택하는 꾀나 방법. 한때의 안정을 얻기 위하여 임시로 둘러맞추어 처리하거나 이리저리 주선하여 꾸며 내는 계책을 이른다.

□ □ ㅈ ㄱ

09 ~ 11 다음 대화 내용과 의미가 통하는 한자 성어를 <보기>에서 찾아 쓰시오.

─┤ 보기 ├─
미봉책 이심전심 불립문자

09 현아: 조금 출출하네. 뭔가 먹고 싶다.
수찬: 역시 우리는 마음이 통한다니까. 나도 입이 심심한데 우리 핫도그 먹을까?   (   )

10 서진: 아까 못에 걸려서 셔츠가 찢어졌는데, 그냥 옷핀이나 대충 꽂아서 다니려고.
지애: 그건 눈가림만 하는 거잖아. 수선집에 가서 제대로 고치도록 해.   (   )

11 은지: 태윤이 너 절에 다닌다며? 절에 가서 스님께 좋은 말씀 듣고 오니?
태윤: 나는 절에 가면 혼자서 조용히 명상을 하는 편이야. 여러 생각을 정리하면서 지난 행동을 반성하고, 삶에 대한 깨달음을 얻고자 노력하지.
(   )

12 밑줄 친 한자 성어의 쓰임이 적절하지 <u>않은</u> 것은?

① <u>동족방뇨</u>의 태도로는 문제가 해결되기는커녕 더 큰 문제가 생길 것이다.

② 직원이 안 뽑혀서 <u>하석상대</u>로 다른 팀들의 지원을 받아 겨우 일을 진행하고 있다.

③ 그의 슬픔을 알고 있기에, 나는 말없이 그를 토닥이며 <u>염화미소</u>로 그를 위로하였다.

④ 그 사람은 어떤 일이든 문제의 근본 원인을 파악하여 <u>고식지계</u>로 완벽하게 처리한다.

⑤ 어려서부터 친구인 두 사람은 얼굴만 봐도 서로의 생각을 아는 <u>심심상인</u>한 사이이다.

나의 어휘력 점수는?   _____ 점 / 총 **12점**
• 틀린 어휘의 뜻과 예문을 다시 꼼꼼히 살펴보자.

헷갈리기 쉬운 말

드리다	'물건 따위를 남에게 건네어 가지거나 누리게 하다.'라는 의미를 지닌 동사 '주다'의 높임말. 예 어버이날에 부모님께 ⬚⬚⬚⬚ 려고 선물을 샀다.
들이다	어떤 일에 돈, 시간, 노력, 물자 따위를 쓰다. 예 그는 감각이 있어서 큰돈을 ⬚⬚⬚⬚ 지 않고도 계절에 따라 집을 잘 꾸몄다.
맞추다	둘 이상의 일정한 대상들을 나란히 놓고 비교하여 살피다. 예 서준이는 시험지를 정답과 ⬚⬚⬚⬚ 어 보고 나서 흐뭇한 표정을 지었다.
맞히다¹	문제에 대한 답을 틀리지 않게 하다. 예 수수께끼의 답을 정확하게 ⬚⬚⬚⬚ 면 상품을 드립니다.
맞히다²	물체를 쏘거나 던져서 어떤 물체에 닿게 하다. 예 그는 총알 열 발을 모두 표적의 중심에 ⬚⬚⬚⬚ 는 놀라운 실력을 보여 주었다.
무난하다 없을 無 | 어려울 難	이렇다 할 단점이나 흠잡을 만한 것이 없다. 예 흰색 셔츠는 어떤 옷에나 ⬚⬚⬚⬚ 하게 받쳐 입을 수 있다.
문안하다 물을 問 | 편안할 安	웃어른께 안부를 여쭈다. 예 출장지에서 며칠 만에 돌아온 형은 집에 오자마자 할머니께 ⬚⬚⬚⬚ 했다.

필수 개념 – 수필

수필 따를 隨 | 붓 筆	글쓴이가 일상생활의 경험에서 얻은 생각과 느낌을 형식에 얽매이지 않고 자유롭게 쓴 글. ■ 수필의 특징 • 글쓴이가 자신의 경험과 생각, 느낌을 솔직하게 표현하는 자기 고백적인 글이다. • 글쓴이의 가치관, 인생관, 성격, 생활 방식 등의 개성이 강하게 드러난다. • 전문적인 작가가 아니어도 누구나 쓸 수 있고, 형식의 제한을 받지 않는다.
기행문 벼리 紀 | 다닐 行 | 글월 文	여행을 하는 동안 보고, 듣고, 느낀 것을 주로 시간의 흐름이나 공간의 이동에 따라 적은 글. ■ 기행문의 3요소 • 여정: 여행의 경로. 즉 언제, 어디를 거쳐 어떻게 여행했는가의 과정. • 견문: 여행하면서 보고, 듣고, 경험한 내용. • 감상: 보고, 듣고, 경험한 사실에 대한 글쓴이의 생각과 느낌.

01~04 다음 단어와 그 뜻풀이를 바르게 연결하시오.

01 들이다 •

• ㉠ 웃어른께 안부를 여쭈다.

02 맞추다 •

• ㉡ 문제에 대한 답을 틀리지 않게 하다.

03 맞히다 •

• ㉢ 어떤 일에 돈, 시간, 노력, 물자 따위를 쓰다.

04 문안하다 •

• ㉣ 둘 이상의 일정한 대상들을 나란히 놓고 비교하여 살피다.

05~07 다음 문장에서 적절한 단어를 고르시오.

05 신혼여행에서 돌아온 큰형 부부는 집에 들러 부모님께 (무난했다 | 문안했다).

06 태서는 기말고사에서 더 나은 성적을 얻기 위해 예습과 복습에 많은 시간을 (드렸다 | 들였다).

07 로빈 후드는 화살을 쏘아 과녁을 잘 (맞히기로 | 맞추기로) 유명한 중세 영국의 전설상의 영웅이다.

08 밑줄 친 단어의 쓰임이 적절하지 <u>않은</u> 것은?

① 세자는 아침 일찍 임금에게 <u>문안</u>하였다.
② 그 원피스에는 이 모자가 <u>무난</u>하게 어울린다.
③ 퇴직하시는 교장 선생님께 학생 대표가 꽃다발을 <u>드렸다</u>.
④ 그는 사업에 온갖 노력을 <u>들여서</u> 지금과 같은 성공을 거두었다.
⑤ 나는 열 문제 중에서 겨우 세 개만 <u>맞춰서</u> 자존심이 무척 상했다.

09~11 다음 설명이 알맞으면 ○에, 틀리면 ×에 표시하시오.

09 수필은 글쓴이가 자신의 생각과 느낌을 솔직하게 표현한 자기 고백적인 글이다. (○ , ×)

10 기행문은 여행의 내용을 주로 시간의 흐름이나 공간의 이동에 따라 적는다. (○ , ×)

11 기행문의 3요소는 여정, 견문, 비판이다. (○ , ×)

12 다음 글에 대한 설명으로 적절한 것을 〈보기〉에서 모두 고르시오.

초등학교 1학년 때였던 것 같다. 하루는 우리 반이 좀 일찍 끝나서 혼자 집 앞에 앉아 있었다. 그런데 그때 마침 깨엿장수가 골목길을 지나고 있었다. 그 아저씨는 가위를 쩔렁이며 내 앞을 지나더니, 다시 돌아와 내게 깨엿 두 개를 내밀었다. 순간, 그 아저씨와 내 눈이 마주쳤다. 아저씨는 아무 말도 하지 않고 아주 잠깐 미소를 지어 보이며 말했다.
"괜찮아."
무엇이 괜찮다는 것인지는 몰랐다. 돈 없이 깨엿을 공짜로 받아도 괜찮다는 것인지, 아니면 목발을 짚고 살아도 괜찮다는 말인지……. 하지만 그건 중요하지 않다. 중요한 건 내가 그날 마음을 정했다는 것이다. 이 세상은 그런대로 살 만한 곳이라고. 좋은 사람들이 있고, 선의와 사랑이 있고, '괜찮아.'라는 말처럼 용서와 너그러움이 있는 곳이라고 믿기 시작했다는 것이다
– 장영희, 〈괜찮아〉

┤ 보기 ├
㉠ 글 속의 '나'는 글쓴이와 일치한다.
㉡ 글쓴이의 어린 시절 경험과 생각이 드러난다.
㉢ 꾸며 낸 이야기로, 갈등이 사건 전개의 중심이 된다.
㉣ 언제, 어디를, 어떻게 여행했는가의 과정이 드러난다.
㉤ 세상을 바라보는 글쓴이의 긍정적인 태도가 드러난다.

나의 어휘력 점수는?

_____ 점 / 총 **12점**
•틀린 어휘의 뜻과 예문을 다시 꼼꼼히 살펴보자.

필수 어휘

삼엄하다
나무 빽빽할 森 | 엄할 嚴

무서우리만큼 질서가 바로 서고 엄숙하다.
예 이곳은 값비싼 미술품이 있는 곳이라 경비가 매우 ⬚⬚⬚하다.

> 유의어 ▶ 철통(鐵桶)같다 준비나 대책이 튼튼하고 치밀하여 조금도 허점이 없다.

상당
서로 相 | 마땅할 當

일정한 액수나 수치 따위에 해당함.
예 이 환자는 병이 나은 후에도 ⬚⬚⬚ 기간 휴양이 필요하다.

상반
서로 相 | 돌이킬 反

서로 반대되거나 어긋남.
예 서로 의견이 ⬚⬚⬚ 되는 경우에는 대화를 통해 타협점을 찾아야 한다.

상설
항상 常 | 베풀 設

언제든지 이용할 수 있도록 설비와 시설을 갖추어 둠.
예 우리 동네에 ⬚⬚⬚ 전시장이 생겨서 여러 전시회를 자주 접할 수 있게 되었어.

> 어휘 쏙 설비(設備) 필요한 것을 베풀어서 갖춤. 또는 그런 시설.

새삼스럽다

① 이미 알고 있는 사실에 대하여 느껴지는 감정이 갑자기 새로운 데가 있다.
예 그는 매일 보는 거울 속 자신의 얼굴을 ⬚⬚⬚게 요모조모 뜯어보았다.

② 하지 않던 일을 이제 와서 하는 것이 보기에 두드러진 데가 있다.
예 다 지난 일을 이제 와서 꺼내다니 ⬚⬚⬚군.

생색
날 生 | 빛 色

다른 사람 앞에 당당히 나설 수 있거나 자랑할 수 있는 체면.
예 그는 내게 선물을 주면서 아주 귀한 물건이라고 ⬚⬚⬚을 냈다.

> 어휘 쏙 체면(體面) 남을 대하기에 떳떳한 도리나 얼굴.

선입견
먼저 先 | 들 入 | 볼 見

어떤 대상에 대하여 이미 마음속에 가지고 있는 고정적인 관념이나 관점.
예 그는 발라드는 지루하다는 ⬚⬚⬚이 있어 그런 노래를 잘 안 듣는다.

> 어휘 쏙 고정적(固定的) 한번 정한 대로 변경하지 아니한. 또는 그런 것.

선호
가릴 選 | 좋을 好

여럿 가운데서 특별히 가려서 좋아함.
예 나는 기차를 탈 때 창가 쪽 좌석을 ⬚⬚⬚한다.

성화
이룰 成 | 불 火

몹시 귀찮게 구는 일.
예 이사를 했으니 집들이를 하라는 주변의 ⬚⬚⬚가 대단하다.

> 유의어 ▶ 등쌀 몹시 귀찮게 구는 짓

01 ~ 05 다음 빈칸을 채워 십자말풀이를 완성하시오.

01			02		
					05
	03				
	04				

01 일정한 액수나 수치 따위에 해당함.

02 여럿 가운데서 특별히 가려서 좋아함.

03 언제든지 이용할 수 있도록 설비와 시설을 갖추어 둠.

04 이미 알고 있는 사실에 대하여 느껴지는 감정이 갑자기 새로운 데가 있다.

05 무서우리만큼 질서가 바로 서고 엄숙하다.

06 ~ 09 〈보기〉의 글자들을 조합하여 다음 뜻풀이에 알맞은 단어를 쓰시오.

| 보기 |
| 성 선 반 입 화 색 상 생 견 |

06 몹시 귀찮게 구는 일. ( )

07 서로 반대되거나 어긋남. ( )

08 다른 사람 앞에 당당히 나설 수 있거나 자랑할 수 있는 체면. ( )

09 어떤 대상에 대하여 이미 마음속에 가지고 있는 고정적인 관념이나 관점. ( )

10 ~ 13 빈칸에 들어갈 알맞은 단어를 〈보기〉에서 찾아 쓰시오.

| 보기 |
| 생색 상당 설비 성화 선입견 |

10 재민이는 생일에 자전거를 사 달라고 ( ) 을/를 부렸다.

11 경찰은 이 제보의 ( ) 부분은 수사가 필요하다고 판단하였다.

12 예술 작품을 제대로 감상하려면 아무 ( ) 없이 느끼고 생각해 보는 것이 좋다.

13 그는 다른 팀원들이 만들어 놓은 발표문을 읽기만 했으면서 저 혼자 일을 다 한 것처럼 ( ) 을/를 냈다.

14 밑줄 친 단어의 쓰임이 적절하지 않은 것은?

① 십 년이나 지난 이야기를 <u>새삼스럽게</u> 들추는 이유가 뭐니?

② 방과 후 친구들과 동네에 새로 생긴 <u>상설</u> 할인 매장에 가기로 했다.

③ 이곳은 국경과 가까운 지역이라 경계가 <u>삼엄하여</u> 접근하기가 어렵다.

④ 생활 수준이 높아짐에 따라 친환경 제품에 대한 소비자들의 <u>선호</u>가 두드러진다.

⑤ 오랜 회의를 거쳐 의견 차이를 좁힌 끝에 드디어 내 생각과 그의 생각이 <u>상반</u>되었다.

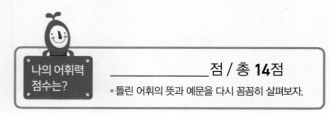
나의 어휘력 점수는? _____ 점 / 총 **14**점
• 틀린 어휘의 뜻과 예문을 다시 꼼꼼히 살펴보자.

관용 표현 – 주제별 속담

★ **말**

가루는 칠수록 고와지고 말은 할수록 거칠어진다	가루는 체에 칠수록 고와지지만 말은 길어질수록 시비가 붙을 수 있고 마침내는 말다툼까지 가게 되니 말을 삼가라는 말. 예 가루는 칠수록 고와지고 　　　　　　　　고, 여기서 더 말해 봤자 서로 감정만 상할 뿐이니 그만하고 밥이나 먹으러 갑시다.
낮말은 새가 듣고 밤말은 쥐가 듣는다	아무리 비밀히 한 말이라도 반드시 남의 귀에 들어가게 되므로 아무도 안 듣는 데서라도 말조심해야 한다는 말. 예 　　　　　　　　밤말은 쥐가 듣는다고, 우리가 한 말이 다른 사람 귀에 들어갈 수 있으니 언제나 입조심해야 한다.
발 없는 말이 천 리 간다	말은 비록 발이 없지만 천 리 밖까지도 순식간에 퍼진다는 뜻으로, 말을 삼가야 함을 이르는 말. 예 　　　　　　　이 천 리 간다니까, 아무한테나 비밀을 털어놓지 말아라.
호랑이도 제 말 하면 온다	다른 사람에 관한 이야기를 하는데 공교롭게 그 사람이 나타나는 경우를 이르는 말. 예 호랑이도 　　　　　　　　더니, 재희 얘기를 꺼내자마자 바로 재희가 나타났다.

★ **분수, 역할**

개구리 올챙이 적 생각 못 한다	형편이나 사정이 전에 비하여 나아진 사람이 지난날의 미천하거나 어렵던 때의 일을 생각지 아니하고 처음부터 잘난 듯이 뽐냄을 이르는 말. 예 개구리 　　　　　　　　더니, 승진했다고 너무 으스대는 거 아니야?
닭의 대가리가 소꼬리보다 낫다	크고 훌륭한 자의 뒤를 쫓아다니는 것보다는 차라리 작고 보잘것없는 데서 남의 우두머리가 되는 것이 낫다는 말. 예 닭의 대가리가 　　　　　　　　고, 프로 야구에 진출해 선수들 사이에서 치이느니 취미로 즐기며 주전 투수 노릇을 하고 싶다.
뱁새가 황새를 따라가면 다리가 찢어진다	힘에 겨운 일을 억지로 하면 도리어 해만 입는다는 말. 예 뱁새가 황새를 따라가면 　　　　　　　　는 말이 있듯이, 능력이 뛰어난 사람을 무조건 따라가기보다는 제힘에 맞게 살아야 한다.
송충이가 갈잎을 먹으면 죽는다	솔잎만 먹고 사는 송충이가 갈잎을 먹게 되면 땅에 떨어져 죽게 된다는 뜻으로, 자기 분수에 맞지 않는 짓을 하다가는 낭패를 봄을 이르는 말. 예 송충이가 　　　　　　　　는데, 네 용돈에 맞게 소비하는 게 좋지 않을까?

01 ~ 04 다음 뜻풀이에 해당하는 속담을 〈보기〉에서 찾아 기호를 쓰시오.

┤ 보기 ├

㉠ 개구리 올챙이 적 생각 못 한다
㉡ 닭의 대가리가 소꼬리보다 낫다
㉢ 낮말은 새가 듣고 밤말은 쥐가 듣는다
㉣ 뱁새가 황새를 따라가면 다리가 찢어진다

01 아무도 안 듣는 데서라도 말조심해야 한다는 말.

( )

02 힘에 겨운 일을 억지로 하면 도리어 해만 입는다는 말.

( )

03 크고 훌륭한 자의 뒤를 쫓아다니는 것보다는 차라리 작고 보잘것없는 데서 남의 우두머리가 되는 것이 낫다는 말.

( )

04 형편이나 사정이 전에 비해 나아진 사람이 지난날의 미천하거나 어렵던 때의 일을 생각지 않고 처음부터 잘난 듯이 뽐냄을 이르는 말.

( )

05 ~ 08 제시된 초성을 참고하여 뜻풀이에 해당하는 속담을 완성하시오.

05 ㅂ 없는 ㅁ 이 천 리 간다

➔ 말은 순식간에 퍼지므로 말을 삼가야 함.

06 ㅎ ㄹ ㅇ 도 제 말 하면 온다

➔ 다른 사람에 관한 이야기를 하는데 공교롭게 그 사람이 나타나는 경우를 이르는 말.

07 ㅅ ㅊ ㅇ 가 ㄱ ㅇ 을 먹으면 죽는다

➔ 제 분수에 안 맞는 짓을 하다가는 낭패를 봄.

08 ㄱ ㄹ 는 칠수록 고와지고 ㅁ 은 할수록 거칠어진다

➔ 말은 길어질수록 시비가 붙을 수 있고 마침내는 말다툼까지 가게 되니 말을 삼가라는 말.

09 ~ 11 밑줄 친 속담의 쓰임이 적절하면 ○에, 그렇지 않으면 ×에 표시하시오.

09 명준: 너 그 소문 들었어? 글쎄 걔가 말이야…….
유정: 명준아, 낮말은 새가 듣고 밤말은 쥐가 듣는다고 했어. 입조심해야지. (○ , ×)

10 혜미: 너 남자 친구 생겼다며? 왜 말 안 했어?
수아: 호랑이도 제 말 하면 온다더니, 유미한테만 얘기한 비밀인데 벌써 다 퍼졌구나. (○ , ×)

11 태민: 나 매일매일 5시간씩 운동해서, 연예인들처럼 멋있는 몸을 만들 거야.
주호: 뱁새가 황새를 따라가면 다리가 찢어진다고 했어. 운동하는 건 좋지만 그렇게 무리하다가는 병이 먼저 나겠는걸. (○ , ×)

12 ~ 14 빈칸에 들어갈 적절한 속담을 〈보기〉에서 찾아 기호를 쓰시오.

┤ 보기 ├

㉠ 닭의 대가리가 소꼬리보다 낫다
㉡ 개구리 올챙이 적 생각 못 한다
㉢ 가루는 칠수록 고와지고 말은 할수록 거칠어진다

12 ( )고 하잖니. 더 얘기하면 싸움이 커질 테니 이제 둘 다 그만하도록 해.

13 ( )더니, 취업이 안 돼서 고생하던 우리 형은 회사를 다니더니 돈 좀 번다며 으스댄다.

14 ( )고 했어. 여기서 보조 역할만 하느니 내가 주도할 수 있는 다른 연구 팀에 들어갈래.

나의 어휘력 점수는? _____ 점 / 총 **14점**

● 틀린 어휘의 뜻과 예문을 다시 꼼꼼히 살펴보자.

다의어 · 동음이의어

들다¹

① 밖에서 속이나 안으로 향해 가거나 오거나 하다.
예 그는 집에 놀러 온 친구들에게 어서 안으로 ⬚⬚⬚ 라고 말했다.

② 안에 담기거나 그 일부를 이루다.
예 이 빵 속에는 단팥이 ⬚⬚⬚ 어 있다.

들다²

① 손에 가지다.
예 비가 올 것 같아서 우산을 ⬚⬚⬚ 고 나갔다.

② 아래에 있는 것을 위로 올리다.
예 질문이 있는 분은 손을 ⬚⬚⬚ 어 주세요.

③ 설명하거나 증명하기 위하여 사실을 가져다 대다.
예 동생이 물어본 문제에 대해 예를 ⬚⬚⬚ 어 설명해 주었다.

머리

① 사람이나 동물의 목 위의 부분. 눈, 코, 입 따위가 있는 얼굴을 포함하며 머리털이 있는 부분을 이른다.
예 그는 ⬚⬚⬚ 를 숙여 공손하게 선생님께 인사를 했다.

② 생각하고 판단하는 능력.
예 그는 운동 신경이 뛰어난 데다가 ⬚⬚⬚ 까지 좋았다.

③ 사물의 앞이나 위를 비유적으로 이르는 말.
예 두괄식이란 글의 ⬚⬚⬚ 에 중심 내용이 오는 구성 방식이다.

필수 개념 – 읽기

정의
정할 定 | 옳을 義

어떤 말이나 대상의 뜻을 명확하게 밝혀 설명하는 방법. 주로 '무엇은 무엇이다.'의 형태로 나타난다.
예 매사냥은 매를 이용해 꿩, 토끼 같은 야생 동물을 잡는 사냥법이다.

예시
법식 例 | 보일 示

어떤 일이나 현상에 대하여 구체적인 예를 들어 보이며 설명하는 방법.
예 사람보다 오래 사는 나무들이 있다. 예를 들어 은행나무는 수명이 천 년 이상이다.

비교
견줄 比 | 견줄 較

둘 이상의 대상을 견주어 공통점이나 유사점을 중심으로 설명하는 방법.
예 진달래와 철쭉은 분홍색 꽃이 핀다는 점에서 비슷하다.

대조
대답할 對 | 비출 照

둘 이상의 대상을 견주어 차이점을 중심으로 설명하는 방법.
예 진달래는 꽃이 피고 난 뒤 잎이 나는 반면에 철쭉은 잎과 꽃이 함께 나온다는 점이 다르다.

01 ~ 03 밑줄 친 단어의 뜻풀이로 알맞은 것을 고르시오.

01 현별이의 바지 주머니에는 사탕이 들어 있었다.
ㄱ 안에 담기거나 그 일부를 이루다.
ㄴ 밖에서 속이나 안으로 향해 가거나 오거나 하다.

02 천하장사가 바위를 머리 위로 번쩍 들었다.
ㄱ 아래에 있는 것을 위로 올리다.
ㄴ 설명하거나 증명하기 위하여 사실을 가져다 대다.

03 그는 머리가 좋아서 무엇이든지 한 번 들으면 잊어버리는 법이 없다.
ㄱ 생각하고 판단하는 능력.
ㄴ 사물의 앞이나 위를 비유적으로 이르는 말.

04 ~ 08 밑줄 친 단어의 뜻을 〈보기〉에서 찾아 기호를 쓰시오.

┌─── 보기 ───┐
ㄱ 손에 가지다.
ㄴ 사물의 앞이나 위를 비유적으로 이르는 말.
ㄷ 밖에서 속이나 안으로 향해 가거나 오거나 하다.
ㄹ 설명하거나 증명하기 위하여 사실을 가져다 대다.
ㅁ 사람이나 동물의 목 위의 부분. 눈, 코, 입 따위가 있는 얼굴을 포함하며 머리털이 있는 부분을 이른다.
└──────────┘

04 서희는 머리를 숙여 선생님께 인사했다. (   )

05 숲속에 드니 공기가 훨씬 맑은 것이 느껴졌다.
(   )

06 법정에서 변호사가 목격자의 증언을 증거로 들었다. (   )

07 저 멀리 연기를 뿜으며 달리는 기차의 머리가 보였다. (   )

08 신부 대기실에서는 꽃을 손에 든 신부가 해맑게 웃고 있었다. (   )

09 ~ 12 다음 설명이 알맞으면 ○에, 틀리면 ×에 표시하시오.

09 어떤 말이나 대상의 뜻을 명확하게 밝혀 설명하는 방법을 '예시'라고 한다. (○ , ×)

10 둘 이상인 대상의 공통점이나 유사점을 중심으로 설명하는 방법은 '비교'이다. (○ , ×)

11 차이점을 중심으로 설명하는 '대조'는 주로 '무엇은 무엇이다.'의 형태로 나타난다. (○ , ×)

12 '포유류에는 소, 개, 고래, 인간 등이 있다.'는 예시의 설명 방법이 쓰인 문장이다. (○ , ×)

13 〈보기〉에 사용된 것과 동일한 설명 방법이 사용된 문장은?

┌─── 보기 ───┐
신화와 전설, 민담은 모두 예부터 전해 내려오는 이야기라는 점에서 같다.
└──────────┘

① 정삼각형이란 세 변의 길이가 같은 삼각형이다.
② 표준어는 교양 있는 사람들이 두루 쓰는 현대 서울말이다.
③ 우산은 비를 막기 위한 것이지만 양산은 햇빛을 막기 위한 것이다.
④ 까치는 곤충을 비롯하여 달팽이, 지렁이, 쥐, 과일 등 다양한 것을 먹는다.
⑤ 풍물놀이와 사물놀이는 꽹과리, 징, 장구 등 풍물을 사용해 전통 음악을 연주한다는 공통점이 있다.

나의 어휘력
점수는?   _____ 점 / 총 **13**점
• 틀린 어휘의 뜻과 예문을 다시 꼼꼼히 살펴보자.

필수 어휘

소견 바 所 | 볼 見	어떤 일이나 사물을 살펴보고 가지게 되는 생각이나 의견. 예 이번 안건에 대하여 각자의 _____ 을 말해 주십시오.	**유의어** 견해(見解) 어떤 사물이나 현상에 대한 자기의 의견이나 생각.
소요 바 所 | 중요할 要	필요로 하거나 요구되는 바. 예 집에서 학교까지 가는 데에 _____ 되는 시간은 삼십 분이다.	
속절없이	단념할 수밖에 달리 어찌할 도리가 없이. 예 일이 산더미같이 쌓였는데 _____ 시간만 간다.	**어휘 쏙** 단념(斷念) 품었던 생각을 아주 끊어 버림.
송출 보낼 送 | 날 出	물품, 전기, 전파, 정보 따위를 기계적으로 전달함. 예 이 방송은 해외로 _____ 된다.	
쇄신 쓸 刷 | 새로울 新	그릇된 것이나 묵은 것을 버리고 새롭게 함. 예 우리 회사는 이미지 _____ 을 위해 새로운 시스템과 상품을 내놓고 있다.	
수요 구할 需 | 중요할 要	어떤 재화나 서비스를 일정한 가격으로 사려고 하는 욕구. 예 여름이 되면 냉방을 위한 전기 _____ 가 급증한다.	**반의어** 공급(供給) 교환하거나 판매하기 위하여 시장에 재화나 서비스를 제공하는 일.
수척하다 파리할 瘦 | 파리할 瘠	몸이 몹시 야위고 마른 듯하다. 예 앓고 난 삼촌은 몰라보게 _____ 해 있었다.	**어휘 쏙** 야위다 몸의 살이 빠져 조금 파리하게 되다. **유의어** 파리하다 몸이 마르고 낯빛이나 살색이 핏기가 전혀 없다.
순박하다 순박할 淳 | 순박할 朴	거짓이나 꾸밈이 없이 순수하며 인정이 두텁다. 예 그는 어떤 터무니없는 말을 해도 아무 의심 없이 믿을 만큼 _____ 한 사람이다.	**유의어** 무구(無垢)하다 꾸밈 없이 자연 그대로 순박하다.
숙지 익을 熟 | 알 知	익숙하게 또는 충분히 앎. 예 신입 사원에게 주의 사항을 잘 _____ 하도록 일렀다.	

01 ~ 04 다음 단어와 그 뜻풀이를 바르게 연결하시오.

01 소견 •

02 쇄신 •

03 속절없이 •

04 수척하다 •

• ㉠ 몸이 몹시 야위고 마른 듯하다.

• ㉡ 단념할 수밖에 달리 어찌할 도리가 없이.

• ㉢ 그릇된 것이나 묵은 것을 버리고 새롭게 함.

• ㉣ 어떤 일이나 사물을 살펴보고 가지게 되는 생각이나 의견.

05 ~ 06 다음 단어의 뜻풀이에서 알맞은 단어를 고르시오.

05 **소요** : 필요로 하거나 (요구 | 획득)되는 바.

06 **송출** : 물품, 전기, 전파, 정보 따위를 (기계적 | 자연적)으로 전달함.

07 ~ 09 〈보기〉의 글자들을 조합하여 다음 뜻풀이에 알맞은 단어를 쓰시오.

┤ 보기 ├

| 요 | 다 | 수 | 순 | 하 | 박 | 지 | 숙 |

07 익숙하게 또는 충분히 앎. ( )

08 거짓이나 꾸밈이 없이 순수하며 인정이 두텁다.
( )

09 어떤 재화나 서비스를 일정한 가격으로 사려고 하는 욕구. ( )

10 ~ 13 빈칸에 들어갈 알맞은 단어를 〈보기〉에서 찾아 쓰시오.

┤ 보기 ├

소요 쇄신 수요 숙지 송출

10 이번 수학여행에 ( )되는 비용이 작년보다 늘어날 예정이다.

11 그 상품은 청소년들 사이에서 ( )이/가 눈에 띄게 증가하고 있다.

12 그는 발표할 내용을 제대로 ( )하지 못해 버벅거리며 우왕좌왕했다.

13 반장인 민영이는 요즘 들어 부쩍 어두워진 학급 분위기를 ( )하기 위해 여러 가지 방법을 친구들과 논의했다.

14 밑줄 친 단어의 쓰임이 적절하지 **않은** 것은?

① 프로그램의 송출 장애로 방송이 중단되었다.
② 내 고향 마을은 아직 순박한 인심을 간직한 곳이다.
③ 대화를 해 보니 그는 생각보다 좁은 소견을 가지고 있었다.
④ 내 동생은 체격이 건장하고 얼굴이 몹시 수척하여 늘 생기가 넘친다.
⑤ 최근 전 세계로 퍼진 전염병의 여파로 항공 산업이 속절없이 추락하였다.

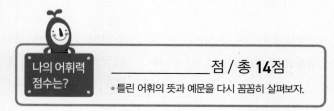

나의 어휘력 점수는?

_____점 / 총 **14점**

• 틀린 어휘의 뜻과 예문을 다시 꼼꼼히 살펴보자.

관용 표현 – 주제별 한자 성어

★ 한바탕의 헛된 꿈

남가일몽
남녘 南 | 가지 柯 | 하나 一 | 꿈 夢

남쪽 가지에서의 꿈이란 뜻으로, 꿈과 같이 헛된 한때의 부귀영화를 이르는 말.
예 요트를 타고 즐겼던 지난 며칠간의 호화로운 휴가는 그야말로 _____ 이었다.

일장춘몽
하나 一 | 마당 場 | 봄 春 | 꿈 夢

한바탕의 봄꿈이라는 뜻으로, 헛된 영화나 덧없는 일을 이르는 말.
예 그는 어느 순간 자신이 이루어 놓은 일들이 보잘것없게 느껴지고 인생이 _____ 에 지나지 않는다는 생각이 들었다.

★ 결단력 있고 명쾌함

단도직입
홀 單 | 칼 刀 | 곧을 直 | 들 入

혼자서 칼 한 자루를 들고 적진으로 곧장 쳐들어간다는 뜻으로, 여러 말을 늘어놓지 아니하고 바로 요점이나 본문제를 중심적으로 말함을 이르는 말.
예 여러 말 할 것 없이 내 _____ 으로 묻겠다.

발본색원
뺄 拔 | 근본 本 | 막힐 塞 | 근원 源

좋지 않은 일의 근본 원인이 되는 요소를 완전히 없애 버려서 다시는 그러한 일이 생길 수 없도록 함.
예 경찰이 범죄 조직들의 _____ 에 나섰다.

일도양단
하나 一 | 칼 刀 | 두 兩 | 끊을 斷

한칼로 쳐서 두 동강이를 낸다는 뜻으로, 어떤 일을 머뭇거리지 아니하고 선뜻 결정함을 이르는 말.
예 지금은 꾸물거리기보다는 _____ 이 필요한 때다.

쾌도난마
쾌할 快 | 칼 刀 | 어지러울 亂 | 삼 麻

잘 드는 칼로 마구 헝클어진 삼 가닥을 자른다는 뜻으로, 어지럽게 뒤얽힌 사물을 강력한 힘으로 명쾌하게 처리함을 이르는 말.
예 새로 온 팀장은 쌓여 있는 문제들을 _____ 로 처리했다.

★ 슬픔

애이불비
슬플 哀 | 말이을 而 | 아닐 不 | 슬플 悲

슬프지만 겉으로는 슬픔을 나타내지 아니함.
예 원치 않지만 사랑하는 사람을 웃으며 떠나보내다니, 이것이야말로 _____ 로구나.

애이불상
슬플 哀 | 말이을 而 | 아닐 不 | 상처 傷

슬퍼하되 정도를 넘지 아니함.
예 누구나 슬픈 마음이 들 때가 있겠지만, 자기 자신을 위해서라도 그 감정에 지나치게 파묻히지 않는 _____ 의 태도가 필요해.

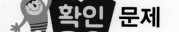
01 ~ 04 다음 뜻풀이에 해당하는 한자 성어를 〈보기〉에서 찾아 쓰시오.

| 보기 |
| 남가일몽 발본색원 쾌도난마 애이불상 |

01 슬퍼하되 정도를 넘지 아니함. (   )

02 남쪽 가지에서의 꿈이란 뜻으로, 꿈과 같이 헛된 한때의 부귀영화를 이르는 말. (   )

03 좋지 않은 일의 근본 원인이 되는 요소를 완전히 없애 버려서 다시는 그러한 일이 생길 수 없도록 함. (   )

04 잘 드는 칼로 마구 헝클어진 삼 가닥을 자른다는 뜻으로, 어지럽게 뒤얽힌 사물을 강력한 힘으로 명쾌하게 처리함을 이르는 말. (   )

05 ~ 08 제시된 초성을 참고하여 다음 뜻풀이에 알맞은 한자 성어를 쓰시오.

05 슬프지만 겉으로는 슬픔을 나타내지 아니함.

| ㅇ | | ㅂ | |

06 한바탕의 봄꿈이라는 뜻으로, 헛된 영화나 덧없는 일을 이르는 말.

| ㅇ | ㅈ | | |

07 한칼로 쳐서 두 동강이를 낸다는 뜻으로, 어떤 일을 머뭇거리지 아니하고 선뜻 결정함을 이르는 말.

| | | ㅇ | ㄷ |

08 혼자서 칼 한 자루를 들고 적진으로 곧장 쳐들어간다는 뜻으로, 여러 말을 늘어놓지 아니하고 바로 요점이나 본문제를 중심적으로 말함을 이르는 말.

| ㄷ | | | ㅇ |

09 ~ 11 다음 빈칸에 들어갈 알맞은 한자 성어를 〈보기〉에서 찾아 쓰시오.

| 보기 |
| 애이불비 일장춘몽 일도양단 |

09 시간은 촉박하고 준비할 것은 많으니, 공연의 콘셉트에 대해 어서 (   )의 선택을 해야 한다.

10 자영이는 복권에 당첨되면 큰 집도 사고 요트도 사고 세계 일주도 할 예정이라며 (   ) 같은 이야기를 늘어놓았다.

11 연인과 어쩔 수 없이 이별한 후 슬프지 않은 척 담담하게 구는 태석이의 (   )의 태도에, 그를 지켜보는 내가 더 슬퍼졌다.

12 밑줄 친 한자 성어의 쓰임이 적절하지 <u>않은</u> 것은?

① 백성을 수탈하는 타락한 관리들을 <u>발본색원</u>하라는 어명이 내려졌다.
② 높은 지위에 올라 천하를 호령하였던 모든 일이 <u>남가일몽</u>처럼 느껴졌다.
③ 아무도 해결하지 못한 문제를 <u>쾌도난마</u>로 처리하는 하영이의 모습이 멋있어 보였다.
④ 희서는 게임기를 갖고 싶다고 <u>단도직입</u>으로 말하지 못한 채 엄마 주위만 뱅뱅 돌았다.
⑤ 할머니께서 돌아가신 지 일 년이 넘었지만 삼촌은 방에서 나오지 않고 눈물만 흘리는 <u>애이불상</u>한 모습을 보였다.

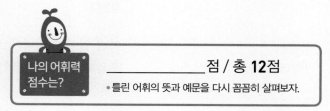

나의 어휘력 점수는?   _____ 점 / 총 **12점**

• 틀린 어휘의 뜻과 예문을 다시 꼼꼼히 살펴보자.

헷갈리기 쉬운 말

들르다	지나는 길에 잠깐 들어가 머무르다.
	예 집에 가는 길에 친구와 같이 서점에 　　　　 기로 했다.

들리다	사람이나 동물의 감각 기관을 통해 소리가 알아차려지다.
	예 전화기가 고장이 났는지 잘 　　　　 지 않는다.

벌리다	둘 사이를 넓히거나 멀게 하다.
	예 아기가 입을 크게 　　　　 고 하품을 했다.

벌이다	① 일을 계획하여 시작하거나 펼쳐 놓다.
	예 학생회에서는 학교 폭력 예방을 위한 캠페인을 　　　　 고 있다.
	② 전쟁이나 말다툼 따위를 하다.
	예 두 팀은 현재 팽팽한 선두 다툼을 　　　　 고 있다.

벼르다	어떤 일을 이루려고 마음속으로 준비를 단단히 하고 기회를 엿보다.
	예 그는 그동안 　　　　 던 운전을 배우기 위해 자동차 학원에 등록했다.

벼리다	무디어진 연장의 날을 불에 달구어 두드려서 날카롭게 만들다.
	예 할아버지는 밖에서 호미와 낫을 　　　　 고 계신다.

필수 개념 - 읽기

분류 나눌 分 | 무리 類	어떤 대상들을 공통적인 특성에 근거하여 상위 항목으로 묶어 설명하는 방법. 예 명사, 대명사, 수사는 체언이고, 동사와 형용사는 용언이다.
구분 구역 區 | 나눌 分	상위 항목을 하위 항목으로 나누어 설명하는 방법. 예 세금은 그것을 납부하는 방식에 따라 직접세와 간접세로 나눌 수 있다.
분석 나눌 分 | 가를 析	하나의 대상을 그것을 구성하는 각각의 요소로 나누어 설명하는 방법. 예 우리나라 고유의 난방 장치인 온돌은 아궁이, 고래, 구들장, 바람막이, 개자리, 굴뚝 등으로 구성된다.
인과 인할 因 | 열매 果	어떤 일이 일어나게 된 원인과 결과를 밝혀 설명하는 방법. 예 일식이 일어나면 달이 태양 일부나 전부를 가려 태양 빛이 지구까지 도달하지 못하기 때문에 하늘이 깜깜해진다.

확인 문제

01 ~ 04 다음 단어와 그 뜻풀이를 바르게 연결하시오.

01 들르다 •

    • ㉠ 전쟁이나 말다툼 따위를 하다.

02 벌이다 •

    • ㉡ 지나는 길에 잠깐 들어가 머무르다.

03 벼르다 •

    • ㉢ 무디어진 연장의 날을 불에 달구어 두드려서 날카롭게 만들다.

04 벼리다 •

    • ㉣ 어떤 일을 이루려고 마음 속으로 준비를 단단히 하고 기회를 엿보다.

05 ~ 07 다음 문장에서 적절한 단어를 고르시오.

05 그는 지금 귓병을 앓고 있어서 귀가 잘 (들르지 | 들리지) 않는다.

06 체육 선생님께서 학생들에게 줄 간격을 조금씩 더 (벌리라고 | 벌이라고) 말씀하셨다.

07 윤기는 자신이 태권도를 훨씬 잘한다고 뽐내는 지수와 대결을 하려고 (벼르고 | 벼리고) 있다.

08 밑줄 친 단어의 쓰임이 적절하지 <u>않은</u> 것은?

① 집에 가기 전에 도서관에 <u>들러서</u> 소설책을 빌렸다.
② 조선 시대 왕실에서는 회례연, 기로연 등의 잔치를 <u>벌였다</u>.
③ 그 둘은 사이가 좋지 않아서 만나기만 하면 입씨름을 <u>벌렸다</u>.
④ 밤새 빗소리가 <u>들렸는데</u>, 아침에 일어나 보니 날이 맑게 개었다.
⑤ 송희는 설날에 세뱃돈을 받으면 장바구니에 담아 놓은 물건들을 모두 사겠다고 <u>벼르고</u> 있었다.

09 ~ 12 다음 설명이 알맞으면 ○에, 틀리면 ×에 표시하시오.

09 어떤 대상들을 공통적인 특성에 근거하여 상위 항목으로 묶어 설명하는 방법을 '분류'라고 한다.

(○ , ×)

10 '구분'은 하나의 대상을 그것을 구성하는 각각의 요소로 나누어 설명하는 방법이다. (○ , ×)

11 '인과'는 어떤 일이 일어나게 된 원인과 결과를 밝혀서 설명하는 방법이다. (○ , ×)

12 '자동차는 엔진, 바퀴, 핸들, 브레이크 등으로 이루어져 있다.'는 '분석'의 방법으로 설명한 것이다.

(○ , ×)

13 다음 중 〈보기〉의 설명 방법이 사용된 문장으로 알맞은 것은?

┤ 보기 ├

상위 항목을 하위 항목으로 나누어 설명하는 방법

① 씨름은 모래판에서 두 사람이 서로의 샅바를 붙잡고 겨루는 경기이다.
② 풍력 발전기는 날개, 변속 장치, 발전기의 세 부분으로 구성되어 있다.
③ 문학은 리듬감의 유무에 따라 운문 문학과 산문 문학으로 나눌 수 있다.
④ 희곡에서 해설, 대사, 지시문은 형식적 요소이고, 인물, 사건, 배경은 내용적 요소이다.
⑤ 과학 기술의 눈부신 발전으로 인해 현대인들은 풍요로운 문명의 혜택을 누리게 되었다.

나의 어휘력 점수는? _____ 점 / 총 **13점**

• 틀린 어휘의 뜻과 예문을 다시 꼼꼼히 살펴보자.

필수 어휘

순화
진한 술 醇 | 될 化

잡스러운 것을 걸러서 순수하게 함.
예 우리 아이들의 비속어 습관은 [   ]가 필요하다.

식별
알 識 | 다를 別

분별하여 알아봄.
예 그는 두 작품을 꼼꼼히 살피더니 진품을 [   ] 해 냈다.

실소
잃을 失 | 웃을 笑

어처구니없어 저도 모르게 웃음이 툭 터져 나옴. 또는 그 웃음.
예 그의 엉뚱한 이야기에 나도 모르게 그만 [   ]를 하였다.

어휘 쏙 어처구니없다 일이 너무 뜻밖이어서 기가 막히는 듯하다.

실팍하다

사람이나 물건 따위가 보기에 매우 실하다.
예 그 집은 울타리가 [   ] 하여 태풍에도 허물어지지 않을 것 같다.

어휘 쏙 실(實)하다 단단하고 튼튼하다.

심산
마음 心 | 계산 算

마음속으로 하는 궁리나 계획.
예 무슨 [   ]인지 요즘 그가 나에게 전에 없이 친절하다.

유의어 속셈 마음속으로 하는 궁리나 계획.

심화
깊을 深 | 될 化

정도나 경지가 점점 깊어짐. 또는 깊어지게 함.
예 대기 오염의 [   ]로 인간의 생존이 위협을 받고 있다.

어휘 쏙 경지(境地) 몸이나 마음, 기술 따위가 어떤 단계에 도달해 있는 상태.

십상
열 十 | 항상 常

열에 여덟이나 아홉 정도로 거의 예외가 없음.
예 이런 땡볕에 양산도 쓰지 않고 나가면 더위를 먹기 [   ]이다.

안간힘

① 어떤 일을 이루기 위해서 몹시 애쓰는 힘.
예 [   ]을 다해 혼자 책상을 옮겼다.

② 고통이나 울화 따위를 참으려고 숨 쉬는 것도 참으면서 애쓰는 힘.
예 그는 분을 삭이느라 이를 악물고 [   ]을 다했다.

어휘 쏙 울화(鬱火) 마음속이 답답하여 일어나는 화.

안배
누를 按 | 물리칠 排

알맞게 잘 배치하거나 처리함.
예 여러 과목을 공부할 때는 시간 [   ]를 잘해야 한다.

확인 문제

01 ~ 05 다음 뜻풀이에 해당하는 단어를 말상자에서 찾아 표시하시오.

순	식	별	심	산	수
화	사	실	수	화	면
분	장	소	방	안	배
배	단	어	처	구	니
손	실	팍	하	다	힘

01 마음속으로 하는 궁리나 계획.

02 알맞게 잘 배치하거나 처리함.

03 잡스러운 것을 걸러서 순수하게 함.

04 사람이나 물건 따위가 보기에 매우 실하다.

05 어처구니없어 저도 모르게 웃음이 툭 터져 나옴. 또는 그 웃음.

06 ~ 09 〈보기〉의 글자들을 조합하여 다음 뜻풀이에 알맞은 단어를 쓰시오.

┤ 보기 ├
| 간 | 식 | 안 | 심 | 별 | 화 | 상 | 힘 | 십 |

06 분별하여 알아봄. ( )

07 열에 여덟이나 아홉 정도로 거의 예외가 없음.
( )

08 정도나 경지가 점점 깊어짐. 또는 깊어지게 함.
( )

09 고통이나 울화 따위를 참으려고 숨 쉬는 것도 참으면서 애쓰는 힘. ( )

10 ~ 13 빈칸에 들어갈 알맞은 단어를 〈보기〉에서 찾아 쓰시오.

┤ 보기 ├
속셈 실소 심화 안배 안간힘

10 커피 전문점이 많이 생겨나면서 업체들 간의 경쟁이 ( )되고 있다.

11 그는 자금 부족으로 어려워진 사업을 다시 일으키기 위해 ( )을/를 쏟았다.

12 나는 그날의 어이없는 실수를 생각할 때마다 혼자 ( )을/를 금치 못한다.

13 감독은 선수들에게 후반전에 대비하여 체력을 적절히 ( )하라고 당부했다.

14 밑줄 친 단어의 쓰임이 적절하지 <u>않은</u> 것은?

① 언니는 무슨 <u>심산</u>인지 시험도 끝났는데 온종일 공부를 했다.
② 준비 없이 아무 일에나 덤벙 뛰어들었다가는 일을 그르치기 <u>십상</u>이다.
③ 그 청년은 몸집이 매우 <u>실팍해서</u> 씨름으로 누군가를 이겨 본 적이 없다.
④ 아무리 캄캄해도 그 어둠에 익숙해지면 주변 물체를 <u>식별</u>할 수 있게 된다.
⑤ 국립국어원에서는 한글날을 맞아 <u>순화</u>해야 할 번역투 용어들을 소개하였다.

나의 어휘력 점수는? _____점 / 총 **14점**
• 틀린 어휘의 뜻과 예문을 다시 꼼꼼히 살펴보자.

관용 표현 – 주제별 관용어

★ 이

| 이가 빠지다 | 그릇의 가장자리나 칼날의 일부분이 떨어져 나가다. |
| | 예 그릇을 함부로 다루면 [   ]기 쉽다. |

| 이를 갈다 | 몹시 화가 나거나 분을 참지 못하여 독한 마음을 먹고 벼르다. |
| | 예 연경이는 1점 차이로 진 것이 분하다며 [   ] 았다. |

이를 악물다	① 힘에 겨운 곤란이나 난관을 헤쳐 나가려고 비상한 결심을 하다.
	예 그는 시련이 닥칠 때마다 그것을 극복해 내겠다고 [ ] 었다.
	② 매우 어렵거나 힘든 상황을 애써 견디거나 꾹 참다.
	예 나는 고통을 참느라고 [ ] 었다.

★ 뼈

| 뼈를 깎다 | 몹시 견디기 어려울 정도로 고통스럽다. |
| | 예 [   ]는 노력으로 연구에 몰두하는 사람만이 학자로서 인정받을 수 있다. |

| 뼈에 사무치다 | 원한이나 고통 따위가 뼛속에 파고들 정도로 깊고 강하다. |
| | 예 떠나는 그 사람을 붙잡지 못했던 것이 [   ]게 후회된다. |

★ 피

| 피가 거꾸로 솟다 | 피가 머리로 모인다는 뜻으로, 매우 흥분한 상태를 이르는 말. |
| | 예 그는 자기가 배신당했다는 것을 깨닫고 [   ] 았다. |

| 피가 끓다 | 기분이나 감정 따위가 북받쳐 오르다. |
| | 예 억울하게 누명을 썼던 일을 생각하면 지금도 [   ]는다. |

| 피가 되고 살이 되다 | 큰 도움이 되다. |
| | 예 듣기 싫은 잔소리 같겠지만 나중에 돌아보면 모두 [   ]는 얘기들이다. |

| 피가 마르다 | 몹시 괴롭거나 애가 타다. |
| | 예 최종 합격자 발표를 기다리느라 하루 종일 [   ]는 듯했다. |

확인 문제

01~05 다음 뜻풀이에 해당하는 관용어를 〈보기〉에서 찾아 기호를 쓰시오.

┤ 보기 ├
㉠ 뼈를 깎다
㉡ 이를 갈다
㉢ 이를 악물다
㉣ 뼈에 사무치다
㉤ 피가 거꾸로 솟다

01 몹시 견디기 어려울 정도로 고통스럽다. (   )

02 원한이나 고통 따위가 뼛속에 파고들 정도로 깊고 강하다. (   )

03 몹시 화가 나거나 분을 참지 못하여 독한 마음을 먹고 벼르다. (   )

04 피가 머리로 모인다는 뜻으로, 매우 흥분한 상태를 이르는 말. (   )

05 힘에 겨운 곤란이나 난관을 헤쳐 나가려고 비상한 결심을 하다. (   )

06~09 제시된 초성을 활용하여 관용어의 뜻풀이를 완성하시오.

06 피가 되고 살이 되다
→ 큰 ㄷㅇ 이 되다.

07 피가 마르다
→ 몹시 괴롭거나 ㅇ 가 타다.

08 피가 끓다
→ ㄱㅂ 이나 ㄱㅈ 따위가 북받쳐 오르다.

09 이가 빠지다
→ ㄱㄹ 의 가장자리나 ㅋㄴ 의 일부분이 떨어져 나가다.

10~13 다음 빈칸에 들어갈 관용어를 〈보기〉에서 찾아 문맥에 맞게 쓰시오.

┤ 보기 ├
㉠ 이를 갈다
㉡ 이가 빠지다
㉢ 피가 마르다
㉣ 피가 되고 살이 되다

10 _____ 칼을 사용하는 것은 위험하다.

11 김 피디는 혹시라도 방송 사고가 날까 봐 걱정되어 생방송이 진행되는 내내 _____.

12 회사 선배로서, 너희들한테 _____ 유용한 정보를 몇 가지 알려 줄 테니 잘 새겨들어라.

13 반칙을 당해 발목을 삐어 한 달 동안 경기에 나가지 못하게 된 도현이는 상대 팀 선수에 대한 분노로 _____.

14 밑줄 친 관용어의 쓰임이 적절하지 않은 것은?

① 오랫동안 가지 못한 고향을 생각하면 그리움이 뼈에 사무친다.
② 쑥과 마늘만 먹으며 100일 동안 이를 악물고 버틴 곰은 사람이 될 수 있었다.
③ 그는 피가 거꾸로 솟을 정도로 공손히 고개를 숙이며 담담하게 용서를 빌었다.
④ 판소리의 소리꾼은 소리를 제대로 발성하기 위해서 뼈를 깎는 수련을 해야 한다.
⑤ 어제 결승전에서 내가 응원한 팀이 아깝게 진 것을 생각하면 지금도 피가 끓는다.

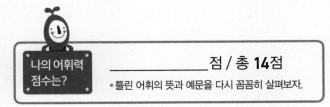
나의 어휘력 점수는? _____ 점 / 총 **14점**
*틀린 어휘의 뜻과 예문을 다시 꼼꼼히 살펴보자.

다의어 · 동음이의어

바르다¹	① 풀칠한 종이나 헝겊 따위를 다른 물건의 표면에 고루 붙이다. 예 아이들 방을 예쁜 벽지로 〔　　　　　〕고 커튼을 새로 달았다. ② 물이나 풀, 약, 화장품 따위를 물체의 표면에 문질러 묻히다. 예 식빵에 버터를 〔　　　　　〕면 고소하고 맛있다.
바르다²	뼈다귀에 붙은 살을 걷거나 가시 따위를 추려 내다. 예 생선 가시를 〔　　　　　〕고 나니 살은 얼마 없구나.
바르다³	① 겉으로 보기에 비뚤어지거나 굽은 데가 없다. 예 의자에 〔　　　　　〕게 앉으세요. ② 말이나 행동 따위가 사회적인 규범이나 사리에 어긋나지 않고 들어맞다. 예 그 집 아이들은 인사성이 참 〔　　　　　〕다.
부유¹ 부유할 富 │ 넉넉할 裕	재물이 넉넉함. 예 그는 젊을 때 고생을 많이 했지만 지금은 사업에 성공하여 〔　　　　　〕하게 산다.
부유² 뜰 浮 │ 놀 遊	물 위나 물속, 또는 공기 중에 떠다님. 예 저기 물속에 〔　　　　　〕하고 있는 식물은 개구리밥이란다.

필수 개념 - 문법

형태소 형상 形 │ 모양 態 │ 흴 素	뜻을 가진 가장 작은 말의 단위. 예 '나무가 매우 크다.'의 형태소 ➡ 나무 / 가 / 매우 / 크- / -다
실질 형태소 열매 實 │ 바탕 質 │ 형상 形 │ 모양 態 │ 흴 素	실질적인 뜻을 지닌 형태소. 구체적인 대상이나 동작, 상태 등을 표시한다. 예 '나무가 매우 크다.'의 실질 형태소 ➡ 나무 / 매우 / 크-
형식 형태소 형상 形 │ 법 式 │ 형상 形 │ 모양 態 │ 흴 素	실질 형태소에 붙어 주로 말과 말 사이의 관계를 표시하는 형태소. 예 '나무가 매우 크다.'의 형식 형태소 ➡ 가 / -다

■ 형식 형태소의 종류

조사	앞말(주로 체언)에 붙어서 다른 말과의 문법적 관계를 나타내거나 특별한 뜻을 더해 주는 단어 예 그가 나에게 선물을 주었다.
어미	용언에서 활용할 때 변하는 부분 예 먹다, 먹고, 먹어서, 먹어라
접사	어근이나 단어에 붙어서 새로운 단어를 만드는 부분. 어근이나 단어의 앞에 붙는 접두사와, 뒤에 붙는 접미사가 있음. 예 맨손, 지우개, 욕심쟁이

01 ~ 03 밑줄 친 단어의 뜻풀이로 알맞은 것을 고르시오.

01 집안이 <u>부유</u>한 그는 마음 씀씀이도 후하다.
　㉠ 재물이 넉넉함.
　㉡ 물 위나 물속, 또는 공기 중에 떠다님.

02 돼지갈비의 <u>뼈를 바르고</u> 살코기만 모아 놓았다.
　㉠ 겉으로 보기에 비뚤어지거나 굽은 데가 없다.
　㉡ 뼈다귀에 붙은 살을 걷거나 가시 따위를 추려 내다.

03 넘어져서 다친 상처에 연고를 <u>발랐다</u>.
　㉠ 물이나 풀, 약, 화장품 따위를 물체의 표면에 문질러 묻히다.
　㉡ 풀칠한 종이나 헝겊 따위를 다른 물건의 표면에 고루 붙이다.

04 ~ 08 밑줄 친 단어의 뜻을 <보기>에서 찾아 기호를 쓰시오.

　　　　　　　| 보기 |
㉠ 재물이 넉넉함.
㉡ 물 위나 물속, 또는 공기 중에 떠다님.
㉢ 겉으로 보기에 비뚤어지거나 굽은 데가 없다.
㉣ 풀칠한 종이나 헝겊 따위를 다른 물건의 표면에 고루 붙이다.
㉤ 말이나 행동 따위가 사회적인 규범이나 사리에 어긋나지 않고 들어맞다.

04 장난치지 말고 줄을 <u>바르게</u> 서라.　　（　　　）

05 그는 누구에게나 예의 <u>바르게</u> 행동한다.（　　　）

06 주말에 모든 방의 벽지를 다시 <u>발랐다</u>.（　　　）

07 가난한 계층과 <u>부유</u>한 계층의 격차가 점점 커져 사회적으로 문제가 되고 있다.　　（　　　）

08 공기 중에 <u>부유</u>하고 있는 미세 먼지가 호흡을 할 때 몸속에 들어와 병을 유발한다.　　（　　　）

09 ~ 11 다음 설명이 알맞으면 ○에, 틀리면 ×에 표시하시오.

09 형태소란 뜻을 가진 가장 작은 말의 단위이다.
　　　　　　　　　　　　　（ ○ , × ）

10 실질 형태소에는 조사, 어미, 접사 등이 있다.
　　　　　　　　　　　　　（ ○ , × ）

11 '나무가 매우 크다.'에서 형식 형태소는 '가', '-다'이다.
　　　　　　　　　　　　　（ ○ , × ）

12 다음 문장에서 형태소의 개수로 알맞은 것은?

> 우리는 모두 꿈을 찾는다.

① 4개　　　　② 5개　　　　③ 6개
④ 7개　　　　⑤ 8개

13 다음 문장에서 형태소의 종류가 <u>다른</u> 하나는?

> 현수는 책을 잘 읽는다.

① 현수　　　② 책　　　　③ 을
④ 잘　　　　⑤ 읽-

14 다음 문장의 형태소를 실질 형태소와 형식 형태소로 나누어 쓰시오.

> 날씨가 맑아 기분이 좋다.

(1) 실질 형태소: _____

(2) 형식 형태소: _____

나의 어휘력 점수는?　　　_____점 / 총 **14**점
• 틀린 어휘의 뜻과 예문을 다시 꼼꼼히 살펴보자.

공부한 날 ○월 ○일

필수 어휘

안주
편안할 安 | 살 住

현재의 상황이나 처지에 만족함.
예 그는 지금 다니는 직장에 ⬚⬚⬚⬚ 하지 못하고 더 나은 직장을 찾고 있다.

알싸하다

매운맛이나 독한 냄새 따위로 코 속이나 혀끝이 알알하다.
예 고추가 매워 혀끝이 ⬚⬚⬚ 하다.

> **어휘 쏙** 알알하다 맵거나 독하여 혀끝이 약간 아리고 쏘는 느낌이 있다.

애꿎다

① 아무런 잘못 없이 억울하다.
예 말다툼을 한 동생들 때문에 ⬚⬚⬚ 게 나까지 꾸중을 들었다.
② 그 일과는 아무런 상관이 없다.
예 지아는 시험지에 답은 안 쓰고 ⬚⬚⬚ 은 지우개만 주물럭댔다.

> **어휘 쏙** 억울(抑鬱)하다 아무 잘못 없이 꾸중을 듣거나 벌을 받거나 하여 분하고 답답하다.

애호가
사랑 愛 | 좋을 好 | 집 家

어떤 사물을 사랑하고 좋아하는 사람.
예 음악 ⬚⬚⬚⬚ 인 삼촌은 음반을 천 장 가까이 모았다.

역정
거스를 逆 | 뜻 情

몹시 언짢거나 못마땅하여서 내는 성.
예 할아버지께서는 자꾸만 걸려 오는 장난 전화에 ⬚⬚⬚⬚ 을 내셨다.

> **어휘 쏙** 언짢다 마음에 들지 않거나 좋지 않다.

연민
불쌍히 여길 憐 | 근심할 憫

불쌍하고 가엾게 여김.
예 몰라볼 정도로 얼굴이 상한 그의 모습은 보는 사람에게 ⬚⬚⬚ 을 느끼게 했다.

> **유의어** 동정(同情) 남의 어려운 처지를 자기 일처럼 딱하고 가엾게 여김.

열풍
세찰 烈 | 바람 風

매우 세차게 일어나는 기운이나 기세를 비유적으로 이르는 말.
예 가요계의 트로트 ⬚⬚⬚⬚ 으로 예전 노래들이 다시 주목받고 있다.

열화
더울 熱 | 불 火

뜨거운 불길이라는 뜻으로, 매우 격렬한 열정을 비유적으로 이르는 말.
예 그 드라마는 시청자들의 ⬚⬚⬚⬚ 같은 요청에 2회 연장하기로 했다.

> **어휘 쏙** 격렬(激烈)하다 말이나 행동이 세차고 사납다.

염두
생각할 念 | 머리 頭

마음의 속.
예 스포츠를 즐길 때에는 항상 안전을 ⬚⬚⬚ 에 두어야 한다.

01 ~ 04 다음 뜻풀이에 해당하는 단어를 〈보기〉에서 찾아 쓰시오.

┤ 보기 ├
연민   열화   애호가   알싸하다

01 불쌍하고 가엾게 여김. ( )

02 어떤 사물을 사랑하고 좋아하는 사람. ( )

03 매운맛이나 독한 냄새 따위로 코 속이나 혀끝이 알알하다. ( )

04 뜨거운 불길이라는 뜻으로, 매우 격렬한 열정을 비유적으로 이르는 말. ( )

05 ~ 06 다음 단어의 뜻풀이에서 알맞은 단어를 고르시오.

05 안주 : 현재의 상황이나 처지에 (만족 | 불만족) 함.

06 역정 : 몹시 (언짢거나 | 궁금하거나) 못마땅하여서 내는 성.

07 ~ 09 〈보기〉의 글자들을 조합하여 다음 뜻풀이에 알맞은 단어를 쓰시오.

┤ 보기 ├
두   열   다   꽃   풍   염   애

07 마음의 속. ( )

08 아무런 잘못 없이 억울하다. ( )

09 매우 세차게 일어나는 기운이나 기세를 비유적으로 이르는 말. ( )

10 ~ 13 빈칸에 들어갈 알맞은 단어를 〈보기〉에서 찾아 쓰시오.

┤ 보기 ├
안주   억울   역정   열풍   염두

10 현재의 상황에 ( )하면 발전이 없으므로 계속 노력해야 한다.

11 우리 학교 독서 왕을 뽑는다는 소식에 학생들 사이에 독서 ( )이/가 불고 있다.

12 형이 잘못을 인정하지 않고 계속 변명만 하자, 듣고 있던 아버지는 벌컥 ( )을/를 내셨다.

13 가을 산행을 할 때에는 하루 동안의 기온 변화가 매우 크다는 점을 ( )에 두고 옷차림에 유의해야 한다.

14 밑줄 친 단어의 쓰임이 적절하지 <u>않은</u> 것은?

① 시험을 망친 동생은 집에 들어오며 <u>애꿎은</u> 문을 걸어찼다.

② 초코케이크를 먹었더니 너무 달아 입안이 <u>알싸해서</u> 우유를 마셨다.

③ 그는 피곤에 지쳐 잠든 아내의 모습을 <u>연민</u>에 찬 시선으로 바라보았다.

④ 부상을 입었던 주전 선수가 복귀한다는 소식에 팬들은 <u>열화</u>와 같은 성원을 보냈다.

⑤ 이번 특별 전시회에 미술을 사랑하시는 <u>애호가</u> 여러분의 많은 호응이 있기를 바랍니다.

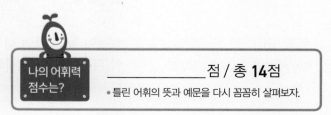

나의 어휘력 점수는? _____점 / 총 **14점**
• 틀린 어휘의 뜻과 예문을 다시 꼼꼼히 살펴보자.

관용 표현 – 주제별 한자 성어

★ 인생은 예측하기 힘듦

고진감래
괴로울 苦 | 다할 盡 | 달 甘 | 올 來

쓴 것이 다하면 단 것이 온다는 뜻으로, 고생 끝에 즐거움이 옴을 이르는 말.
예 나는 힘든 일이 닥칠 때마다 ░░░░░░ 라는 말을 생각하며 어려움을 참아 냈다.

새옹지마
변방 塞 | 늙은이 翁 | 갈 之 | 말 馬

인생의 길흉화복은 변화가 많아서 예측하기가 어렵다는 말.
예 인간사는 ░░░░░░ 라고, 이 일이 앞으로 어찌 될지 예측하기가 쉽지 않다.
어휘 쏙 길흉화복(吉凶禍福) 운이 좋고 나쁨, 재앙과 복됨을 아울러 이르는 말.

전화위복
구를 轉 | 재앙 禍 | 할 爲 | 복 福

재앙과 근심, 걱정이 바뀌어 오히려 복이 됨.
예 이 위기를 잘 넘긴다면 ░░░░░░ 이 될 수도 있다.

흥진비래
일어날 興 | 다할 盡 | 슬플 悲 | 올 來

즐거운 일이 다하면 슬픈 일이 닥쳐온다는 뜻으로, 세상일은 순환되는 것임을 이르는 말.
예 ░░░░░░ 라는 말처럼, 인생에 항상 좋은 일만 있는 것은 아니다.

★ 철저한 준비

거안사위
살 居 | 편안 安 | 생각 思 | 위태할 危

평안할 때에도 위험과 곤란이 닥칠 것을 생각하며 잊지 말고 미리 대비해야 함.
예 현재의 편안함에 안주하지 말고 ░░░░░░ 의 태도로 미래를 준비해야 한다.

유비무환
있을 有 | 갖출 備 | 없을 無 | 근심 患

미리 준비가 되어 있으면 걱정할 것이 없음.
예 모든 일은 다 ░░░░░░ 이니, 만약을 위해서 돈을 다 쓰지 말고 좀 남겨 두게.

★ 계절

녹양방초
초록빛 綠 | 버들 楊 | 꽃다울 芳 | 풀 草

푸른 버드나무와 향기로운 풀이라는 뜻으로, 봄과 여름을 맞아 우거진 나무와 활짝 핀 꽃을 가리키는 말.
예 산에 올라 ░░░░░░ 를 즐기며 자연의 아름다움을 만끽했다.

천고마비
하늘 天 | 높을 高 | 말 馬 | 살찔 肥

하늘이 높고 말이 살찐다는 뜻으로, 하늘이 맑아 높푸르게 보이고 온갖 곡식이 익는 가을철을 이르는 말.
예 가을은 ░░░░░░ 의 계절이라, 논에는 황금빛 물결이 일고 있었다.

01 ~ 04 다음 뜻풀이에 해당하는 한자 성어를 〈보기〉에서 찾아 쓰시오.

| 보기 |
| 새옹지마   흥진비래   거안사위   천고마비 |

01 인생의 길흉화복은 변화가 많아서 예측하기가 어렵다는 말.　　　　　　(　　　)

02 평안할 때에도 위험과 곤란이 닥칠 것을 생각하며 잊지 말고 미리 대비해야 함.　(　　　)

03 즐거운 일이 다하면 슬픈 일이 닥쳐온다는 뜻으로, 세상일은 순환되는 것임을 이르는 말.
　　　　　　　　　　　　　　(　　　)

04 하늘이 높고 말이 살찐다는 뜻으로, 하늘이 맑아 높푸르게 보이고 온갖 곡식이 익는 가을철을 이르는 말.　　　　　　　　　(　　　)

05 ~ 08 제시된 초성을 참고하여 다음 뜻풀이에 알맞은 한자 성어를 쓰시오.

05 미리 준비가 되어 있으면 걱정할 것이 없음.

ㅇ		ㅁ

06 재앙과 근심, 걱정이 바뀌어 오히려 복이 됨.

	ㅎ		ㅂ

07 쓴 것이 다하면 단 것이 온다는 뜻으로, 고생 끝에 즐거움이 옴을 이르는 말.

	ㅈ	ㄱ	

08 푸른 버드나무와 향기로운 풀이라는 뜻으로, 봄과 여름을 맞아 우거진 나무와 활짝 핀 꽃을 가리키는 말.

	ㄴ		ㅊ

09 ~ 11 다음 빈칸에 들어갈 적절한 한자 성어를 〈보기〉에서 찾아 쓰시오.

| 보기 |
| 고진감래   유비무환   천고마비 |

09 태형: 우아, 하늘이 참 파랗고 높다. (　　　　)의 계절인 가을이 왔구나!
　　 희찬: 더불어 내 입맛도 돌아와서 요즘 나날이 살이 찌고 있는 게 문제야.

10 소희: 이제 고등학생이 되니까 수능 시험이 코앞으로 다가온 느낌이야. 걱정되네.
　　 소영: 언니, 너무 걱정하지 마. (　　　　)의 자세로 지금부터 준비하면 문제없을 거야!

11 지민: 아르바이트가 너무 힘들어서 그만두고 싶은 걸 참고 일했더니 고생했다며 보너스까지 받았어.
　　 선주: 잘됐다. (　　　　)(이)라는 말이 정말 맞는 것 같다니까.

12 밑줄 친 한자 성어의 쓰임이 적절하지 <u>않은</u> 것은?

① <u>녹양방초</u>라는 말이 절로 생각날 만큼 올해 겨울은 너무 춥다.

② 평화로운 시기일수록 <u>거안사위</u>하면서 혹시 모를 재난과 재해에 대비해야 한다.

③ 사업이 잘 안 돼서 생계가 어려웠었는데, <u>새옹지마</u>라고 다시 이렇게 사업이 번창할 줄 누가 알았니.

④ 지금은 이렇게 인기가 많지만, 세상일은 돌고 도는 것이니 너무 으스대지 말고 <u>흥진비래</u>라는 말을 기억해라.

⑤ 배가 아파서 소풍을 못 가 상심했는데, <u>전화위복</u>이라고 병원에서 검사를 받고 다른 병까지 발견해 내 건강을 지킬 수 있었다.

나의 어휘력 점수는?　　＿＿＿＿＿＿＿점 / 총 **12점**

• 틀린 어휘의 뜻과 예문을 다시 꼼꼼히 살펴보자.

헷갈리기 쉬운 말

비추다	빛을 내는 대상이 다른 대상에 빛을 보내어 밝게 하다.
	예 달빛이 잠든 아이의 얼굴을 환하게 었다.

비치다	① 빛이 나서 환하게 되다.
	예 저 멀리 불빛이 는 걸 보니까 마을이 있는 게 분명해.
	② 물체의 그림자나 영상이 나타나 보이다.
	예 그는 강물에 는 보름달을 보았다.

빌다	남의 물건을 공짜로 달라고 호소하여 얻다.
	예 집을 잃고 떠도는 가난한 백성들은 집집마다 다니며 밥을 었다.

빌리다	남의 물건이나 돈 따위를 나중에 도로 돌려주거나 대가를 갚기로 하고 얼마 동안 쓰다.
	예 책을 려고 도서관에 갔다.

새우다	한숨도 안 자고 밤을 지내다.
	예 해돋이를 보려고 밤을 뜬눈으로 다시피 했다.

세우다	몸이나 몸의 일부를 곧게 펴게 하거나 일어서게 하다.
	예 허리를 곧게 고 앉으세요.

필수 개념 – 문법

훈민정음 가르칠 訓 | 백성 民 | 바를 正 | 소리 音	백성을 가르치는 바른 소리라는 뜻으로, 1443년에 세종이 창제한 우리나라 글자를 이르는 말. 창제 당시의 글자 수는 자음 17자와 모음 11자이다.

상형
형상 象 | 형상 形

어떤 물건의 형상을 본뜸. 훈민정음의 자음과 모음 기본자가 만들어진 원리이다.

■ 자음과 모음 기본자

자음	발음 기관의 모양을 본떠 기본자를 만듦.	ㄱ (어금닛소리): 혀뿌리가 목구멍을 막는 모양
		ㄴ (혓소리): 혀가 윗잇몸에 붙는 모양
		ㅁ (입술소리): 입 모양
		ㅅ (잇소리): 이 모양
		ㅇ (목구멍소리): 목구멍 모양
모음	하늘, 땅, 사람의 모양을 본떠 기본자를 만듦.	• : 하늘의 둥근 모양
		— : 땅의 평평한 모양
		ㅣ : 사람이 서 있는 모양

01 ~ 04 다음 단어와 그 뜻풀이를 바르게 연결하시오.

01 빌다 •

02 새우다 •

03 비치다 •

04 비추다 •

• ㉠ 빛이 나서 환하게 되다.

• ㉡ 한숨도 안 자고 밤을 지내다.

• ㉢ 남의 물건을 공짜로 달라고 호소하여 얻다.

• ㉣ 빛을 내는 대상이 다른 대상에 빛을 보내어 밝게 하다.

05 ~ 07 다음 문장에서 적절한 단어를 고르시오.

05 화면에 (비춘 | 비친) 금강산의 풍경이 너무나 아름다웠다.

06 벽에 못을 박기 위해 옆집에 가서 망치를 (빌렸다 | 빌었다).

07 그는 돌부리에 걸려 넘어진 아이를 달래며 일으켜 (새웠다 | 세웠다).

08 밑줄 친 단어의 쓰임이 적절하지 <u>않은</u> 것은?

① 경비원은 손전등을 <u>비추며</u> 건물 주위를 순찰했다.

② 돈이 궁해진 김 첨지는 이웃에게 양식을 <u>빌러</u> 다녔다.

③ 그는 두 무릎을 <u>새우고</u> 벽에 기대앉아 눈을 감고 있었다.

④ 보고서를 쓰기 위해 동료에게 <u>빌렸던</u> 자료를 돌려주었다.

⑤ 바람에 흔들리는 나뭇가지 그림자가 창문에 어른어른 <u>비쳤다</u>.

09 ~ 11 다음 설명이 알맞으면 ○에, 틀리면 ×에 표시하시오.

09 '훈민정음'은 '백성을 가르치는 바른 소리'라는 뜻이다. (○ , ×)

10 훈민정음의 자음과 모음 기본자는 상형의 원리로 만들어졌다. (○ , ×)

11 훈민정음의 자음 기본자는 3개이고, 모음 기본자는 5개이다. (○ , ×)

12 다음 중 상형의 원리로 만들어진 글자가 <u>아닌</u> 것은?

① ㄴ   ② ㄹ   ③ ㅁ

④ ㅇ   ⑤ ㅡ

13 다음 발음 기관의 모양을 본뜬 자음 기본자를 각각 쓰시오.

이 모양	→	
목구멍 모양	→	
혀가 윗잇몸에 붙는 모양	→	
혀뿌리가 목구멍을 막는 모양	→	

14 다음 중 사람이 서 있는 모양을 본떠 만든 글자는?

① ㄱ   ② ㅅ   ③ •

④ ㅣ   ⑤ ㅡ

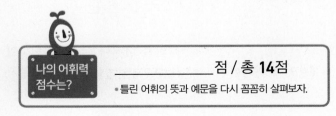

나의 어휘력 점수는? _____점 / 총 **14**점

• 틀린 어휘의 뜻과 예문을 다시 꼼꼼히 살펴보자.

필수 어휘

영문	일이 돌아가는 형편이나 그 까닭.	
	예 나는 그가 왜 웃는지 ⬚⬚⬚⬚⬚을 몰라 어리둥절하기만 했다.	

옹졸하다 막을 壅 | 졸할 拙	성품이 너그럽지 못하고 생각이 좁다. 예 형은 그 정도의 일로 화를 낼 만큼 ⬚⬚⬚⬚⬚한 사람은 아니다.	**반의어** 관대(寬大)하다 마음이 너그럽고 크다.

왜곡 비뚤 歪 | 굽을 曲	사실과 다르게 해석하거나 그릇되게 함. 예 그는 ⬚⬚⬚⬚⬚된 역사적 사실들을 바로잡기 위해 10년 넘게 역사 연구에 매달렸다.	

외면 바깥 外 | 낯 面	① 마주치기를 꺼리어 피하거나 얼굴을 돌림. 예 그들은 어쩌다 길에서 마주쳐도 서로 ⬚⬚⬚⬚⬚하고 지나간다. ② 어떤 사상이나 이론, 현실, 사실, 진리 따위를 인정하지 않고 도외시함. 예 국민의 요구를 ⬚⬚⬚⬚⬚하는 정치인은 성공할 수 없다.	**어휘 쏙** 도외시(度外視)하다 상관하지 아니하거나 무시하다.

운치 운 韻 | 이를 致	고상하고 우아한 멋. 예 그 집의 정원은 ⬚⬚⬚⬚⬚가 있어 보인다.	**어휘 쏙** 고상(高尙)하다 품위나 몸가짐의 수준이 높고 훌륭하다.

위축 시들 萎 | 오그라들 縮	어떤 힘에 눌려 졸아들고 기를 펴지 못함. 예 우리 선수들은 상대 팀 팬들로 가득 찬 경기장 분위기에 ⬚⬚⬚⬚⬚되어 실력을 제대로 발휘하지 못했다.	

유력하다 있을 有 | 힘 力	가능성이 많다. 예 그 배우는 이번 영화 시상식의 가장 ⬚⬚⬚⬚⬚한 대상 후보이다.	

유야무야 있을 有 | 어조사 耶 | 없을 無 | 어조사 耶	있는 듯 없는 듯 흐지부지함. 예 그 사건에 대한 조사는 ⬚⬚⬚⬚⬚로 끝났다.	**어휘 쏙** 흐지부지 확실하게 하지 못하고 흐리멍덩하게 넘어가거나 넘기는 모양.

유창하다 흐를 流 | 화창할 暢	말을 하거나 글을 읽는 것이 물 흐르듯이 거침이 없다. 예 우리는 그 외국인이 한국어를 ⬚⬚⬚⬚⬚하게 하는 것을 보고 감탄했다.	**유의어** 막힘없다 일이 순조롭게 진행되어 방해받는 것이 없다.

확인 문제

01 ~ 05 다음 뜻풀이에 해당하는 단어를 말상자에서 찾아 표시하시오.

유	도	외	시	옹	기
야	영	문	학	졸	업
무	공	유	력	하	다
야	수	명	주	다	정
유	창	하	다	고	상

01 가능성이 많다.

02 있는 듯 없는 듯 흐지부지함.

03 일이 돌아가는 형편이나 그 까닭.

04 성품이 너그럽지 못하고 생각이 좁다.

05 말을 하거나 글을 읽는 것이 물 흐르듯이 거침이 없다.

06 ~ 09 〈보기〉의 글자들을 조합하여 다음 뜻풀이에 알맞은 단어를 쓰시오.

┤ 보기 ├
위 치 면 왜 축 곡 운 외

06 고상하고 우아한 멋. ( )

07 사실과 다르게 해석하거나 그릇되게 함. ( )

08 어떤 힘에 눌려 졸아들고 기를 펴지 못함. ( )

09 마주치기를 꺼리어 피하거나 얼굴을 돌림. ( )

10 ~ 13 빈칸에 들어갈 알맞은 단어를 〈보기〉에서 찾아 쓰시오.

┤ 보기 ├
영문 왜곡 운치 외면 흐지부지

10 새벽녘에 호수에서 물안개가 피어오르는 광경은 꽤 ( )이/가 있다.

11 그는 ( )된 보도 내용을 사실에 맞게 바로잡아 달라고 신문사에 항의했다.

12 그녀의 획기적인 이론은 당대에는 ( ) 을/를 당하다가 나중에야 주목받았다.

13 수정이는 담임 선생님께서 갑자기 자신을 왜 부르시는지 ( )을/를 알 수가 없었다.

14 밑줄 친 단어의 쓰임이 적절하지 <u>않은</u> 것은?

① 친구들과 남해로 여행을 가려고 했던 계획이 <u>유야무야</u>되었다.
② 전염병이 확산되면서 전 세계적으로 경제 활동이 <u>위축</u>되었다.
③ 토론에 참여한 준호는 <u>유창</u>하고 논리적인 말솜씨로 자신의 생각을 전달했다.
④ 국회 의원 후보자들에 대한 여론 조사 결과, 김 후보의 당선이 <u>유력</u>하다는 결과가 나왔다.
⑤ 사랑하는 마음이 생기면 그 사람의 단점에 <u>옹졸</u>해져서 사소한 잘못은 그냥 넘어가는 때가 많다.

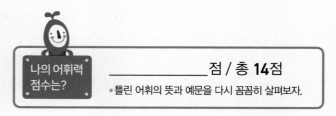

나의 어휘력 점수는? _____ 점 / 총 **14점**
• 틀린 어휘의 뜻과 예문을 다시 꼼꼼히 살펴보자.

관용 표현 – 주제별 속담

★ 어려운 일

갈수록 태산	갈수록 더욱 어려운 지경에 처하게 되는 경우를 이르는 말.
	예 ⬚⬚⬚⬚⬚⬚ 이라더니, 가뜩이나 주문이 밀려 있는데 손님들이 계속 들어온다.
고양이 목에 방울 달기	실행하기 어려운 것을 공연히 의논함을 이르는 말.
	예 팀원들 모두 회식을 미루고 싶지만 아무도 팀장에게 말하려는 사람이 없으니 결국 고양이 목에 ⬚⬚⬚⬚⬚ 였다.
밑 빠진 독에 물 붓기	밑 빠진 독에 아무리 물을 부어도 독이 채워질 수 없다는 뜻으로, 아무리 힘이나 밑천을 들여도 보람 없이 헛된 일이 되는 상태를 이르는 말.
	예 불모지에는 아무리 씨를 심고 물을 줘 봤자 싹이 트지 않으니, ⬚⬚⬚⬚⬚⬚ 에 물 붓기다.

★ 소용없음, 쓸모없음

남의 잔치에 감 놓아라 배 놓아라 한다	남의 일에 공연히 간섭하고 나섬을 이르는 말.
	예 친구를 따라 연극부 연습을 구경하러 온 재경이는 부원들의 연기와 대본 내용을 지적하면서 남의 잔치에 ⬚⬚⬚⬚⬚⬚⬚ 하였다.
닭 쫓던 개 지붕 쳐다보듯	개에게 쫓기던 닭이 지붕으로 올라가자 개가 쫓아 올라가지 못하고 지붕만 쳐다본다는 뜻으로, 애써 하던 일이 실패로 돌아가거나 남보다 뒤떨어져 어찌할 도리가 없이 됨을 이르는 말.
	예 같이 오디션을 보았는데 친구만 합격 통보를 받자, 그는 ⬚⬚⬚⬚⬚ 지붕 쳐다보듯 풀이 죽었다.
돼지에 진주 목걸이	값어치를 모르는 사람에게는 보물도 아무 소용이 없음을 이르는 말.
	예 이렇게 귀한 물건을 고양이 밥그릇으로 사용하다니, 돼지에 ⬚⬚⬚⬚⬚ 로군.

★ 치밀하지 않음

수박 겉 핥기	맛있는 수박을 먹는다는 것이 딱딱한 겉만 핥고 있다는 뜻으로, 사물의 속 내용은 모르고 겉만 건드리는 일을 이르는 말.
	예 ⬚⬚⬚⬚⬚ 식으로 시험공부를 한 동호는 답을 제대로 쓸 수가 없었다.
한 귀로 듣고 한 귀로 흘린다	남의 말을 귀담아듣지 아니한다는 말.
	예 승원이는 고집이 세서 남의 충고는 한 귀로 듣고 ⬚⬚⬚⬚⬚ .

01 ~ 04 다음 뜻풀이에 해당하는 속담을 〈보기〉에서 찾아 기호를 쓰시오.

┤ 보기 ├
㉠ 갈수록 태산
㉡ 수박 겉 핥기
㉢ 돼지에 진주 목걸이
㉣ 밑 빠진 독에 물 붓기

01 사물의 속 내용은 모르고 겉만 건드리는 일을 이르는 말. ( )

02 갈수록 더욱 어려운 지경에 처하게 되는 경우를 이르는 말. ( )

03 값어치를 모르는 사람에게는 보물도 아무 소용이 없음을 이르는 말. ( )

04 아무리 힘이나 밑천을 들여도 보람 없이 헛된 일이 되는 상태를 이르는 말. ( )

05 ~ 08 제시된 초성을 참고하여 뜻풀이에 해당하는 속담을 완성하시오.

05 한 ㄱ 로 듣고 한 ㄱ 로 흘린다
→ 남의 말을 귀담아듣지 아니한다는 말.

06 ㄱ ㅇ ㅇ 목에 방울 달기
→ 실행하기 어려운 것을 공연히 의논함을 이르는 말.

07 남의 잔치에 ㄱ 놓아라 ㅂ 놓아라 한다
→ 남의 일에 공연히 간섭하고 나섬을 이르는 말.

08 ㄷ 쫓던 ㄱ 지붕 쳐다보듯
→ 애써 하던 일이 실패로 돌아가거나 남보다 뒤떨어져 어찌할 도리가 없이 됨을 이르는 말.

09 ~ 11 밑줄 친 속담의 쓰임이 적절하면 ○에, 그렇지 않으면 ×에 표시하시오.

09 명준: 우리 발표 주제가 언제 바뀐 거야?
유정: 또 한 귀로 듣고 한 귀로 흘렸구나? 어제 내가 몇 번이나 말했잖아. (○ , ×)

10 강희: 우리 아무래도 길을 잃은 모양이야.
민재: 곧 비가 쏟아질 것 같은데 어쩌지? 우산도 없는데 갈수록 태산이네……. (○ , ×)

11 수찬: 혜지야. 새로 생긴 피자집이 있는데 네 생일날 가족들이랑 파티하기에 딱 좋아 보여. 네가 가려는 음식점보다 나아 보이니까 꼭 가 봐.
하영: 수찬아, 돼지에 진주 목걸이야. 혜지 생일이니까 혜지가 알아서 할 거야. (○ , ×)

12 ~ 14 빈칸에 들어갈 적절한 속담을 〈보기〉에서 찾아 기호를 쓰시오.

┤ 보기 ├
㉠ 수박 겉 핥기
㉡ 고양이 목에 방울 달기
㉢ 닭 쫓던 개 지붕 쳐다보듯

12 ( )(로) 책을 읽었더니 작가가 이 책을 통해 하고자 하는 말이 무엇인지 잘 모르겠다.

13 할 일을 길게 논의해 놓고 정작 담당자를 정할 때는 다들 못 하겠다고 하는 걸 보니, '( )'(이)라는 말이 떠오른다.

14 좋아하는 가수의 공연에 가려고 몇 달 동안 용돈을 모았는데, 예매에 실패해서 ( )(로) 매진이라는 공지 글만 하염없이 쳐다보았다.

나의 어휘력 점수는?
_____점 / 총 **14점**
• 틀린 어휘의 뜻과 예문을 다시 꼼꼼히 살펴보자.

다의어 · 동음이의어

받다
① 다른 사람이 주거나 보내오는 물건 따위를 가지다.
예 그는 팬들에게 ▢▢▢ 은 편지를 소중히 보관하고 있다.
② 다른 사람이나 대상이 가하는 행동, 심리적인 작용 따위를 당하거나 입다.
예 소민이는 무대 체질이어서 사람들에게 주목을 ▢▢▢ 는 것을 즐긴다.
③ 흐르거나 쏟아지거나 하는 것을 그릇 따위에 담기게 하다.
예 아기를 씻기기 위해 욕조에 물을 ▢▢▢ 았다.

부상¹
짐질 負 | 상처 傷
몸에 상처를 입음.
예 그 선수는 어깨에 ▢▢▢ 을 입어서 치료를 받고 있다.

부상²
뜰 浮 | 위 上
① 물 위로 떠오름.
예 잠수함이 물 위로 ▢▢▢ 했다.
② 어떤 현상이 관심의 대상이 되거나 어떤 사람이 훨씬 좋은 위치로 올라섬.
예 이 책이 베스트셀러로 ▢▢▢ 할 것이라고는 아무도 예상하지 못했다.

부상³
버금 副 | 상줄 賞
본상에 딸린 상금이나 상품.
예 대상 수상자에게는 상장과 함께 ▢▢▢ 으로 장학금을 수여합니다.

필수 개념 – 문법

가획
더할 加 | 새길 劃
소리가 세짐에 따라 획을 더하여 새로운 글자를 만든 자음의 창제 원리. 자음 기본자에 획을 더하여, 기본자보다 소리가 세지는 가획자 9개가 만들어졌다.

▨ 가획자
- ㄱ에 획을 더함 → ㅋ
- ㄴ에 획을 더함 → ㄷ, ㅌ
- ㅁ에 획을 더함 → ㅂ, ㅍ
- ㅅ에 획을 더함 → ㅈ, ㅊ
- ㅇ에 획을 더함 → ㆆ, ㅎ

병서
아우를 並 | 글 書
초성에서, 둘 이상의 자음 글자를 가로로 나란히 붙여서 쓰는 방법.
예 ㄲ, ㄸ, ㅃ, ㅆ, ㅉ, ㆅ

합성
합할 合 | 이룰 成
기본자를 서로 합하여 새로운 글자를 만든 모음의 창제 원리. 기본자 'ㆍ'를 한 번 합한 것을 초출자라고 하고, 두 번 합한 것을 재출자라고 한다.

▨ 초출자와 재출자

초출자	ㅡ + ㆍ → ㅗ, ㅜ	재출자	ㅗ, ㅜ + ㆍ → ㅛ, ㅠ
	ㅣ + ㆍ → ㅏ, ㅓ		ㅏ, ㅓ + ㆍ → ㅑ, ㅕ

확인 문제

01 ~ 03 밑줄 친 단어의 뜻풀이로 알맞은 것을 고르시오.

01 단짝 친구에게서 생일 선물을 <u>받았다</u>.

　　㉠ 다른 사람이 주거나 보내오는 물건 따위를 가지다.

　　㉡ 다른 사람이나 대상이 가하는 행동, 심리적인 작용 따위를 당하거나 입다.

02 예전에는 빗물을 큰 물통에 <u>받아</u> 머리를 감았다.

　　㉠ 흐르거나 쏟아지거나 하는 것을 그릇 따위에 담기게 하다.

　　㉡ 다른 사람이나 대상이 가하는 행동, 심리적인 작용 따위를 당하거나 입다.

03 자연의 아름다움이 살아 있는 외딴섬들이 관광지로 <u>부상</u>하고 있다.

　　㉠ 본상에 딸린 상금이나 상품.

　　㉡ 어떤 현상이 관심의 대상이 되거나 어떤 사람이 훨씬 좋은 위치로 올라섬.

04 ~ 07 밑줄 친 단어의 뜻을 〈보기〉에서 찾아 기호를 쓰시오.

┌─ 보기 ─────────────────┐
㉠ 물 위로 떠오름.
㉡ 몸에 상처를 입음.
㉢ 본상에 딸린 상금이나 상품.
㉣ 다른 사람이나 대상이 가하는 행동, 심리적인 작용 따위를 당하거나 입다.
└────────────────────────┘

04 넘어지면서 팔꿈치에 <u>부상</u>을 입었다. (　　　)

05 서희는 막내로 집에서 귀염을 <u>받는다</u>. (　　　)

06 바닷속을 탐험하던 다이버가 한참 만에 <u>부상</u>하여 모습을 드러냈다. (　　　)

07 전국 미술 대회에서 우수상을 받은 준태는 <u>부상</u>으로 이젤을 받았다. (　　　)

08 ~ 10 다음 설명이 알맞으면 ○에, 틀리면 ×에 표시하시오.

08 '가획'은 훈민정음 자음 기본자와 모음 기본자에 획을 더하여 새로운 글자를 만든 창제 원리이다.

(○ , ×)

09 초성에서 둘 이상의 자음 글자를 가로로 나란히 붙여서 쓰는 방법을 '합성'이라고 한다. (○ , ×)

10 모음 기본자 'ㅡ', 'ㅣ'에 'ㆍ'를 한 번 합하여 만들어 낸 글자를 '초출자'라고 한다. (○ , ×)

11 다음 중 가획의 원리로 만들어진 글자가 <u>아닌</u> 것은? (정답 2개)

① ㅁ　　　　② ㆆ　　　　③ ㅆ
④ ㄷ　　　　⑤ ㅍ

12 다음 설명에 해당하는 글자는?

┌────────────────────────┐
혀가 윗잇몸에 붙는 모양을 본떠 만든 기본자의 가획자이다.
└────────────────────────┘

① ㅋ　　　　　② ㆆ　　　　　③ ㄷ, ㅌ
④ ㅈ, ㅊ　　　⑤ ㅂ, ㅍ

13 다음은 재출자의 형성 과정이다. ㉠~㉢에 알맞은 모음을 쓰시오.

ㅏ + ㆍ	ㅓ + ㆍ	(㉡　)+ ㆍ	ㅜ + ㆍ
↓	↓	↓	↓
ㅑ	(㉠　)	ㅛ	(㉢　)

나의 어휘력 점수는? ＿＿＿＿＿＿＿점 / 총 **13**점

• 틀린 어휘의 뜻과 예문을 다시 꼼꼼히 살펴보자.

필수 어휘

응시
엉길 凝 | 볼 視

눈길을 모아 한 곳을 똑바로 바라봄.
예 우리는 찰칵 소리가 나길 기다리며 카메라를 　　　　　했다.

> 유의어 주시(注視) 어떤 목표물에 주의를 집중하여 봄.

이실직고
써 以 | 열매 實 | 곧을 直 | 아뢸 告

사실 그대로 고함.
예 네가 잘못을 　　　　　한다면, 용서해 주겠다.

> 유의어 고백(告白) 마음속에 생각하고 있는 것이나 감추어 둔 것을 사실대로 숨김없이 말함.

일목요연하다
하나 一 | 눈 目 | 맑을 瞭 | 그럴 然

한 번 보고 대번에 알 수 있을 만큼 분명하고 뚜렷하다.
예 세계사 연대표를 보면 우리나라와 세계의 역사를 　　　　　하게 비교해 볼 수 있다.

> 어휘 쏙 대번에 서슴지 않고 단숨에. 또는 그 자리에서 당장.

일사천리
하나 一 | 쏟을 瀉 | 일천 千 | 마을 里

강물이 빨리 흘러 천 리를 간다는 뜻으로, 어떤 일이 거침없이 빨리 진행됨을 이르는 말.
예 그는 회의를 　　　　　로 진행하여 10분 만에 끝냈다.

일언반구
하나 一 | 말씀 言 | 반 半 | 구절 句

한 마디 말과 반 구절이라는 뜻으로, 아주 짧은 말을 이르는 말.
예 그는 동업자인 내게 　　　　　의 상의도 하지 않고 일을 멋대로 처리해 버렸다.

> 유의어 일언반사(一言半辭) 한 마디 말과 반 구절이라는 뜻으로, 아주 짧은 말을 이르는 말.

자생
스스로 自 | 날 生

① 자기 자신의 힘으로 살아감.
예 이제 부모의 그늘을 벗어나서 　　　　　할 때가 되었다.
② 저절로 나서 자람.
예 민들레는 전국 각지의 산과 들에 　　　　　한다.

자자하다
깔개 藉 | 깔개 藉

여러 사람의 입에 오르내려 떠들썩하다.
예 이 샘은 물맛이 좋기로 소문이 　　　　　하다.

자조
스스로 自 | 비웃을 嘲

자기를 비웃음.
예 그는 자기 자신이 모자란 인간이라고 　　　　　했다.

> 어휘 쏙 비웃다 어떤 사람, 또는 그의 행동을 터무니없거나 어처구니없다고 여겨 얕잡거나 업신여기다.

잠재
자맥질할 潛 | 있을 在

겉으로 드러나지 않고 속에 잠겨 있거나 숨어 있음.
예 오른쪽 뇌가 발달한 사람은 창의적인 면에서 　　　　　능력이 크다고 한다.

01 ~ 04 다음 단어와 그 뜻풀이를 바르게 연결하시오.

01 응시 •

02 자생 •

03 일사천리 •

04 이실직고 •

• ㉠ 사실 그대로 고함.

• ㉡ 자기 자신의 힘으로 살아 감.

• ㉢ 눈길을 모아 한 곳을 똑바로 바라봄.

• ㉣ 강물이 빨리 흘러 천 리를 간다는 뜻으로, 어떤 일이 거침없이 빨리 진행됨을 이르는 말.

05 ~ 06 다음 단어의 뜻풀이에서 알맞은 단어를 고르시오.

05 자자하다 : 여러 사람의 입에 오르내려 (속상하다 | 떠들썩하다).

06 일목요연하다 : 한 번 보고 대번에 알 수 있을 만큼 (분명하고 | 아득하고) 뚜렷하다.

07 ~ 09 <보기>의 글자들을 조합하여 다음 뜻풀이에 알맞은 단어를 쓰시오.

┤ 보기 ├

| 구 | 조 | 언 | 재 | 자 | 일 | 반 | 잠 |

07 자기를 비웃음. ( )

08 겉으로 드러나지 않고 속에 잠겨 있거나 숨어 있음. ( )

09 한 마디 말과 반 구절이라는 뜻으로, 아주 짧은 말을 이르는 말. ( )

10 ~ 13 빈칸에 들어갈 알맞은 단어를 <보기>에서 찾아 쓰시오.

┤ 보기 ├

자생 잠재 주시 이실직고 일언반구

10 붙잡힌 범인은 자신이 지은 죄를 ( )하며 잘못을 빌었다.

11 아프리카에는 매우 큰 발전 가능성이 ( )해 있다고 경제학자들은 말한다.

12 '으름'이라 하는 바나나와 유사한 열매는 황해도 이남의 숲속에만 ( )하고 있다.

13 친구의 설득으로 댄스 학원에 등록했는데, 같이 다니던 친구가 나에게는 ( )도 없이 학원을 그만두어서 황당했다.

14 밑줄 친 단어의 쓰임이 적절하지 <u>않은</u> 것은?

① 그는 인근에 소문이 <u>자자할</u> 만큼 지독한 구두쇠였다.

② 우리는 기차 시간에 늦지 않기 위해 발걸음을 <u>응시</u>했다.

③ 자신의 비겁한 행동을 고백하며 그는 <u>자조</u>의 웃음을 지었다.

④ 해설서가 <u>일목요연하게</u> 정리되어 있어서 내용을 이해하기 쉽다.

⑤ 무엇이 그리 급한지 태경이는 숨도 안 쉬고 <u>일사천리</u>로 말을 쏟아 놓았다.

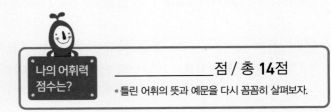

나의 어휘력 점수는?

_____점 / 총 **14**점

• 틀린 어휘의 뜻과 예문을 다시 꼼꼼히 살펴보자.

관용 표현 - 주제별 한자 성어

★ 앞뒤가 맞지 않음

모순
창 矛 | 방패 盾
창과 방패라는 뜻으로, 어떤 사실의 앞뒤, 또는 두 사실이 이치상 어긋나서 서로 맞지 않음을 이르는 말.
예 밥 생각이 없다면서 내 것을 다 뺏어 먹다니, 말과 행동이 ◻◻◻◻ 되는 거 아니야?

이율배반
두 二 | 법률 律 | 등 背 | 돌이킬 反
두 가지 규율이 서로 반대된다는 뜻으로, 서로 모순되어 동시에 성립할 수 없는 두 개의 명제를 이르는 말.
예 부자를 비난하면서 자신은 부자가 되기를 바라는 것은 ◻◻◻◻ 이다.

자가당착
스스로 自 | 집 家 | 칠 撞 | 붙을 着
같은 사람의 말이나 행동이 앞뒤가 서로 맞지 아니하고 모순됨.
예 이 논문은 처음의 주장을 스스로 부인하는 ◻◻◻◻ 에 빠졌다.

★ 환경의 중요성

귤화위지
귤나무 橘 | 될 化 | 할 爲 | 탱자나무 枳
회남의 귤을 회북에 옮겨 심으면 탱자가 된다는 뜻으로, 환경에 따라 사람이나 사물의 성질이 변함을 이르는 말.
예 한적한 시골로 이사를 가더니 성격이 한결 느긋해진 친구를 보며 ◻◻◻◻ 라는 말이 떠올랐다.

근묵자흑
가까울 近 | 먹 墨 | 사람 者 | 검을 黑
먹을 가까이하는 사람은 검어진다는 뜻으로, 나쁜 사람과 가까이 지내면 나쁜 버릇에 물들기 쉬움을 이르는 말.
예 ◻◻◻◻ 이라고, 성품이 좋은 사람을 가까이 두고 사귀어야 한다.

맹모삼천지교
맏 孟 | 어머니 母 | 석 三 | 옮길 遷 | 갈 之 | 가르칠 敎
맹자의 어머니가 아들의 교육을 위해 세 번이나 이사를 한 가르침이라는 뜻으로, 교육에는 주위 환경이 중요함을 이르는 말.
예 그는 ◻◻◻◻◻◻ 를 떠올리며, 이사 갈 집을 어린이 도서관 근처로 골랐다.

★ 자연과의 일체감

물심일여
만물 物 | 마음 心 | 하나 一 | 같을 如
사물과 마음이 구분 없이 하나의 근본으로 통합됨.
예 울창한 숲속에 들어오니 자연과 하나가 되어 ◻◻◻◻ 의 상태가 된 듯하다.

물아일체
만물 物 | 나 我 | 하나 一 | 몸 體
바깥 사물과 나, 객관과 주관, 또는 물질계와 정신계가 어울려 하나가 됨.
예 수영을 잘하려면 내가 마치 물이 된 것처럼, 물과 하나가 되는 ◻◻◻◻ 의 경지가 되어야 해.

01 ~ 04 다음 뜻풀이에 해당하는 한자 성어를 〈보기〉에서 찾아 쓰시오.

┤ 보기 ├
이율배반 귤화위지 물아일체 맹모삼천지교

01 환경에 따라 사람이나 사물의 성질이 변함을 이르는 말. (   )

02 바깥 사물과 나, 객관과 주관, 또는 물질계와 정신계가 어울려 하나가 됨. (   )

03 두 가지 규율이 서로 반대된다는 뜻으로, 서로 모순되어 동시에 성립할 수 없는 두 개의 명제를 이르는 말. (   )

04 맹자의 어머니가 아들의 교육을 위해 세 번이나 이사를 한 가르침이라는 뜻으로, 교육에는 주위 환경이 중요함을 이르는 말. (   )

05 ~ 08 제시된 초성을 참고하여 다음 뜻풀이에 알맞은 한자 성어를 쓰시오.

05 사물과 마음이 구분 없이 하나의 근본으로 통합됨.

ㅁ		ㅇ	

06 같은 사람의 말이나 행동이 앞뒤가 서로 맞지 아니하고 모순됨.

ㅈ	ㄱ		

07 나쁜 사람과 가까이 지내면 나쁜 버릇에 물들기 쉬움을 이르는 말.

	ㅁ		ㅎ

08 창과 방패라는 뜻으로, 어떤 사실의 앞뒤, 또는 두 사실이 이치상 어긋나서 서로 맞지 않음을 이르는 말.

	ㅁ

09 ~ 11 다음 대화 내용과 의미가 통하는 한자 성어를 〈보기〉에서 찾아 쓰시오.

┤ 보기 ├
모순 근묵자흑 물심일여

09 상희: 나 용돈이 바닥나서 이제 돈 아끼려고. 근데 나 오늘 옷이랑 신발 사러 갈 건데 같이 갈래?
주나: 돈 아낀다더니 돈을 쓰러 간다고? (   )

10 지애: 이번 여행은 어땠어?
소미: 잔잔한 바다를 보면서 바람을 쐬는데, 마치 내가 바람이 된 듯도 하고 물결이 된 듯도 하더라. 정말 시원하고 좋았어. (   )

11 명수: 최근에 알게 된 형이 있는데, 화가 좀 많은 것 같아. 사람들한테 자꾸 시비를 걸더라고.
세경: 음, 그런 사람하고는 조금 거리를 두는 게 좋을 것 같아. (   )

12 밑줄 친 한자 성어의 쓰임이 적절하지 <u>않은</u> 것은?

① 옛시조를 살펴보면 자연과 어우러진 <u>물아일체</u>의 경지를 노래한 작품이 많다.
② <u>맹모삼천지교</u>라는 말도 있듯이, 인생에서 무엇보다 중요한 것은 부모에 대한 효도이다.
③ 오늘부터 다이어트를 한다면서 저녁 먹으러 고기 뷔페에 가겠다니, 정말 <u>자가당착</u>이구나.
④ <u>귤화위지</u>라더니, 그 아이는 또래 친구가 많은 곳으로 이사를 간 뒤로 성격이 매우 활발해졌다.
⑤ 생태 환경의 중요성을 강조하면서 철새 서식지에 공단을 세우겠다는 구청의 입장은 <u>이율배반</u>적이다.

나의 어휘력 점수는?   ＿＿＿＿＿＿점 / 총 **12점**
• 틀린 어휘의 뜻과 예문을 다시 꼼꼼히 살펴보자.

헷갈리기 쉬운 말

바치다	① 신이나 웃어른에게 정중하게 드리다. 예 당신께 이 꽃을 [ ] 겠습니다. ② 무엇을 위하여 모든 것을 아낌없이 내놓거나 쓰다. 예 그는 가난한 병자를 치료하는 데에 일생을 [ ] 며 어떤 희생도 감수하였다.
받치다	물건의 밑이나 옆 따위에 다른 물체를 대다. 예 목 뒤에 베개를 [ ] 고 누워 텔레비전을 보았다.
받히다	머리나 뿔 따위에 세차게 부딪히다. 예 모퉁이를 돌다가 불쑥 튀어나온 자전거에 [ ] 고 말았다.
부수다	만들어진 물건을 두드리거나 깨뜨려 못 쓰게 만들다. 예 이 벽을 [ ] 고 두 공간을 터서 넓게 쓰자.
부시다¹	그릇 따위를 씻어 깨끗하게 하다. 예 그는 과일을 담았던 그릇을 물로 [ ] 고 있었다.
부시다²	빛이나 색채가 강렬하여 마주 보기가 어려운 상태에 있다. 예 오늘 유나는 눈이 [ ] 게 흰 스웨터를 입고 왔다.

필수 개념 – 문법

발화 필 發 | 말할 話	구체적인 의사소통 상황에서, 머릿속의 생각이 문장 단위로 실현되어 음성 언어로 나타난 것.
담화 말씀 談 | 말할 話	하나 이상의 발화나 문장이 연속되어 이루어지는 말의 단위. 담화의 의미는 고정되어 있지 않으며, 담화가 이루어지는 맥락 속에서 결정된다.

■ 담화의 구성 요소

화자(필자)	말하는 이(글쓴이)	청자(독자)	듣는 이(읽는 이)
내용	화자와 청자가 주고받는 말의 내용, 글의 내용		
맥락	의사소통에 영향을 미치는 여러 가지 배경이나 환경 • 상황 맥락: 말이나 글이 이루어지는 구체적인 상황으로, 화자와 청자의 관계, 시간과 장소, 의도나 목적 등을 포함함. • 사회·문화적 맥락: 담화의 해석에 간접적으로 영향을 미치는 것으로, 의사소통이 이루어지는 역사적·사회적 배경, 공동체의 가치, 관습, 세대 등을 포함함.		

01 ~ 04 다음 단어와 그 뜻풀이를 바르게 연결하시오.

01 바치다 •

        • ㉠ 그릇 따위를 씻어 깨끗하게 하다.

02 받히다 •

        • ㉡ 머리나 뿔 따위에 세차게 부딪히다.

03 부수다 •

        • ㉢ 신이나 웃어른에게 정중하게 드리다.

04 부시다 •

        • ㉣ 만들어진 물건을 두드리거나 깨뜨려 못 쓰게 만들다.

05 ~ 07 다음 문장에서 적절한 단어를 고르시오.

05 그 과학자는 우주를 연구하는 데 일생을 (바쳤다 | 받혔다).

06 이 건물은 낡아서 붕괴 위험이 있으니 (부수고 | 부시고) 새로 지읍시다.

07 식사가 끝날 즈음 식당 직원이 따뜻한 숭늉을 쟁반으로 (바쳐 | 받쳐) 들고 왔다.

08 밑줄 친 단어의 쓰임이 적절하지 <u>않은</u> 것은?

① 열쇠를 잃어버려서 자물쇠를 <u>부수기</u>로 했다.
② 투우사는 투우 경기 중 몇 번이나 소의 뿔에 <u>받칠</u> 뻔했다.
③ 할머니께서 밥 먹은 그릇은 깨끗이 <u>부셔</u> 놓으라고 말씀하셨다.
④ 고대인들은 사냥한 동물들을 제물로 <u>바치며</u> 신에게 기도를 했다.
⑤ 어두운 실내에 있다가 밖으로 나오자 눈이 <u>부셔서</u> 눈을 뜰 수가 없다.

09 ~ 11 다음 설명이 알맞으면 ○에, 틀리면 ×에 표시하시오.

09 발화란 구체적인 의사소통 상황에서 머릿속에 떠오르는 생각을 말한다.   (○ , ×)

10 담화란 하나 이상의 발화나 문장이 연속되어 이루어지는 말의 단위이다.   (○ , ×)

11 담화의 구성 요소 중 '맥락'이란 의사소통에 영향을 미치는 여러 가지 배경이나 환경을 말한다.
     (○ , ×)

12 다음 중 담화의 상황 맥락을 구성하는 요소를 모두 고르시오.

㉠ 목적	㉡ 세대	㉢ 청자	㉣ 시간
㉤ 관습	㉥ 화자	㉦ 역사적 배경	

13 다음 상황에 대한 반응으로 적절하지 <u>않은</u> 것은?

> **가** (두 친구가 야외 벤치에서 대화를 나누고 있는 상황)
> ㉠ "비 온다."
>
> **나** (빨래를 걷으려고 급하게 마당으로 나가는 상황)
> ㉡ "비 온다."

① 현우: ㉠은 '비를 피해야 한다.'라는 의미야.
② 지원: ㉡은 '빨래를 걷어야 한다.'라는 의미야.
③ 은별: 같은 말이라도 상황에 따라 의미가 달라지네.
④ 미나: 지역에 따라 사용하는 언어에 차이를 보이고 있어.
⑤ 나영: 상황에 따라 말에 담긴 의미를 잘 생각하는 것이 필요하겠어.

나의 어휘력 점수는?   _____점 / 총 **13점**
• 틀린 어휘의 뜻과 예문을 다시 꼼꼼히 살펴보자.

필수 어휘

저명하다
나타날 著 | 이름 名

세상에 이름이 널리 드러나 있다.

예 이 대회의 심사 위원은 ▨▨▨▨▨ 한 음악가들로 구성되어 있다.

유의어 ▶ 유명(有名)하다 이름이 널리 알려져 있다.

저해
막을 沮 | 해로울 害

막아서 못 하도록 해침.

예 극단적인 이기주의와 갈등은 사회 발전을 ▨▨▨▨▨ 한다.

유의어 ▶ 방해(妨害) 남의 일을 간섭하고 막아 해를 끼침.

적이

꽤 어지간한 정도로.

예 한 달 동안 돌본 강아지를 입양 보내려니 마음이 ▨▨▨▨▨ 서운했다.

어휘 쏙 어지간하다 수준이 보통에 가깝거나 그보다 약간 더하다.

전답
밭 田 | 논 畓

논과 밭을 아울러 이르는 말.

예 고향의 ▨▨▨▨▨ 은 오랫동안 농사를 짓지 않아 토양이 거칠었다.

전례
앞 前 | 법식 例

① 이전부터 있었던 사례.

예 올겨울에는 ▨▨▨▨▨ 없이 많은 눈이 내릴 예정입니다.

② 예로부터 전하여 내려오는 일 처리의 관습.

예 주최 측은 ▨▨▨▨▨ 에 따라 이번 사건을 처리하겠다고 밝혔다.

유의어 ▶ 유례(類例) 이전부터 있었던 사례.

절호
끊을 絕 | 좋을 好

무엇을 하기에 기회나 시기 따위가 더할 수 없이 좋음.

예 지금이야말로 우리가 승리할 수 있는 ▨▨▨▨▨ 의 기회이다.

접목
접붙일 椄 | 나무 木

둘 이상의 다른 현상 따위를 알맞게 조화하게 함을 비유적으로 이르는 말.

예 그는 이번 전시회에서 동양화와 비디오 아트를 ▨▨▨▨▨ 한 작품을 선보였다.

정립
정할 定 | 설 立

정하여 세움.

예 목표를 달성하기 위한 구체적인 실천 방안을 ▨▨▨▨▨ 하였다.

정적
고요할 靜 | 고요할 寂

고요하여 괴괴함.

예 숨소리 하나 들리지 않을 만큼 ▨▨▨▨▨ 이 흘렀다.

어휘 쏙 괴괴하다 쓸쓸한 느낌이 들 정도로 아주 고요하다.

유의어 ▶ 적막(寂寞) 고요하고 쓸쓸함.

01 ~ 05 다음 뜻풀이에 해당하는 단어를 말상자에서 찾아 표시하시오.

저	해	안	주	연	극
명	충	전	선	수	단
하	무	례	하	정	적
다	가	서	다	전	이
부	수	다	접	목	사

01 고요하여 괴괴함.

02 꽤 어지간한 정도로.

03 이전부터 있었던 사례.

04 세상에 이름이 널리 드러나 있다.

05 둘 이상의 다른 현상 따위를 알맞게 조화하게 함을 비유적으로 이르는 말.

06 ~ 09 〈보기〉의 글자들을 조합하여 다음 뜻풀이에 알맞은 단어를 쓰시오.

┤ 보기 ├
호 전 해 답 정 저 절 립

06 정하여 세움. ( )

07 막아서 못 하도록 해침. ( )

08 논과 밭을 아울러 이르는 말. ( )

09 무엇을 하기에 기회나 시기 따위가 더할 수 없이 좋음. ( )

10 ~ 13 빈칸에 들어갈 알맞은 단어를 〈보기〉에서 찾아 쓰시오.

┤ 보기 ├
저해 적이 전례 절호 적막

10 지난밤의 소란이 잘 해결된 듯하여 ( ) 마음이 놓였다.

11 회사에서는 ( )을/를 깨고 새 임원들의 취임식을 생략하기로 했다.

12 어려서부터 부정적인 정서들이 쌓이면 어린이의 성장 발달은 ( )된다.

13 지금부터 깜짝 세일을 하니, 제품을 아직 구매하지 않은 분들에게는 지금이 바로 제품을 싸게 구입할 수 있는 ( )의 기회입니다!

14 밑줄 친 단어의 쓰임이 적절하지 <u>않은</u> 것은?

① 우리 학교에 <u>저명한</u> 학자가 찾아와 강연을 했다.
② 쉬는 시간이 되자 아이들의 수다로 교실에는 <u>정적</u>이 가득했다.
③ 그 민족은 전혀 다른 두 문화를 <u>접목</u>하여 새로운 문화를 만들어 냈다.
④ 우리가 추진하는 일의 구체적인 방향을 <u>정립</u>하기 위해 토론회를 열었다.
⑤ 할아버지께서는 작은 채소밭 하나만 남겨 두고 나머지 <u>전답</u>을 모두 팔겠다고 하셨다.

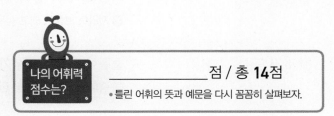

나의 어휘력 점수는?

_____점 / 총 **14점**

• 틀린 어휘의 뜻과 예문을 다시 꼼꼼히 살펴보자.

관용 표현 – 주제별 관용어

★ 어깨

어깨를 으쓱거리다	뽐내고 싶은 기분이나 떳떳하고 자랑스러운 기분이 되다. 예 최우수 노래상을 수상하게 된 그는 _____며 무대로 올라갔다.
어깨가 처지다	낙심하여 풀이 죽고 기가 꺾이다. 예 감독은 고작 한 번 진 것으로 _____면 안 된다고 선수들을 격려했다. 어휘쏙 낙심(落心) 바라던 일이 이루어지지 아니하여 마음이 상함.
어깨를 나란히 하다	① 나란히 서거나 나란히 서서 걷다. 예 우리는 노을이 지는 둑길에서 _____고 걸었다. ② 서로 비슷한 지위나 힘을 가지다. 예 칸 영화제에 참석한 한국 배우들은 세계 영화인들과 _____였다.
어깨를 짓누르다	의무나 책임, 제약 따위가 중압감을 주다. 예 회장이 된 그는 _____는 책임감에 잠을 설쳤다. 어휘쏙 중압감(重壓感) 강제되거나 강요된 것에 대한 부담감.
어깨에 짊어지다	어떤 일에 대한 책임이나 의무를 마음에 두다. 예 고려 시대의 외교가 서희는 나라의 운명을 _____고 거란과의 협상에 나섰다.

★ 그 밖의 신체

귓등으로 듣다	듣고도 들은 체 만 체 하다. 예 화가 난 동생을 달래려고 말을 걸어 보았지만 동생은 내 말을 _____고 방으로 들어가 버렸다.
등을 돌리다	뜻을 같이하던 사람이나 단체와 관계를 끊고 배척하다. 예 선거에서 떨어지자 모두 나에게 _____는데, 그 사람만은 떠나지 않고 있다.
발목을 잡다	어떤 일에 꽉 잡혀서 벗어나지 못하게 하다. 예 저라도 보탬이 되고 싶은데 다른 일이 제 _____고 있습니다.
창자가 끊어지다	슬픔이나 분노 따위가 너무 커서 참기 어렵다. 예 숙희는 할머니로부터 전쟁 당시의 끔찍했던 일을 들으며 _____는 듯하였다.

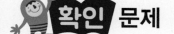
01 ~ 05 다음 뜻풀이에 해당하는 관용어를 〈보기〉에서 찾아 기호를 쓰시오.

┤ 보기 ├
㉠ 발목을 잡다
㉡ 귓등으로 듣다
㉢ 어깨에 짊어지다
㉣ 어깨를 으쓱거리다
㉤ 어깨를 나란히 하다

01 듣고도 들은 체 만 체 하다.　　　　　(　　)

02 나란히 서거나 나란히 서서 걷다.　　(　　)

03 어떤 일에 꽉 잡혀서 벗어나지 못하게 하다.
　　　　　　　　　　　　　　　　(　　)

04 어떤 일에 대한 책임이나 의무를 마음에 두다.
　　　　　　　　　　　　　　　　(　　)

05 뽐내고 싶은 기분이나 떳떳하고 자랑스러운 기분이 되다.　　　　　　　　　　　(　　)

06 ~ 09 제시된 초성을 활용하여 관용어의 뜻풀이를 완성하시오.

06 어깨가 처지다
　→ ㄴ ㅅ 하여 풀이 죽고 기가 꺾이다.

07 어깨를 짓누르다
　→ 의무, 책임, 제약 따위가 ㅈ ㅇ ㄱ 을 주다.

08 창자가 끊어지다
　→ ㅅ ㅍ 이나 분노 따위가 너무 커서 참기 어렵다.

09 등을 돌리다
　→ 뜻을 같이하던 사람이나 단체와 관계를 끊고 ㅂ ㅊ 하다.

10 ~ 13 다음 빈칸에 들어갈 관용어를 〈보기〉에서 찾아 문맥에 맞게 쓰시오.

┤ 보기 ├
㉠ 등을 돌리다
㉡ 어깨를 짓누르다
㉢ 창자가 끊어지다
㉣ 어깨를 으쓱거리다

10 최연소 팀장이 된 그는 ＿＿＿＿＿＿ 부담감에 입맛도 잃었다.

11 한 대기업의 비리에 대한 기사를 접한 소비자들은 그 기업의 제품에 ＿＿＿＿＿＿.

12 출연한 두 편의 영화가 연속으로 성공하자, 그 배우는 요즘 ＿＿＿＿＿＿ 웃고 다닌다.

13 심청은 인당수의 제물이 되기 위해 앞을 못 보는 아버지를 두고 떠나며 ＿＿＿＿＿＿ 듯한 울음을 삼켰다.

14 밑줄 친 관용어의 쓰임이 적절하지 <u>않은</u> 것은?

① 삼촌은 승진 시험에서 떨어진 후로 계속 <u>어깨가 처져</u> 있었다.
② 그는 드디어 전설적인 축구 선수와 <u>어깨를 나란히</u> 하게 되었다.
③ 나는 회사의 앞날이 걸린 이번 일의 성패를 <u>어깨에 짊어지게</u> 되었다.
④ 그동안 순간적으로 했던 거짓말이 사사건건 내 <u>발목을 잡게</u> 될 줄 몰랐다.
⑤ 가장 친한 친구인 서진이의 충고를 <u>귓등으로 듣고</u> 앞으로 내 행동을 고치겠다고 마음먹었다.

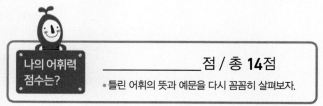

나의 어휘력 점수는?　＿＿＿＿＿＿점 / 총 **14점**
• 틀린 어휘의 뜻과 예문을 다시 꼼꼼히 살펴보자.

다의어 · 동음이의어

부르다¹

① 말이나 행동 따위로 다른 사람의 주의를 끌거나 오라고 하다.
예 그는 자기를 ⬜⬜⬜⬜⬜ 는 소리를 듣고도 모른 척하였다.

② 곡조에 맞추어 노래의 가사를 소리 내다.
예 민서는 텔레비전 속의 가수가 ⬜⬜⬜⬜⬜ 는 노래를 따라 불렀다.

③ 청하여 오게 하다.
예 반장은 선생님께서 ⬜⬜⬜⬜⬜ 신다는 말을 전해 듣고 교무실로 갔다.

부르다²

먹은 것이 많아 속이 꽉 찬 느낌이 들다.
예 배가 ⬜⬜⬜⬜⬜ 도록 밥을 실컷 먹었다.

사이

① 한곳에서 다른 곳까지, 또는 한 물체에서 다른 물체까지의 거리나 공간.
예 지구와 달 ⬜⬜⬜⬜⬜ 의 거리는 얼마나 될까?

② 한때로부터 다른 때까지의 동안.
예 잠깐 휴대 전화를 쳐다보는 ⬜⬜⬜⬜⬜ 에 버스가 지나가 버렸다.

③ 어떤 일에 들이는 시간적인 여유나 겨를.
예 손님이 계속 들이닥쳐서 오전 내내 쉴 ⬜⬜⬜⬜⬜ 없이 일했다.

④ 서로 맺은 관계. 또는 사귀는 정분.
예 춘향이와 몽룡이는 결혼을 약속한 ⬜⬜⬜⬜⬜ 였다.

필수 개념 – 문법

통일성
거느릴 統 | 하나 一 | 성품 性

발화(문장)들의 내용이 담화의 주제를 향해 밀접하게 연관되는 것. 담화가 갖추어야 하는 내용적 요건이다.

응집성
엉길 凝 | 모을 集 | 성품 性

담화를 구성하는 발화(문장)들이 형식적으로 긴밀하게 연결되는 것. 지시 표현이나 접속 표현 등을 적절하게 사용하면 응집성을 높일 수 있다.

■ 지시 표현과 접속 표현

지시 표현	구체적인 대상을 가리키거나 앞에서 말한 내용을 가리키는 표현 예 이, 그, 저 / 이것, 그것, 저것 / 여기, 거기, 저기 / 이렇다, 그렇다, 저렇다
접속 표현	발화(문장)의 내용이나 상황들을 긴밀하게 연결해 주는 표현 예 • 앞뒤 내용을 논리적 모순 없이 연결할 때: 그리고 • 앞뒤 내용이 반대됨을 나타낼 때: 그러나, 하지만, 그렇지만 • 내용이 첨가됨을 나타낼 때: 또한, 더욱이, 게다가 • 원인과 결과의 관계로 연결할 때: 그래서, 따라서, 그러므로, 왜냐하면

01 ~ 03 밑줄 친 단어의 뜻풀이로 알맞은 것을 고르시오.

01 나는 배가 <u>불러서</u> 더 이상은 못 먹겠어.
㉠ 청하여 오게 하다.
㉡ 먹은 것이 많아 속이 꽉 찬 느낌이 들다.

02 복도를 지나가는 친구를 큰 소리로 <u>불렀다.</u>
㉠ 곡조에 맞추어 노래의 가사를 소리 내다.
㉡ 말이나 행동 따위로 다른 사람의 주의를 끌거나 오라고 하다.

03 수리 기사가 오전 10시에서 11시 <u>사이</u>에 방문하기로 하였다.
㉠ 한때로부터 다른 때까지의 동안.
㉡ 어떤 일에 들이는 시간적인 여유나 겨를.

04 ~ 08 밑줄 친 단어의 뜻을 〈보기〉에서 찾아 기호를 쓰시오.

┌─ 보기 ┐
㉠ 청하여 오게 하다.
㉡ 서로 맺은 관계. 또는 사귀는 정분.
㉢ 어떤 일에 들이는 시간적인 여유나 겨를.
㉣ 곡조에 맞추어 노래의 가사를 소리 내다.
㉤ 한곳에서 다른 곳까지. 또는 한 물체에서 다른 물체까지의 거리나 공간.
└──────────────┘

04 나뭇가지 <u>사이</u>로 달빛이 흘러들었다. ( )

05 생일을 맞이해 친구들을 집으로 <u>불렀다.</u>
( )

06 그는 신발을 제대로 신을 <u>사이</u>도 없이 뛰어나갔다. ( )

07 경기장의 모든 팬들이 한목소리로 팀의 응원가를 <u>불렀다.</u> ( )

08 정윤이와 나는 어떤 비밀이라도 털어놓을 수 있는 친구 <u>사이</u>이다. ( )

09 ~ 11 다음 설명이 알맞으면 ○에, 틀리면 ×에 표시하시오.

09 통일성은 담화가 갖추어야 하는 내용적 요건이다.
(○ , ×)

10 지시 표현이란 구체적인 대상을 가리키거나 앞에서 말한 내용을 가리키는 표현이다. (○ , ×)

11 높임 표현을 사용하면 담화를 구성하는 발화(문장)들을 형식적으로 긴밀하게 연결할 수 있다.
(○ , ×)

12 다음의 역할을 하는 접속 표현으로 알맞은 것은?

┌──────────────────┐
│ 앞뒤 내용을 원인과 결과의 관계로 연결함. │
└──────────────────┘

① 그리고　　　② 따라서　　　③ 하지만
④ 더욱이　　　⑤ 그렇지만

13 ㉠~㉣에 들어갈 적절한 지시·접속 표현을 〈보기〉에서 골라 쓰시오.

┌──────────────────────┐
│ 　독감을 '감기 중에 독한 것'이라고 생각하는 경우가 있다. │
│ (㉠　　　　　) 오해는 꽤 널리 퍼져 있다. (㉡　　　　　) 감 │
│ 기와 독감은 다르다. 감기는 시기를 안 타지만 독감은 유행하는 │
│ 시기가 정해져 있다. (㉢　　　　　) 감기와 달리 독감은 백신 │
│ 을 만들 수 있다. (㉣　　　　　) 감기를 일으키는 바이러스는 │
│ 워낙 다양하지만 독감을 일으키는 바이러스는 한 종류이기 때 │
│ 문이다. │
└──────────────────────┘

┌─── 보기 ┐
또한　그러나　이러한　왜냐하면
└──────────┘

필수 어휘

주체
주인 主 | 몸 體

사물의 작용이나 어떤 행동의 주가 되는 것.
예 이번 바자회는 학생들이 　　　　　가 되어 성공적으로 치러졌다.

어휘쏙 주(主) 주요하거나 기본이 되는 것을 이르는 말.

지경
땅 地 | 지경 境

'경우'나 '형편', '정도'의 뜻을 나타내는 말.
예 그 일은 더 이상 손을 쓸 수 없는 　　　　　에 이르렀다.

직설적
곧을 直 | 말씀 說 | 과녁 的

바른대로 말하는. 또는 그런 것.
예 어떤 사람에 대한 　　　　　인 표현은 때때로 오해를 일으킬 수도 있다.

진위
참 眞 | 거짓 僞

참과 거짓 또는 진짜와 가짜를 통틀어 이르는 말.
예 사건은 　　　　　가 확인되지 않은 채 소문만 무성해져 갔다.

진전
나아갈 進 | 펼 展

일이 진행되어 발전함.
예 비용 부족으로 연구가 제대로 　　　　　되지 못하고 있다.

진취적
나아갈 進 | 취할 取 | 과녁 的

적극적으로 나아가 일을 이룩하는. 또는 그런 것.
예 그는 　　　　　인 자세로 자신의 계획을 밀고 나갔다.

어휘쏙 이룩하다 어떤 큰 현상이나 사업 따위를 이루다.

짓궂다

장난스럽게 남을 괴롭고 귀찮게 하여 달갑지 아니하다.
예 친구들은 내 별명을 부르며 자꾸 　　　　　게 놀렸다.

어휘쏙 달갑다 거리낌이나 불만이 없어 마음이 흡족하다.

징용
부를 徵 | 쓸 用

일제 강점기에, 일본 제국주의자들이 조선 사람을 강제로 동원하여 부리던 일.
예 할아버지께서는 일제 강점기 때 　　　　　에 끌려가 갖은 고생을 하셨다.

어휘쏙 동원(動員) 어떤 목적을 달성하고자 사람을 모으거나 물건, 수단, 방법 따위를 집중함.

창출
비롯할 創 | 날 出

전에 없던 것을 처음으로 생각하여 지어내거나 만들어 냄.
예 그 후보의 공약에는 일자리 　　　　　을 위한 여러 정책이 포함되어 있다.

유의어 창조(創造) 전에 없던 것을 처음으로 만듦.
창안(創案) 어떤 방안, 물건 따위를 처음으로 생각하여 냄.

01 ~ 04 다음 뜻풀이에 해당하는 단어를 〈보기〉에서 찾아 쓰시오.

───────┤ 보기 ├───────
징용   주체   진취적   짓궂다

01 사물의 작용이나 어떤 행동의 주가 되는 것.
( )

02 적극적으로 나아가 일을 이룩하는. 또는 그런 것.
( )

03 장난스럽게 남을 괴롭고 귀찮게 하여 달갑지 아니하다.
( )

04 일제 강점기에, 일본 제국주의자들이 조선 사람을 강제로 동원하여 부리던 일.
( )

05 ~ 06 다음 단어의 뜻풀이에서 알맞은 단어를 고르시오.

05 진전 : 일이 진행되어 (발전함 | 완성됨).

06 직설적 : (바른대로 | 제멋대로) 말하는. 또는 그런 것.

07 ~ 09 〈보기〉의 글자들을 조합하여 다음 뜻풀이에 알맞은 단어를 쓰시오.

───────┤ 보기 ├───────
지   위   진   출   경   창

07 '경우'나 '형편', '정도'의 뜻을 나타내는 말.
( )

08 참과 거짓 또는 진짜와 가짜를 통틀어 이르는 말.
( )

09 전에 없던 것을 처음으로 생각하여 지어내거나 만들어 냄.
( )

10 ~ 13 빈칸에 들어갈 알맞은 단어를 〈보기〉에서 찾아 쓰시오.

───────┤ 보기 ├───────
주체   진위   진전   징용   창출

10 오랫동안 대립하던 두 나라의 관계는 평화 조약을 맺는 데까지 ( )하였다.

11 조선 후기에 이르면 의식이 성장한 민중들이 역사의 ( )(으)로 등장하게 된다.

12 그는 ( )에 끌려가 고된 노역으로 고생하다가, 광복이 되어 구사일생으로 살아 돌아왔다.

13 민주주의가 더욱 발전하려면, 현재의 선거 제도를 개선하여 새로운 정치 문화를 ( )해야 한다.

14 밑줄 친 단어의 쓰임이 적절하지 <u>않은</u> 것은?

① 수아는 언제나 자신이 맡은 일을 <u>진취적</u>으로 해 나갔다.

② 태서는 장난이 너무 <u>짓궂어서</u> 동생을 종종 울게 만든다.

③ 신제품에 대한 문의 전화가 빗발쳐서 업무가 마비될 <u>지경</u>이었다.

④ 새로 발굴되었다는 유물의 <u>진위</u>에 대하여 학계에서 논란이 일고 있다.

⑤ 그는 오늘 본 연극이 재미없었지만, 초대해 준 사람의 성의를 생각해서 소감을 최대한 <u>직설적</u>으로 표현했다.

나의 어휘력 점수는?
_____점 / 총 **14점**
• 틀린 어휘의 뜻과 예문을 다시 꼼꼼히 살펴보자.

관용 표현 – 주제별 한자 성어

★ 나이

지학 뜻 志 | 배울 學	학문에 뜻을 두었다는 뜻으로, 열다섯 살을 이르는 말. 예 수경이가 지금 중학교 2학년이면 한창 공부할 나이인 이로구나.
약관 약할 弱 | 갓 冠	스무 살에 관례를 한다고 한 데서 나온 말로, 스무 살을 이르는 말. 예 그는 올해 열여덟 살로 아직 도 되지 못한 소년이었다.
이립 말이을 而 | 설 立	공자가 서른 살에 자립했다고 한 데서 나온 말로, 서른 살을 이르는 말. 예 네가 벌써 이라니, 이제 제법 회사에서 자리를 잡아 갈 때구나.
불혹 아닐 不 | 미혹할 惑	미혹되지 아니한다는 뜻으로, 마흔 살을 이르는 말. 예 고모는 의 나이지만 워낙 동안이어서 전혀 40대로 보이지 않는다.
지천명 알 知 | 하늘 天 | 목숨 命	하늘의 뜻을 안다는 뜻으로, 쉰 살을 이르는 말. 예 그는 불혹을 넘기고 을 바라보는 나이가 되었다.
이순 귀 耳 | 순할 順	공자가 예순 살부터 생각하는 것이 원만하여 어떤 일을 들으면 곧 이해가 된다고 한 데서 나온 말로, 예순 살을 이르는 말. 예 이 된 그는 자신의 60여 년 삶을 되돌아보며 자서전을 쓰기 시작했다.

★ 고생, 어려움

산전수전 뫼 山 | 싸울 戰 | 물 水 | 싸울 戰	산에서도 싸우고 물에서도 싸웠다는 뜻으로, 세상의 온갖 고생과 어려움을 다 겪었음을 이르는 말. 예 그는 십 년 동안 형사로 일하면서 다 겪은 몸이다.
오리무중 다섯 五 | 마을 里 | 안개 霧 | 가운데 中	오 리나 되는 짙은 안개 속에 있다는 뜻으로, 무슨 일에 대하여 방향이나 갈피를 잡을 수 없음을 이르는 말. 예 어느 날 마을에서 사라진 그의 행방이 이다.
천신만고 일천 千 | 매울 辛 | 일만 萬 | 괴로울 苦	천 가지 매운 것과 만 가지 쓴 것이라는 뜻으로, 온갖 어려운 고비를 다 겪으며 심하게 고생함을 이르는 말. 예 갑자기 비바람이 몰아쳐서 우리는 끝에 겨우 산을 내려왔다.

01 ~ 04 다음 뜻풀이에 해당하는 한자 성어를 〈보기〉에서 찾아 쓰시오.

┤ 보기 ├
> 지학   약관   지천명   산전수전

01 하늘의 뜻을 안다는 뜻으로, 쉰 살을 이르는 말.
(   )

02 학문에 뜻을 두었다는 뜻으로, 열다섯 살을 이르는 말.
(   )

03 스무 살에 관례를 한다고 한 데서 나온 말로, 스무 살을 이르는 말.
(   )

04 산에서도 싸우고 물에서도 싸웠다는 뜻으로, 세상의 온갖 고생과 어려움을 다 겪었음을 이르는 말.
(   )

05 ~ 08 제시된 초성을 참고하여 다음 뜻풀이에 알맞은 한자 성어를 쓰시오.

05 미혹되지 아니한다는 뜻으로, 마흔 살을 이르는 말.
[ㅂ][   ]

06 공자가 서른 살에 자립했다고 한 데서 나온 말로, 서른 살을 이르는 말.
[ㅇ][   ]

07 천 가지 매운 것과 만 가지 쓴 것이라는 뜻으로, 온갖 어려운 고비를 다 겪으며 심하게 고생함을 이르는 말.
[ㅊ][   ][ㅁ][   ]

08 오 리나 되는 짙은 안개 속에 있다는 뜻으로, 무슨 일에 대하여 방향이나 갈피를 잡을 수 없음을 이르는 말.
[ㅇ][ㄹ][   ][   ]

09 ~ 11 다음 대화 내용과 의미가 통하는 한자 성어를 〈보기〉에서 찾아 쓰시오.

┤ 보기 ├
> 약관   오리무중   산전수전

09 이모: 현아야, 네가 올해 몇 살이지?
현아: 올해 대학에 입학했잖아요. 이제 성년의 날을 챙겨야 하는 나이예요.　　(   )

10 김 과장: 작년에 해외 근무하면서 많이 힘들었지?
이 대리: 평생 겪을 고난을 1년 동안 몰아서 겪은 느낌이에요. 새로운 종류의 사고가 매일 터지더라고요. 힘들어서 살도 10kg이나 빠졌다니까요.
(   )

11 태준: 시험 기간에 어떤 방식으로 공부를 해야 할지 정말 모르겠어. 어떤 과목부터 해야 할지, 시간 배분은 어떻게 해야 할지 판단이 안 서.
설아: 나도 그래. 과목별로 공부 방법도 달라야 한다는데 갈피가 안 잡혀.　　(   )

12 밑줄 친 한자 성어의 쓰임이 적절하지 <u>않은</u> 것은?

① 나는 <u>이립</u>의 나이에 부모님 집에서 독립을 했다.
② 할머니가 <u>이순</u>이시니 내년에 환갑잔치를 하겠구나.
③ 동생은 <u>지학</u>이 되자마자 취업과 결혼을 동시에 이루었다.
④ <u>지천명</u>의 나이가 된 그는 반세기를 살아온 자신의 인생을 돌아보았다.
⑤ 그는 <u>불혹</u>의 나이에도 이삼십 대 젊은이들 못지않은 왕성한 활동력을 보이고 있다.

나의 어휘력 점수는?　　＿＿＿＿＿＿ 점 / 총 **12점**
• 틀린 어휘의 뜻과 예문을 다시 꼼꼼히 살펴보자.

헷갈리기 쉬운 말

속다	남의 거짓이나 꾀에 넘어가다. 📝 오늘이 만우절인지 모르고 그의 거짓말에 깜빡 았다.
솎다	촘촘히 있는 것을 군데군데 골라 뽑아 성기게 하다. 📝 현우는 머리숱이 너무 많아서 자를 때마다 적당히 아 내야만 한다.
스러지다	형체나 현상 따위가 차차 희미해지면서 없어지다. 📝 책 중에는 반년도 못 돼 인기가 는 짧은 수명의 베스트셀러도 있다.
쓰러지다	힘이 빠지거나 외부의 힘에 의하여 서 있던 상태에서 바닥에 눕는 상태가 되다. 📝 텐트가 약한 바람에도 빼끗빼끗하더니 결국은 고 말았다.
안치다	밥, 떡, 찌개 따위를 만들려고 그 재료를 솥이나 냄비 등에 넣고 불 위에 올리다. 📝 밥솥에 쌀을 러 부엌으로 갔다.
앉히다	사람이나 동물이 윗몸을 바로 한 상태에서 엉덩이에 몸무게를 실어 다른 물건이나 바닥에 몸을 올려놓게 하다. 📝 새 학기가 되자 선생님께서는 학생들을 키 순서대로 자리에 셨다.

필수 개념 - 문법

표준 발음법 표 標｜법도 準｜필 發｜소리 音｜법도 法	표준어를 발음할 때 기준이 되는 발음상의 규칙과 규범. 표준 발음이란 표준어, 즉 교양 있는 사람들이 두루 쓰는 현대 서울말의 실제 발음이다.

■ 표준 발음법의 주요 규정

제5항	'ㅑ ㅒ ㅕ ㅖ ㅘ ㅙ ㅛ ㅝ ㅞ ㅠ ㅢ'는 이중 모음으로 발음한다. 📝 의문[의문] 다만 3. 자음을 첫소리로 가지고 있는 음절의 'ㅢ'는 [ㅣ]로 발음한다. 📝 무늬[무니] 다만 4. 단어의 첫음절 이외의 '의'는 [ㅣ]로, 조사 '의'는 [ㅔ]로 발음함도 허용한다. 📝 주의[주의/주이], 우리의[우리의/우리에]
제8항	받침소리로는 'ㄱ, ㄴ, ㄷ, ㄹ, ㅁ, ㅂ, ㅇ'의 7개 자음만 발음한다.
제9항	받침 'ㄲ, ㅋ', 'ㅅ, ㅆ, ㅈ, ㅊ, ㅌ', 'ㅍ'은 어말 또는 자음 앞에서 각각 대표음 [ㄱ, ㄷ, ㅂ]으로 발음한다. 📝 닦다[닥따], 옷[옫], 덮다[덥따]
제11항	겹받침 'ㄺ, ㄻ, ㄿ'은 어말 또는 자음 앞에서 각각 [ㄱ, ㅁ, ㅂ]으로 발음한다. 📝 맑다[막따], 삶[삼ː], 읊고[읍꼬] 다만, 용언의 어간 말음 'ㄺ'은 'ㄱ' 앞에서 [ㄹ]로 발음한다. 📝 맑게[말께]
제13항	홑받침이나 쌍받침이 모음으로 시작된 조사나 어미, 접미사와 결합되는 경우에는, 제 음가대로 뒤 음절 첫소리로 옮겨 발음한다. 📝 깎아[까까], 옷이[오시], 꽃을[꼬츨]

확인 문제

정답과 해설 40쪽

01 ~ 04 다음 단어와 그 뜻풀이를 바르게 연결하시오.

01 슈다 •

02 속다 •

03 안치다 •

04 스러지다 •

• ㉠ 남의 거짓이나 꾀에 넘어가다.

• ㉡ 형체나 현상 따위가 차차 희미해지면서 없어지다.

• ㉢ 촘촘히 있는 것을 군데군데 골라 뽑아 성기게 하다.

• ㉣ 밥, 떡, 찌개 따위를 만들려고 그 재료를 솥이나 냄비 등에 넣고 불 위에 올리다.

05 ~ 07 다음 문장에서 적절한 단어를 고르시오.

05 장사꾼에게 (속아 | 슈아) 물건을 잘못 샀다.

06 엄마는 아이를 (안쳐 | 앉혀) 놓고 앞머리를 쏭당 잘라 주었다.

07 몸이 너무 피곤해서 집에 오자마자 바로 (스러져 | 쓰러져) 잤다.

08 밑줄 친 단어의 쓰임이 적절하지 <u>않은</u> 것은?

① 간식으로 먹으려고 솥에 고구마를 <u>안쳤다</u>.
② 숲속에 다 <u>쓰러져</u> 가는 오막살이집 한 채가 있다.
③ 할머니는 손녀를 무릎에 <u>앉히고</u> 동화책을 읽어 주셨다.
④ 어머니가 일구시는 밭에 가서 상추 <u>속는</u> 일을 도와 드렸다.
⑤ 동틀 무렵이 되자 하늘에서 반짝이던 별빛들이 점차 <u>스러졌다</u>.

09 ~ 11 다음 설명이 알맞으면 ○에, 틀리면 ×에 표시하시오.

09 표준 발음법이란 표준어를 발음할 때 기준이 되는 발음상의 규칙과 규범을 말한다.　　(○ , ×)

10 표준 발음법에 따르면 받침소리로는 'ㄱ, ㄴ, ㄹ, ㅁ, ㅂ, ㅅ, ㅇ'의 7개 자음만 발음한다. (○ , ×)

11 표준 발음법에 따르면 '무늬'처럼 자음을 첫소리로 가지고 있는 음절의 'ㅢ'는 [ㅣ]로 발음한다.

　　　　　　　　　　　　　　　　(○ , ×)

12 ~ 13 다음 중 단어의 표준 발음이 올바르지 <u>않은</u> 것을 고르시오.

12 ① 솥[솓]　　② 앞[압]　　③ 쫓다[쪼따]
　　④ 있다[읻따]　　⑤ 키읔[키윽]

13 ① 옷이[오디]　　② 묽다[묵따]　　③ 묽고[물꼬]
　　④ 깎아[까까]　　⑤ 밭에[바테]

14 다음 설명을 참고할 때, 밑줄 친 부분의 발음이 적절하지 <u>않은</u> 것은?

> 표준 발음법 제5항에 따르면 'ㅢ'는 이중 모음으로 발음한다. 다만, 자음을 첫소리로 가지고 있는 음절의 'ㅢ'는 [ㅣ]로 발음하며, 단어의 첫음절 이외의 '의'는 [ㅣ]로, 조사 '의'는 [ㅔ]로 발음함도 허용한다.

① 그 부분은 <u>협의가</u>[혀비가] 필요하다.
② <u>희망을</u>[희망을] 갖고 기다려 봅시다.
③ <u>나무의</u>[나무에] 살구가 탐스러워 보인다.
④ 그가 말한 내용이 진실인지 <u>의문</u>[의문]이다.
⑤ 전철에서 남의 발을 밟지 않게 <u>주의</u>[주:이]해라.

나의 어휘력 점수는?　　_____ 점 / 총 **14**점

• 틀린 어휘의 뜻과 예문을 다시 꼼꼼히 살펴보자.

20회 1

필수 어휘

처신
곳 處 | 몸 身

세상을 살아가는 데 가져야 할 몸가짐이나 행동.
예 남의 원망을 듣지 않도록　　　　　을 잘하여라.

천부적
하늘 天 | 구실 賦 | 과녁 的

태어날 때부터 지닌. 또는 그런 것.
예 명수는 남을 웃기는 데에　　　　　인 재능을 지녔다.

유의어 ▶ 선천적(先天的) 태어날 때부터 지니고 있는. 또는 그런 것.

체득
몸 體 | 얻을 得

몸소 체험하여 알게 됨.
예 나는 어느 한쪽의 의견만 듣고 판단하면 안 된다는 것을 여러 번의 경험으로　　　　　했다.

어휘 쏙 ▶ 몸소 직접 제 몸으로.

초래하다
부를 招 | 올 來

일의 결과로서 어떤 현상을 생겨나게 하다.
예 한순간의 부주의가 돌이킬 수 없는 재앙을　　　　　할 수도 있다.

유의어 ▶ 빚다 어떤 결과나 현상을 만들다.

촉진
재촉할 促 | 나아갈 進

다그쳐 빨리 나아가게 함.
예 교통의 발달은 무역을　　　　　하는 데 크게 기여했다.

추이
옮길 推 | 옮길 移

일이나 형편이 시간의 경과에 따라 변하여 나감. 또는 그런 경향.
예 우리는 사건의　　　　　를 좀 더 지켜본 뒤에 결정을 내리기로 했다.

어휘 쏙 ▶ 경과(經過) 시간이 지나감.

추정
옮길 推 | 정할 定

미루어 생각하여 판정함.
예 이 도자기는 고려 시대의 것으로　　　　　되고 있다.

유의어 ▶ 추측(推測) 미루어 생각하여 헤아림.

취약하다
무를 脆 | 약할 弱

무르고 약하다.
예 운동을 싫어하는 지원이가 가장　　　　　한 과목은 체육이다.

반의어 ▶ 강인(強靭)하다 억세고 질기다.

치하
이를 致 | 하례할 賀

남이 한 일에 대하여 고마움이나 칭찬의 뜻을 표시함. 주로 윗사람이 아랫사람에게 한다.
예 임금은 잔치를 베풀어 신하들의 공을　　　　　했다.

01 ~ 05 다음 빈칸을 채워 십자말풀이를 완성하시오.

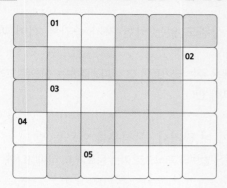

01 미루어 생각하여 판정함.

02 무르고 약하다.

03 다그쳐 빨리 나아가게 함.

04 남이 한 일에 대하여 고마움이나 칭찬의 뜻을 표시함. 주로 윗사람이 아랫사람에게 한다.

05 일의 결과로서 어떤 현상을 생겨나게 하다.

06 ~ 09 〈보기〉의 글자들을 조합하여 다음 뜻풀이에 알맞은 단어를 쓰시오.

┤ 보기 ├
부　득　이　체　신　추　천　적　처

06 몸소 체험하여 알게 됨. 　　　(　　　　)

07 태어날 때부터 지닌. 또는 그런 것. 　　　(　　　　)

08 세상을 살아가는 데 가져야 할 몸가짐이나 행동. 　　　(　　　　)

09 일이나 형편이 시간의 경과에 따라 변하여 나감. 또는 그런 경향. 　　　(　　　　)

10 ~ 13 빈칸에 들어갈 알맞은 단어를 〈보기〉에서 찾아 쓰시오.

┤ 보기 ├
처신　추이　추측　치하　천부적

10 그녀는 음악에 (　　　　　)인 소질이 있어서 작곡가로서 크게 성공했다.

11 그 사람은 (　　　　　)이/가 바르고 신중해서 흠잡을 만한 부분이 없었다.

12 양국 간에 벌어진 무역 전쟁이 어떻게 전개될지 그 (　　　　　)이/가 주목된다.

13 사장은 직원들이 애써 준 덕분에 회사의 위기를 잘 넘겼다며 (　　　　　)의 말을 하였다.

14 밑줄 친 단어의 쓰임이 적절하지 <u>않은</u> 것은?

① 그 팀은 조직력이 <u>취약한</u> 것이 최대의 약점이다.

② 정부는 수출을 <u>촉진</u>하기 위한 다양한 정책을 내놓았다.

③ 경찰은 이번 화재의 원인을 전기 누전으로 <u>추정</u>하고 있다.

④ 그는 사이가 안 좋은 친구들 가운데 끼여 <u>체득</u>하기가 쉽지 않았다.

⑤ 나는 순간의 실수가 이렇게 엄청난 결과를 <u>초래</u>할 줄 꿈에도 생각 못 했다.

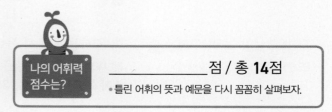

나의 어휘력 점수는?　　　　　　＿＿＿＿＿＿＿＿점 / 총 **14점**
● 틀린 어휘의 뜻과 예문을 다시 꼼꼼히 살펴보자.

관용 표현 – 주제별 속담

★ 부정적 상황

고래 싸움에 새우 등 터진다	강한 자들끼리 싸우는 통에 아무 상관도 없는 약한 자가 중간에 끼어 피해를 입게 됨을 이르는 말. 예 강대국들이 일으킨 무역 전쟁으로 애꿎은 주변 국가들이 크게 피해를 보는 상황은 고래 싸움에 ▨▨▨▨▨ 는 말을 떠올리게 한다.
배보다 배꼽이 더 크다	기본이 되는 것보다 덧붙이는 것이 더 많거나 큰 경우를 이르는 말. 예 배보다 ▨▨▨▨▨ 고, 요즘은 밥보다 후식으로 먹는 음료가 더 비싸다니까.
사공이 많으면 배가 산으로 간다	여러 사람이 저마다 제 주장대로 배를 몰려고 하면 결국에는 배가 물로 못 가고 산으로 올라간다는 뜻으로, 주관하는 사람 없이 여러 사람이 자기주장만 내세우면 일이 제대로 되기 어려움을 이르는 말. 예 사공이 많으면 ▨▨▨▨▨ 고, 다들 자기주장만 하느라 소득 없이 회의가 끝났다.
어물전 망신은 꼴뚜기가 시킨다	지지리 못난 사람일수록 같이 있는 동료를 망신시킨다는 말. 예 어물전 망신은 ▨▨▨▨▨ 더니, 저 사람의 실수 때문에 매번 팀 전체가 망신당한다.

★ 사람의 심리와 행동

구더기 무서워 장 못 담글까	다소 방해되는 것이 있다 하더라도 마땅히 할 일은 하여야 함을 이르는 말. 예 까치가 와서 쪼아 먹더라도 농사는 지어야지, 아무렴 ▨▨▨▨▨ 장 못 담글까?
귀에 걸면 귀걸이 코에 걸면 코걸이	어떤 원칙이 정해져 있는 것이 아니라 둘러대기에 따라 이렇게도 되고 저렇게도 될 수 있음을 이르는 말. 예 그는 법이란 ▨▨▨▨▨ 코에 걸면 코걸이라 생각하기 때문에, 잘못을 저질러 놓고도 무조건 자신에게 유리한 쪽으로 해석하는 경향이 있다.
금강산도 식후경	아무리 재미있는 일이라도 배가 불러야 흥이 나지 배가 고파서는 아무 일도 할 수 없음을 이르는 말. 예 ▨▨▨▨▨ 인데 일단 밥을 먹고 관광지를 둘러보는 게 좋을 듯해.
자라 보고 놀란 가슴 솥뚜껑 보고 놀란다	어떤 사물에 몹시 놀란 사람은 비슷한 사물만 보아도 겁을 냄을 이르는 말. 예 자라 보고 놀란 가슴 ▨▨▨▨▨ 더니, 교통사고 이후로는 별것도 아닌 차 소리에 소스라치게 놀라는 일이 잦다.

01 ~ 04 다음 뜻풀이에 해당하는 속담을 〈보기〉에서 찾아 기호를 쓰시오.

┤ 보기 ├
㉠ 구더기 무서워 장 못 담글까
㉡ 고래 싸움에 새우 등 터진다
㉢ 사공이 많으면 배가 산으로 간다
㉣ 자라 보고 놀란 가슴 솥뚜껑 보고 놀란다

01 어떤 사물에 몹시 놀란 사람은 비슷한 사물만 보아도 겁을 냄을 이르는 말. ( )

02 다소 방해되는 것이 있다 하더라도 마땅히 할 일은 하여야 함을 이르는 말. ( )

03 주관하는 사람 없이 여러 사람이 자기주장만 내세우면 일이 제대로 되기 어려움을 이르는 말.
( )

04 강한 자들끼리 싸우는 통에 아무 상관도 없는 약한 자가 중간에 끼어 피해를 입게 됨을 이르는 말. ( )

05 ~ 08 제시된 초성을 참고하여 뜻풀이에 해당하는 속담을 완성하시오.

05 ㄱ ㄱ ㅅ 도 식후경
→ 아무리 재미있는 일이라도 배가 불러야 흥이 나지 배가 고파서는 아무 일도 할 수 없음.

06 ㅂ 보다 ㅂ ㄲ 이 더 크다
→ 기본이 되는 것보다 덧붙이는 것이 더 많거나 큰 경우를 이르는 말.

07 ㄱ 에 걸면 귀걸이 ㅋ 에 걸면 코걸이
→ 어떤 원칙이 정해져 있는 것이 아니라 둘러대기에 따라 이렇게도, 저렇게도 될 수 있음.

08 ㅇ ㅁ ㅈ 망신은 ㄲ ㄸ ㄱ 가 시킨다
→ 지지리 못난 사람일수록 같이 있는 동료를 망신시킨다는 말.

09 ~ 11 밑줄 친 속담의 쓰임이 적절하면 ○에, 그렇지 않으면 ×에 표시하시오.

09 나래: 얼마 전에 50% 할인 가격으로 이어폰을 샀는데, 음료수를 쏟아서 더 비싼 돈을 주고 고쳤어.
해진: 배보다 배꼽이 더 큰 격이네. (○ , ×)

10 소민: 우리 뭔가 사 먹지 않을래? 배가 고파서 야구 경기에 집중이 잘 안 돼.
광수: 구더기 무서워 장 못 담그겠어? 먹고 싶은 거 뭐든 말해 봐. (○ , ×)

11 하준: 우리 반 장기 자랑 준비를 해야 하는데, 다들 자기 의견만 말해서 여태 아무것도 못 정했어.
나정: 사공이 많으면 배가 산으로 간다더니, 너희 반이 딱 그 상황이구나. (○ , ×)

12 ~ 14 빈칸에 들어갈 적절한 속담을 〈보기〉에서 찾아 기호를 쓰시오.

┤ 보기 ├
㉠ 고래 싸움에 새우 등 터진다
㉡ 어물전 망신은 꼴뚜기가 시킨다
㉢ 자라 보고 놀란 가슴 솥뚜껑 보고 놀란다

12 ( )더니, 매일 지각하는 한 사람 때문에 반 전체의 이미지가 나빠졌다.

13 ( )더니, 두 대기업의 갈등으로 애꿎은 중소기업들만 피해를 보고 있다.

14 ( )더니, 큰 개에게 물릴 뻔한 이후로는 작은 강아지만 봐도 놀라서 피해 다닌다.

나의 어휘력 점수는? _____점 / 총 **14점**
• 틀린 어휘의 뜻과 예문을 다시 꼼꼼히 살펴보자.

다의어 · 동음이의어

수상하다¹
죽일 殊 | 항상 常

보통과는 달리 이상하여 의심스럽다.
예 내가 방에 들어오자마자 하던 말들을 멈추는 걸 보니 뭔가 ░░░░ 했다.

수상하다²
받을 受 | 상 줄 賞

상을 받다.
예 그는 각종 국제 대회에서 ░░░░ 한 경력이 있다.

수선¹

사람의 정신을 어지럽게 만드는 부산한 말이나 행동.
예 소풍을 간다고 마음이 들뜬 동생이 아침부터 ░░░░ 을 피웠다.

수선²
닦을 修 | 기울 繕

낡거나 헌 물건을 고침.
예 ░░░░ 만 잘하면 이 구두는 새것같이 되겠다.

소원¹
바 所 | 바랄 願

어떤 일이 이루어지기를 바람. 또는 그런 일.
예 주원이는 자기 방을 따로 갖는 게 ░░░░ 이었다.

소원²
트일 疏 | 멀 遠

지내는 사이가 두텁지 아니하고 거리가 있어서 서먹서먹함.
예 그 다툼 이후로 두 사람은 서로 말도 안 하고 ░░░░ 하게 지냈다.

어리다

① 눈에 눈물이 조금 괴다.
예 눈에 ░░░░ 었던 눈물이 주르르 흘러내렸다.
② 어떤 현상, 기운, 추억 따위가 배어 있거나 은근히 드러나다.
예 주문한 음식이 나오자 동희의 입가에 웃음이 ░░░░ 고 눈빛에 생기가 돌았다.

필수 개념 – 문법

한글 맞춤법

우리말을 한글로 적을 때에 지켜야 할 기준. 표준어를 소리대로 적되, 어법에 맞도록 함을 원칙으로 한다.

■ 잘못 표기하기 쉬운 단어들

안 / 않	'안'은 '아니'의 준말이고, '않'은 '아니하–'의 준말이다.
되 / 돼	'되'는 '되다'의 어간이고, '돼'는 어간 '되–'에 어미 '–어'가 결합된 것이다. '되어'로 풀 수 없는 말은 '되'로 적고, 풀 수 있는 말은 '돼'로 적는다.
그러므로 / 그럼으로	'그러므로'는 '그러니까, 그렇기 때문에, 그러하기 때문에'의 의미이고, '그럼으로'는 '그렇게 하는 것으로(써)'라는 수단의 의미이다.
웬, 웬일 / 왠지	• '웬'은 '어찌 된, 어떠한'의 뜻을 나타내는 관형사이고, '웬일'은 '어찌 된 일'이라는 뜻의 명사이다. '왠, 왠일'은 틀린 표기이다. • '왠지'는 '왜 그런지 모르게. 또는 뚜렷한 이유도 없이.'라는 뜻의 부사이다. '웬지'는 틀린 표기이다.
(으)로서 / (으)로써	'(으)로서'는 지위·신분·자격을, '(으)로써'는 재료·수단·도구 등을 나타낸다.
–던 / –든	'–던'은 지난 일을 나타내고, '–든'은 어느 것이든 상관없다는 뜻을 나타낸다.

01 ~ 03 밑줄 친 단어의 뜻풀이로 알맞은 것을 고르시오.

01 지민이가 과학 발명 대회에서 금상을 <u>수상</u>했다.
㉠ 상을 받다.
㉡ 보통과는 달리 이상하여 의심스럽다.

02 그는 종종 별것 아닌 일로 <u>수선</u>을 떨고 다녔다.
㉠ 낡거나 헌 물건을 고침.
㉡ 사람의 정신을 어지럽게 만드는 부산한 말이나 행동.

03 아이들은 별똥별을 보면서 <u>소원</u>을 빌었다.
㉠ 어떤 일이 이루어지기를 바람. 또는 그런 일.
㉡ 지내는 사이가 두텁지 아니하고 거리가 있어서 서먹서먹함.

04 ~ 08 밑줄 친 단어의 뜻을 〈보기〉에서 찾아 기호를 쓰시오.

┌─────── 보기 ───────┐
㉠ 낡거나 헌 물건을 고침.
㉡ 눈에 눈물이 조금 괴다.
㉢ 보통과는 달리 이상하여 의심스럽다.
㉣ 지내는 사이가 두텁지 아니하고 거리가 있어서 서먹서먹함.
㉤ 어떤 현상, 기운, 추억 따위가 배어 있거나 은근히 드러나다.
└────────────────────┘

04 그의 두 눈에 눈물이 <u>어리고</u> 있었다. (   )

05 윤지는 언니가 입던 바지를 <u>수선</u>해서 입었다. (   )

06 며칠 밤을 새우고 난 그의 얼굴에는 피로한 기색이 <u>어려</u> 있었다. (   )

07 이사를 간 이후로 같은 동네에 살던 친구들과는 사이가 <u>소원</u>해졌다. (   )

08 교실 분위기가 좀 <u>수상</u>한 것이, 아무래도 무슨 일이 있었던 게 분명하다. (   )

09 ~ 11 다음 설명이 알맞으면 ○에, 틀리면 ×에 표시하시오.

09 한글 맞춤법은 표준어를 소리대로 적지 않고 어법에 맞도록 적는 것을 원칙으로 한다. (○ , ×)

10 '돼'는 어간 '되–'에 어미 '–어'가 결합된 것으로, '되어'로 풀 수 있다. (○ , ×)

11 '–든'은 지난 일을 나타내고, '–던'은 어느 것이라도 상관없다는 뜻을 나타낸다. (○ , ×)

12 ~ 14 다음 문장의 문맥을 고려하여 올바른 표기를 고르시오.

12 네가 이렇게 일찍 일어나다니, 이게 (왠일 | 웬일)이냐?

13 간을 잘못 맞춰 콩나물국이 소금국이 (되 | 돼)고 말았다.

14 그는 무엇이(던 | 든) 만들어 낼 수 있는 요술 주머니 같은 사람이었다.

15 밑줄 친 단어의 표기가 올바르지 <u>않은</u> 것은?
① 마당의 그늘 쪽은 아직 눈이 녹지 <u>않았다</u>.
② 고양이는 마당에 웅크린 <u>채</u> 꼼짝을 <u>안</u> 했다.
③ 그것은 학생<u>으로서</u> 바람직한 행동이 아니다.
④ 그는 오늘 처음 만난 사람인데도 <u>왠지</u> 친근감이 느껴졌다.
⑤ 오늘 날씨가 좋습니다. <u>그럼으로</u> 야외 수업을 하는 게 어떻겠습니까?

나의 어휘력 점수는?

_____점 / 총 **15점**
• 틀린 어휘의 뜻과 예문을 다시 꼼꼼히 살펴보자.

필수 어휘

타파
칠 打 | 깨뜨릴 破

부정적인 규정, 관습, 제도 따위를 깨뜨려 버림.

예 지역 이기주의를   하기 위해 노력해야 한다.

탄로
솔기 터질 綻 | 드러낼 露

숨긴 일을 드러냄.

예 그의 말실수 때문에 비밀이   나고 말았다.

태평하다
클 太 | 평평할 平

① 나라가 안정되어 아무 걱정 없고 평안하다.

예 정치가 잘되어야 나라가   하다.

② 마음에 아무 근심 걱정이 없다.

예 나는 속이 부글부글 끓었지만 겉으로는   한 척하였다.

> **어휘 쏙** 평안(平安)하다 걱정이나 탈이 없다. 또는 무사히 잘 있다.
> **반의어** 불안(不安)하다 마음이 편하지 아니하다.

통용
통할 通 | 쓸 用

일반적으로 두루 씀.

예 화폐가   되기 시작한 것은 십 세기 이전이다.

> **유의어** 상용(常用) 일상적으로 씀.

파급
물결 波 | 미칠 及

어떤 일의 여파나 영향이 차차 다른 데로 미침.

예 시청률이 높은 시간대에 나오는 광고는   효과가 크다.

> **어휘 쏙** 여파(餘波) 어떤 일이 끝난 뒤에 남아 미치는 영향.

파리하다

몸이 마르고 낯빛이나 살색이 핏기가 전혀 없다.

예 악몽을 꾸었는지 그는   한 얼굴로 덜덜 떨었다.

> **유의어** 해쓱하다 얼굴에 핏기나 생기가 없어 파리하다.

파하다
파할 罷

어떤 일을 마치거나 그만두다.

예 이가 욱신거린 민호는 학교가   하자마자 치과에 갔다.

편찬
엮을 編 | 모을 纂

여러 가지 자료를 모아 체계적으로 정리하여 책을 만듦.

예 우리 민족 최초의 국어사전   사업은 1910년대부터 시작되었다.

포부
안을 抱 | 짐질 負

마음속에 지니고 있는, 미래에 대한 계획이나 희망.

예 그 신인 배우는 남녀노소 누구에게나 사랑받는 국민 배우가 되고 싶다는   를 밝혔다.

> **유의어** 꿈 실현하고 싶은 희망이나 이상.
> **야망(野望)** 크게 무엇을 이루어 보겠다는 희망.

확인 문제

01 ~ 04 다음 단어와 그 뜻풀이를 바르게 연결하시오.

01 타파 •

02 파하다 •

03 태평하다 •

04 파리하다 •

• ㉠ 어떤 일을 마치거나 그만 두다.

• ㉡ 나라가 안정되어 아무 걱 정 없고 평안하다.

• ㉢ 부정적인 규정, 관습, 제 도 따위를 깨뜨려 버림.

• ㉣ 몸이 마르고 낯빛이나 살 색이 핏기가 전혀 없다.

05 ~ 06 다음 단어의 뜻풀이에서 알맞은 단어를 고르 시오.

05 통용 : (일반적으로 | 전문적으로) 두루 씀.

06 편찬 : 여러 가지 자료를 모아 체계적으로 정리하 여 (책 | 신문)을 만듦.

07 ~ 09 〈보기〉의 글자들을 조합하여 다음 뜻풀이에 알맞은 단어를 쓰시오.

┤ 보기 ├

포 로 급 파 부 탄

07 숨긴 일을 드러냄. (   )

08 어떤 일의 여파나 영향이 차차 다른 데로 미침. (   )

09 마음속에 지니고 있는, 미래에 대한 계획이나 희망. (   )

10 ~ 13 빈칸에 들어갈 알맞은 단어를 〈보기〉에서 찾 아 쓰시오.

┤ 보기 ├

탄로   통용   편찬   평안   포부

10 현대 사회에서 영어는 국제적으로 (   )되 는 언어이다.

11 그는 자신이 저지른 잘못이 (   ) 날까 봐 가슴을 졸였다.

12 나는 참다운 군인이 되겠다는 (   )을/를 가지고 사관 학교에 들어갔다.

13 《삼국사기》는 고려 시대에 김부식이 왕의 명령에 따라 (   )한 역사책이다.

14 밑줄 친 단어의 쓰임이 적절하지 않은 것은?

① 며칠 동안 아팠던 탓에 그의 얼굴은 몹시 파리했다.

② 아직까지 존재하는 과거의 나쁜 습관과 제도를 타 파해야 한다.

③ 시험이 끝나고 주말이 되자 나는 오랜만에 태평하 게 낮잠을 잤다.

④ 그녀는 시합 중에 발목을 다쳐서 그 여파로 몇 경기 를 쉬어야 했다.

⑤ 그 배우는 연기 변신을 파하기 위해 지금껏 해 본 적 없는 액션 연기에 도전했다.

나의 어휘력 점수는?

_____점 / 총 **14점**

• 틀린 어휘의 뜻과 예문을 다시 꼼꼼히 살펴보자.

관용 표현 – 주제별 한자 성어

★ 분노, 원한

각골통한
새길 刻 | 뼈 骨 | 아플 痛 | 한할 恨

뼈에 사무칠 만큼 원통하고 한스러움. 또는 그런 일.
예 홍길동은 아버지를 아버지라고 부르지 못하는 자신의 처지를 　　　　　　으로 여겼다.
(어휘 쏙) 원통(冤痛)하다 분하고 억울하다.

분기충천
성낼 憤 | 기운 氣 | 찌를 衝 | 하늘 天

분한 마음이 하늘을 찌를 듯 격렬하게 북받쳐 오름.
예 공개적인 자리에서 모욕을 당한 그는 　　　　　한 마음을 억누를 수가 없었다.

비분강개
슬플 悲 | 성낼 憤 | 강개할 慷 | 분개할 慨

슬프고 분하여 마음이 북받침.
예 그는 양반의 횡포에 시달리며 힘겹게 살아가는 백성의 현실에 　　　　　했다.

절치부심
끊을 切 | 이 齒 | 썩을 腐 | 마음 心

이를 갈고 마음을 썩인다는 뜻으로, 대단히 분하게 여기고 마음을 썩임.
예 경쟁 회사의 모함으로 사업이 크게 어려워졌던 그는, 몇 년간 　　　　　한 끝에 다시 사업을 일으키는 데 성공했다.

천인공노
하늘 天 | 사람 人 | 함께 共 | 성낼 怒

하늘과 사람이 함께 노한다는 뜻으로, 누구나 분노할 만큼 증오스럽거나 도저히 용납할 수 없음을 이르는 말.
예 일제는 강제로 우리나라의 통치권을 빼앗아 식민지로 삼고 우리 민족을 탄압하고 수탈하는 등 　　　　　할 짓을 저질렀다.
(어휘 쏙) 용납(容納) 너그러운 마음으로 남의 말이나 행동을 받아들임.

★ 계책

고육지책
괴로울 苦 | 고기 肉 | 갈 之 | 꾀 策

자기 몸을 상해 가면서까지 꾸며 내는 계책이라는 뜻으로, 어려운 상태를 벗어나기 위해 어쩔 수 없이 꾸며 내는 계책을 이르는 말.
예 경제 상황이 좋지 않아 상품이 안 팔리자, 그 가게는 가격을 최대한 낮추는 　　　　　을 마련했다.

궁여지책
다할 窮 | 남을 餘 | 갈 之 | 꾀 策

궁한 나머지 생각다 못하여 짜낸 계책.
예 논밭의 허수아비들은 참새 떼를 쫓기 위한 　　　　　이었다.

속수무책
묶을 束 | 손 手 | 없을 無 | 꾀 策

손을 묶은 것처럼 어찌할 도리가 없어 꼼짝 못 함.
예 그가 고집을 부리기 시작하면 누구의 말도 듣지 않으니 우리도 　　　　　입니다.

01 ~ 04 다음 뜻풀이에 해당하는 한자 성어를 〈보기〉에서 찾아 쓰시오.

┤ 보기 ├
고육지책   궁여지책   분기충천   비분강개

01 슬프고 분하여 마음이 북받침.   (   )

02 궁한 나머지 생각다 못하여 짜낸 계책.
(   )

03 분한 마음이 하늘을 찌를 듯 격렬하게 북받쳐 오름.   (   )

04 자기 몸을 상해 가면서까지 꾸며 내는 계책이라는 뜻으로, 어려운 상태를 벗어나기 위해 어쩔 수 없이 꾸며 내는 계책을 이르는 말.   (   )

05 ~ 08 제시된 초성을 참고하여 다음 뜻풀이에 알맞은 한자 성어를 쓰시오.

05 손을 묶은 것처럼 어찌할 도리가 없어 꼼짝 못 함.

ㅅ		ㅁ	

06 뼈에 사무칠 만큼 원통하고 한스러움. 또는 그런 일.

		ㅌ	ㅎ

07 이를 갈고 마음을 썩인다는 뜻으로, 대단히 분하게 여기고 마음을 썩임.

	ㅊ		ㅅ

08 하늘과 사람이 함께 노한다는 뜻으로, 누구나 분노할 만큼 증오스럽거나 도저히 용납할 수 없음을 이르는 말.

	ㅊ	ㅇ	

09 ~ 11 다음 대화 내용과 의미가 통하는 한자 성어를 〈보기〉에서 찾아 쓰시오.

┤ 보기 ├
고육지책   각골통한   천인공노

09 새아: 무슨 일 있었어? 표정이 안 좋네.
희찬: 어제 농구 결승전에서 우리 팀이 역전당해서 졌거든. 1점 차로 진 게 너무너무 분하고 속상해.
(   )

10 최 씨: 김 반장네 형제 슈퍼에서 쌀값을 30% 내리니까 그 옆 김포 슈퍼에서는 아예 50%를 내렸대.
이 씨: 손해가 클 텐데, 경쟁을 하느라 어쩔 수 없이 그렇게 했나 보군.   (   )

11 솔미: 요즘 노인들한테 전화를 걸어서 자식이 사고를 당했다는 거짓말로 돈을 뜯어내는 경우가 있대.
석진: 자식에 대한 걱정을 이용해 사기를 벌이다니, 하늘도 분노할 일이야!   (   )

12 밑줄 친 한자 성어의 쓰임이 적절하지 <u>않은</u> 것은?

① 내가 말하지 않아도 친구는 <u>절치부심</u>으로 내 계획을 짐작하고 있었다.

② 그는 사업 자금이 부족하여 <u>궁여지책</u>으로 살림살이를 팔아 돈을 마련하였다.

③ 마라톤을 하는 중에 소나기가 내려서 선수들은 속<u>수무책</u>으로 비를 맞을 수밖에 없었다.

④ 주차된 자동차를 들이박아 놓고 그냥 가 버리는 운전자를 본 그는 <u>분기충천</u>하여 경찰에 신고했다.

⑤ 일제에게 농토를 빼앗기고 가난하게 살아가는 고향 사람들을 보며 그는 <u>비분강개</u>를 참을 수 없었다.

나의 어휘력 점수는?   _____ 점 / 총 **12점**
• 틀린 어휘의 뜻과 예문을 다시 꼼꼼히 살펴보자.

헷갈리기 쉬운 말

오죽	'얼마나'의 뜻을 나타내는 말. 예 집 안에 있어도 이렇게 추운데 밖은 ▨▨▨▨ 춥겠니?	

오직
여러 가지 가운데서 다른 것은 있을 수 없고 다만.
예 그는 일 년 동안 ▨▨▨▨ 공부에만 열중했다.

젖히다
뒤로 기울게 하다.
예 고개를 뒤로 ▨▨▨▨고 하늘을 올려다보았다.

제치다
① 경쟁 상대보다 우위에 서다.
예 우리 학교 배구 팀은 경쟁 팀들을 가볍게 ▨▨▨▨고 3연승을 올렸다.
② 일을 미루다.
예 내 도움이 필요하면 열 일 ▨▨▨▨고 달려갈 테니 언제든 연락해라.

조리다
양념한 고기, 생선, 채소 따위를 국물에 넣고 바짝 끓여서 양념이 배어들게 하다.
예 그는 부엌에서 생선을 ▨▨▨▨는 중이었다.

졸이다
① 찌개, 국, 한약 따위의 물을 증발시켜 분량을 적어지게 하다.
예 준비된 재료에 물을 한 컵 붓고 약한 불에 1분간 ▨▨▨▨면 수프가 완성된다.
② 속을 태우다시피 초조해하다.
예 나는 지각할까 봐 마음을 ▨▨▨▨며 버스가 오기를 기다렸다.

필수 개념 – 듣기·말하기

발표
필發 | 겉表

여러 사람 앞에서 자신의 생각이나 어떤 사실에 대해서 진술하는 말하기

■ 발표 내용의 구성과 발표할 때 고려할 점

발표 내용 구성	• 도입: 발표의 배경 및 목적, 주제, 발표 순서 등을 소개함. • 전개: 발표 주제와 대상의 특성에 맞게 구체적인 내용을 제시함. • 정리: 발표의 핵심 내용을 요약하고 당부함.
발표할 때 고려할 점	• 핵심 정보가 잘 드러나도록 체계적으로 내용을 구성함. • 발표 주제와 내용에 맞는 매체 자료를 적절히 활용함. • 준언어적·비언어적 표현을 적절히 사용하여 청중의 집중과 흥미를 유도함.

준언어적 표현
준할準 | 말씀言 | 말씀語 | 과녁的 | 겉表 | 나타날現

언어적 내용에 덧붙여 의미를 전달하는 음성적 요소. 말의 빠르기, 목소리 크기와 높낮이, 강세 등이 있으며, 반언어적 표현이라고도 한다.

비언어적 표현
아닐非 | 말씀言 | 말씀語 | 과녁的 | 겉表 | 나타날現

언어 이외에 의미를 전달하는 요소. 언어적·준언어적 표현 이외의 방법으로 의미를 나타내는 것이며, 얼굴 표정, 시선, 몸짓, 자세, 신체 접촉 등이 있다.

01 ~ 04 다음 단어와 그 뜻풀이를 바르게 연결하시오.

01 오죽 •
02 제치다 •
03 조리다 •
04 졸이다 •

• ㉠ 경쟁 상대보다 우위에 서다.

• ㉡ '얼마나'의 뜻을 나타내는 말.

• ㉢ 찌개, 국, 한약 따위의 물을 증발시켜 분량을 적어지게 하다.

• ㉣ 양념한 고기, 생선, 채소 따위를 국물에 넣고 바짝 끓여서 양념이 배어들게 하다.

05 ~ 07 다음 문장에서 적절한 단어를 고르시오.

05 그들 중 누가 이기게 될지는 (오죽 | 오직) 신만이 알 것이다.

06 그는 사람들 앞에서 실수를 하면 어쩌나 하고 마음을 (조리며 | 졸이며) 무대로 올랐다.

07 생긴 지 얼마 안 된 소기업이 대기업을 (젖히고 | 제치고) 소비자 선호도 1위를 차지했다.

08 밑줄 친 단어의 쓰임이 적절하지 <u>않은</u> 것은?

① 찌개를 약간 <u>졸이기</u> 위해 약한 불에 좀 더 끓였다.
② 그는 할 일을 <u>제쳐</u> 놓은 채 몇 시간째 영화를 보고 있었다.
③ 차가 출발하자 나는 좌석 등받이를 뒤로 <u>젖히고</u> 몸을 기대었다.
④ 후보자들은 선거 결과가 나오기를 기다리며 매분 매초 가슴을 <u>조렸다</u>.
⑤ <u>오죽</u> 피곤하면 그가 책상에 앉은 채로 졸았을까 싶어 안쓰러운 마음이 들었다.

09 ~ 12 다음 설명이 알맞으면 ○에, 틀리면 ×에 표시하시오.

09 발표를 할 때는 준언어적·비언어적 표현을 사용하여 내용의 정확성과 객관성을 높여야 한다.
(○ , ×)

10 얼굴 표정, 시선, 몸짓, 자세 등은 비언어적 표현에 해당한다.
(○ , ×)

11 언어적 내용에 덧붙여 의미를 전달하는 음성적 요소를 준언어적 표현이라고 한다.
(○ , ×)

12 발표의 도입 부분에서는 발표의 핵심 내용을 요약하고 당부의 말이나 소감을 전한다.
(○ , ×)

13 다음 주제로 발표를 하고자 할 때, 이에 대한 계획으로 적절하지 <u>않은</u> 것은?

> • 발표 주제: 청소년이 사용하는 언어의 특성

① 발표 내용은 '도입 – 전개 – 정리'의 세 단계로 전개되도록 구성한다.
② 청소년이 사용하는 언어의 특성이라는 주제를 잘 드러내는 구체적인 내용을 제시한다.
③ 발표할 때는 청중을 고려하여 목소리 크기와 말의 빠르기 등 준언어적 표현을 적절하게 사용한다.
④ 발표 내용을 제시할 때는 청소년이 사용하는 언어의 특성을 파악하기 쉽도록 매체 자료를 활용한다.
⑤ 발표를 마무리할 때는 청소년이 사용하는 언어의 특성으로 인한 문제점을 예를 들며 구체적으로 제시한다.

나의 어휘력 점수는? _____ 점 / 총 **13점**
• 틀린 어휘의 뜻과 예문을 다시 꼼꼼히 살펴보자.

필수 어휘

포획
사로잡을 捕 | 얻을 獲

짐승이나 물고기를 잡음.
예 무분별한   으로 멸종 위기에 놓여 있는 동물이 많다.

표출
겉 表 | 날 出

겉으로 나타냄.
예 마음속에 불만이 계속 쌓이면 언젠가는   되게 마련이다.

> **유의어** 표현(表現) 생각이나 느낌 따위를 언어나 몸짓 따위의 형상으로 드러내어 나타냄.

푸대접
푸 | 기다릴 待 | 접할 接

정성을 들이지 않고 아무렇게나 하는 대접.
예 행사 진행도 엉망인 데다 음식도 변변찮고, 이렇게 손님을   하는 경우가 어디 있습니까?

> **반의어** 환대(歡待) 반갑게 맞아 정성껏 후하게 대접함.

풍채
바람 風 | 캘 采

드러나 보이는 사람의 겉모양.
예 그 후보는 당당한   와 자신감 넘치는 말투로 사람들의 시선을 끌었다.

핀잔

맞대어 놓고 언짢게 꾸짖거나 비꼬아 꾸짖는 일.
예 그의 행동이 못마땅했던지 여기저기서 한마디씩   을 주었다.

필사적
반드시 必 | 죽을 死 | 과녁 的

죽을힘을 다하는. 또는 그런 것.
예 물에 빠진 사람은 지푸라기라도 잡고   으로 탈출을 시도하는 법이다.

> **유의어** 결사적(決死的) 죽기를 각오하고 있는 힘을 다할 것을 결심한. 또는 그런 것.

필적하다
짝 匹 | 원수 敵

능력이나 세력이 엇비슷하여 서로 맞서다.
예 지금까지 그의 작품에   할 만한 작품은 나오지 않았다.

> **유의어** 대적(對敵)하다 적이나 어떤 세력, 힘 따위와 맞서 겨루다.

켕기다

① 단단하고 팽팽하게 되다.
예 낚싯줄이   는 걸 보니 아주 큰 물고기가 낚였나 보다.
② 마음속으로 겁이 나고 탈이 날까 불안해하다.
예 그는 뭔가   는 것이 있는지 자꾸 달아나려 했다.

> **어휘 쏙** 팽팽하다 줄 따위가 늘어지지 않고 힘 있게 곧게 펴져서 튀기는 힘이 있다.
> **유의어** 꿀리다 마음속으로 좀 켕기다.

하릴없이

달리 어떻게 할 도리가 없이.
예 비행기 출발 시간이 늦어져서 우리는 공항에서   기다려야만 했다.

정답과 해설 42쪽

01 ~ 05 다음 뜻풀이에 해당하는 단어를 말상자에서 찾아 표시하시오.

언	짧	다	세	대	필
질	환	영	필	사	적
푸	대	접	수	진	하
르	표	현	켕	기	다
다	하	릴	없	이	채

01 단단하고 팽팽하게 되다.

02 달리 어떻게 할 도리가 없이.

03 죽을힘을 다하는. 또는 그런 것.

04 능력이나 세력이 엇비슷하여 서로 맞서다.

05 정성을 들이지 않고 아무렇게나 하는 대접.

06 ~ 09 〈보기〉의 글자들을 조합하여 다음 뜻풀이에 알맞은 단어를 쓰시오.

┤ 보기 ├

풍	표	획	핀	출	채	포	잔

06 겉으로 나타냄. ( )

07 짐승이나 물고기를 잡음. ( )

08 드러나 보이는 사람의 겉모양. ( )

09 맞대어 놓고 언짢게 꾸짖거나 비꼬아 꾸짖는 일.
( )

10 ~ 13 빈칸에 들어갈 알맞은 단어를 〈보기〉에서 찾아 쓰시오.

┤ 보기 ├

포획 표출 풍채 핀잔 환대

10 그는 오디션에서 자신만의 개성을 ( )할 수 있는 방법에 대해 고민했다.

11 시에서는 야생 동물을 불법적으로 ( )하는 행위를 집중 단속하기로 했다.

12 외국으로 공연을 하러 간 그 가수는 팬들의 열렬한 ( )을/를 받고 자신의 인기를 실감했다.

13 동생은 반찬 투정을 하며 밥을 먹는 둥 마는 둥 하다가 결국 가족들에게 한마디씩 ( )을/를 들었다.

14 밑줄 친 단어의 쓰임이 적절하지 <u>않은</u> 것은?

① 그는 무언가 <u>켕기는</u> 일이 있는지 계속 나를 피해 다녔다.

② 인간의 능력에 <u>필적할</u> 수 있는 동물은 과연 지구상에 없을까?

③ 폭우가 그치지 않아서 <u>하릴없이</u> 야구 경기를 취소해야만 했다.

④ 의병들은 나라를 지키기 위해 침략자들에게 <u>필사적</u> 저항을 하였다.

⑤ 그는 오랜만에 찾아온 친구를 위해 특별한 음식을 준비하며 정성스럽게 <u>푸대접</u>하였다.

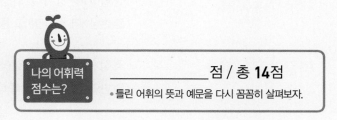

나의 어휘력 점수는? _____ 점 / 총 **14**점
• 틀린 어휘의 뜻과 예문을 다시 꼼꼼히 살펴보자.

관용 표현 – 주제별 관용어

★ 하늘

하늘을 찌르다	기세가 몹시 세차다.
	예 작전에 성공한 우리 군대의 사기는 [ ]는 듯했다.

하늘이 노래지다	갑자기 기력이 다하거나 큰 충격을 받아 정신이 아찔하게 되다.
	예 마라톤 시작부터 무리해서 달리던 그는 500미터도 못 가 [ ]는 것을 느꼈다.

하늘 높은 줄 모르다	① 자기의 분수를 모르다.
	예 제대로 할 줄 아는 것도 없으면서 [ ]고 잘난 척만 하는구나.
	② 지위나 인기 따위가 아주 높이 오르거나 뛰다.
	예 영화가 흥행하면서 주연 배우들의 인기가 [ ]고 치솟았다.

★ 부정적 상황

바가지를 쓰다	요금이나 물건값을 실제 가격보다 비싸게 지불하여 억울한 손해를 보다.
	예 그는 가게 주인의 말에 넘어가 [ ]고 물건을 샀다.

벼랑에 몰리다	위험한 상황에 직면하게 되다.
	예 그 팀은 경쟁 상대로 꼽혔던 팀들은 물론이고 순위가 한참 아래인 팀에게마저 패배하면서 [ ]게 되었다.

홍역을 치르다	몹시 애를 먹거나 어려움을 겪다.
	예 그 회사는 내부 갈등과 경영권 다툼으로 한바탕 [ ]고 있다.

★ 처지, 심리

속을 태우다	몹시 걱정이 되어 마음을 졸이다.
	예 씨 뿌릴 철인데 비가 내리지 않아 농민들이 한창 [ ]고 있다.

싹수가 노랗다	잘될 가능성이나 희망이 애초부터 보이지 아니하다.
	예 손님에게 불친절하고 물건도 형편없는 걸 보니 이 가게는 [ ]다.

억장이 무너지다	극심한 슬픔이나 절망 따위로 몹시 가슴이 아프고 괴롭다.
	예 만도는 전쟁에서 한쪽 다리를 잃은 아들을 보고 [ ]고 말았다.

확인 문제

01 ~ 05 다음 뜻풀이에 해당하는 관용어를 〈보기〉에서 찾아 기호를 쓰시오.

┌─ 보기 ┐
㉠ 속을 태우다
㉡ 벼랑에 몰리다
㉢ 하늘을 찌르다
㉣ 홍역을 치르다
㉤ 억장이 무너지다
└─────┘

01 기세가 몹시 세차다. ( )

02 위험한 상황에 직면하게 되다. ( )

03 몹시 애를 먹거나 어려움을 겪다. ( )

04 몹시 걱정이 되어 마음을 졸이다. ( )

05 극심한 슬픔이나 절망 따위로 몹시 가슴이 아프고 괴롭다. ( )

06 ~ 09 제시된 초성을 활용하여 관용어의 뜻풀이를 완성하시오.

06 하늘 높은 줄 모르다
→ 자기의 ㅂㅅ 를 모르다.

07 싹수가 노랗다
→ 잘될 ㄱㄴㅅ 이나 희망이 애초부터 보이지 아니하다.

08 하늘이 노래지다
→ 갑자기 기력이 다하거나 큰 ㅊㄱ 을 받아 정신이 아찔하게 되다.

09 바가지를 쓰다
→ 요금이나 물건값을 실제 가격보다 비싸게 지불하여 억울한 ㅅㅎ 를 보다.

10 ~ 13 다음 빈칸에 들어갈 관용어를 〈보기〉에서 찾아 문맥에 맞게 쓰시오.

┌─ 보기 ┐
㉠ 하늘을 찌르다
㉡ 홍역을 치르다
㉢ 억장이 무너지다
㉣ 하늘 높은 줄 모르다
└─────┘

10 우리 동아리는 회장과 회원들의 의견 대립으로 한바탕 _____.

11 결승전을 치르는 축구 경기장에는 관중들의 함성이 _____ 듯이 울려 퍼졌다.

12 그 신인 선수는 경기에서 몇 번 이기더니 대단히 우쭐하여 _____ 거만하게 행동했다.

13 평생 고되고 힘겹게 살아온 친구가 심각한 병까지 걸렸다는 소식을 듣고 그는 _____ 것 같았다.

14 밑줄 친 관용어의 쓰임이 적절하지 <u>않은</u> 것은?

① 최종 단계에서 내가 탈락했다는 소식을 듣고 <u>하늘이 노래졌다.</u>
② 여행 가이드는 관광객들이 <u>바가지를 쓰지</u> 않도록 이곳의 물가를 알려 주었다.
③ 그는 관계 기관에 도움을 요청하는 메일을 보냈으나 답장이 오지 않아 <u>속을 태웠다.</u>
④ 회사의 판매 상황이 좋아지고 자금에 여유가 생기면서 <u>벼랑에 몰리는</u> 일은 발생하지 않았다.
⑤ 그는 재능이 뛰어난 데다 성실하게 노력하는 연주자여서 일찍부터 <u>싹수가 노랗다는</u> 평가를 받았다.

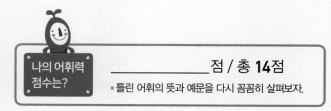

나의 어휘력 점수는? _____ 점 / 총 **14점**
• 틀린 어휘의 뜻과 예문을 다시 꼼꼼히 살펴보자.

다의어 · 동음이의어

인상¹
사람 人 | 서로 相

사람 얼굴의 생김새. 또는 그 얼굴의 근육이나 눈살 따위.

예 어머니는 어질러진 방을 보고 　　　　을 찌푸리셨다.

인상²
끌 引 | 위 上

물건값, 봉급, 요금 따위를 올림.

예 다음 달부터 버스 요금이 　　　　된다.

인상³
도장 印 | 형상 象

어떤 대상에 대하여 마음속에 새겨지는 느낌.

예 자기소개서를 잘 써야 읽는 사람에게 좋은 　　　　을 줄 수 있다.

차리다

① 음식 따위를 장만하여 먹을 수 있게 상 위에 벌이다.

예 아버지는 부엌에서 저녁을 　　　　고 계신다.

② 기운이나 정신 따위를 가다듬어 되찾다.

예 실수하지 않도록 모두 정신을 바짝 　　　　자.

터지다

① 둘러싸여 막혔던 것이 갈라져서 무너지거나, 뚫어지거나 찢어지다.

예 펑 하고 풍선이 　　　　는 소리에 모두 깜짝 놀랐다.

② 싸움이나 사건 따위가 갑자기 벌어지거나 일어나다.

예 사건이 　　　　자 곧바로 경찰이 출동했다.

필수 개념 – 듣기 · 말하기

공감
함께 共 | 느낄 感

남의 감정, 의견, 주장 따위에 대하여 자기도 그렇다고 느낌.

■ 공감적 대화

의미	상대방의 생각에 자신도 그렇다고 느끼면서 대화하는 것
필요한 태도	• 자신의 견해를 드러내지 않고 우선 상대방의 말을 잘 들어 주어야 함. • 상대방의 관점에서 문제를 바라보며 상대방의 생각과 감정을 이해해야 함.
효과	• 대화하는 사람들 간에 신뢰와 친밀감을 높일 수 있음. • 원만한 인간관계를 형성하고 유지할 수 있음. • 협력적인 소통을 통해 문제 해결의 실마리를 찾을 수 있음.

소극적 들어 주기
꺼질 消 | 지극할 極 | 과녁 的

상대방이 이야기를 이어 갈 수 있도록 관심을 갖고 집중해서 들어 주는 것.

예 눈 바라보기, 고개를 끄덕이기, 대화의 맥락에 맞는 표정 짓기, 맞장구치기

적극적 들어 주기
쌓을 積 | 지극할 極 | 과녁 的

상대방의 말을 요약하거나 상대방의 감정을 헤아려 반응해 주는 것. 상대방이 객관적인 관점에서 문제에 접근하고 스스로 문제를 해결할 수 있게 도와주는 방법이다.

예 상대방의 말을 요약하기, 상대방이 한 말의 의미를 재구성하여 말해 주기

01 ~ 03 밑줄 친 단어의 뜻풀이로 알맞은 것을 고르시오.

01 사진을 찍는 중이니 <u>인상</u> 좀 펴라.
   ㉠ 어떤 대상에 대하여 마음속에 새겨지는 느낌.
   ㉡ 사람 얼굴의 생김새. 또는 그 얼굴의 근육이나 눈살 따위.

02 충분히 휴식을 취하자 그는 곧 기운을 <u>차렸다</u>.
   ㉠ 기운이나 정신 따위를 가다듬어 되찾다.
   ㉡ 음식 따위를 장만하여 먹을 수 있게 상 위에 벌이다.

03 둑이 <u>터지자</u> 물이 흘러들어 들판을 메웠다.
   ㉠ 싸움이나 사건 따위가 갑자기 벌어지거나 일어나다.
   ㉡ 둘러싸여 막혔던 것이 갈라져서 무너지거나, 뚫어지거나 찢어지다.

04 ~ 08 밑줄 친 단어의 뜻을 <보기>에서 찾아 기호를 쓰시오.

보기
㉠ 물건값, 봉급, 요금 따위를 올림.
㉡ 기운이나 정신 따위를 가다듬어 되찾다.
㉢ 어떤 대상에 대하여 마음속에 새겨지는 느낌.
㉣ 싸움이나 사건 따위가 갑자기 벌어지거나 일어나다.
㉤ 음식 따위를 장만하여 먹을 수 있게 상 위에 벌이다.

04 나는 일어나자마자 아침상을 <u>차렸다</u>. (　　　)

05 곧이라도 싸움이 <u>터질</u> 듯한 분위기다. (　　　)

06 동생은 이제 중학생이 되었으니 용돈을 <u>인상</u>해 달라고 부모님을 졸랐다. (　　　)

07 그녀의 표정과 행동이 자연스럽지 않아 뭔가 숨기는 듯한 <u>인상</u>을 받았다. (　　　)

08 온종일 굶은 그는 음식을 보더니 정신을 못 <u>차리고</u> 허겁지겁 먹기 시작했다. (　　　)

09 ~ 11 다음 설명이 알맞으면 ○에, 틀리면 ×에 표시하시오.

09 다른 사람의 감정이나 의견에 대해 자기도 그렇다고 느끼는 것을 '공감'이라고 한다. (○ , ×)

10 공감적 대화를 하기 위해서는 상대방의 말을 잘 들어 주면서 상대방의 관점에서 문제를 바라보아야 한다. (○ , ×)

11 '적극적 들어 주기'는 상대방이 이야기를 중단하지 않고 계속 이어 갈 수 있도록 관심을 갖고 집중하여 듣는 것이다. (○ , ×)

12 '소극적 들어 주기'의 방법에 해당하지 <u>않는</u> 것은?

① 맞장구치기
② 눈 바라보기
③ 고개를 끄덕이기
④ 상대방의 말을 요약하기
⑤ 대화의 맥락에 맞는 표정 짓기

13 ㉠과 같은 대화 방식의 효과로 적절하지 <u>않은</u> 것은?

서연이는 모둠 활동에 잘 참여하지 않는 친구들 때문에 고민하다가 이를 진호에게 털어놓았다. ㉠진호는 서연이의 말을 집중해서 들으면서 서연이의 상황에 공감해 주었다.

① 원만한 인간관계를 유지할 수 있다.
② 대화를 통해 친밀감을 쌓을 수 있다.
③ 상대방의 고민을 직접 해결해 줄 수 있다.
④ 대화 참여자들 간에 신뢰를 형성할 수 있다.
⑤ 협력적 소통을 통해 문제 해결의 실마리를 찾을 수 있다.

 나의 어휘력 점수는? ＿＿＿＿＿점 / 총 **13점**
• 틀린 어휘의 뜻과 예문을 다시 꼼꼼히 살펴보자.

공부한 날 ◯월 ◯일

필수 어휘

한없다
한계 限

끝이 없다.
예 그녀는 밤낮으로 자신의 병간호를 해 준 남편에게 ▨▨▨▨▨는 고마움을 느꼈다.

> 유의어 한량(限量)없다 끝이나 한이 없다.

할애
나눌 割 | 사랑 愛

소중한 시간, 돈, 공간 따위를 아깝게 여기지 아니하고 선뜻 내어 줌.
예 우리 모둠에 ▨▨▨▨▨ 된 발표 시간은 30분이다.

함구
봉할 緘 | 입 口

입을 다문다는 뜻으로, 말하지 아니함을 이르는 말.
예 우리는 그 일에 대해 ▨▨▨▨▨ 하기로 약속했기 때문에, 다른 사람들이 아무리 물어도 대답하지 않았다.

합리적
합할 合 | 다스릴 理 | 과녁 的

이론이나 이치에 합당한. 또는 그런 것.
예 그는 자신의 수입에 맞게 ▨▨▨▨▨ 으로 소비 생활을 하고 있다.

> 반의어 불합리적(不合理的) 이론이나 이치에 합당하지 않는. 또는 그런 것.

합세
합할 合 | 기세 勢

흩어져 있는 세력을 한곳에 모음.
예 백제의 성왕은 신라와 ▨▨▨▨▨ 하여 고구려가 장악한 한강 유역의 땅을 되찾았다.

해박하다
갖출 該 | 넓을 博

여러 방면으로 학식이 넓다.
예 그는 컴퓨터에 관해 전문가 못지않게 ▨▨▨▨▨ 한 지식이 있다.

> 유의어 박식(博識)하다 지식이 넓고 아는 것이 많다.

해방
풀 解 | 놓을 放

구속이나 억압, 부담 따위에서 벗어나게 함.
예 내일이면 드디어 시험에서 ▨▨▨▨▨ 이다!

> 어휘 쏙 구속(拘束) 행동이나 의사의 자유를 제한하거나 속박함.

해소
풀 解 | 꺼질 消

어려운 일이나 문제가 되는 상태를 해결하여 없애 버림.
예 이번에 내린 비로 가뭄이 어느 정도 ▨▨▨▨▨ 될 것이다.

허심탄회
빌 虛 | 마음 心 | 평평할 坦 | 품을 懷

품은 생각을 터놓고 말할 만큼 아무 거리낌이 없고 솔직함.
예 그들은 나이 차이가 많이 나지만 언제나 ▨▨▨▨▨ 하게 서로 의견을 나눈다.

> 어휘 쏙 거리낌 마음에 걸려서 꺼림칙하게 생각됨.

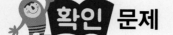
01 ~ 04 다음 뜻풀이에 해당하는 단어를 <보기>에서 찾아 쓰시오.

┤ 보기 ├
해소 합리적 한없다 해박하다

01 끝이 없다. （　　　　　）

02 여러 방면으로 학식이 넓다. （　　　　　）

03 이론이나 이치에 합당한. 또는 그런 것.
（　　　　　）

04 어려운 일이나 문제가 되는 상태를 해결하여 없애 버림. （　　　　　）

05 ~ 06 다음 단어의 뜻풀이에서 알맞은 단어를 고르시오.

05 합세 : 흩어져 있는 (세력 | 재물)을 한곳에 모음.

06 허심탄회 : 품은 생각을 터놓고 말할 만큼 아무 거리낌이 없고 (솔직함 | 솔선수범함).

07 ~ 09 <보기>의 글자들을 조합하여 다음 뜻풀이에 알맞은 단어를 쓰시오.

┤ 보기 ├
방 애 해 함 할 구

07 구속이나 억압, 부담 따위에서 벗어나게 함.
（　　　　　）

08 입을 다문다는 뜻으로, 말하지 아니함을 이르는 말.
（　　　　　）

09 소중한 시간, 돈, 공간 따위를 아깝게 여기지 아니하고 선뜻 내어 줌. （　　　　　）

10 ~ 13 빈칸에 들어갈 알맞은 단어를 <보기>에서 찾아 쓰시오.

┤ 보기 ├
구속 박식 할애 함구 해소

10 규칙적인 운동은 스트레스 （　　　　　）에 매우 도움이 된다.

11 두 회사는 계약의 세부 내용에 대해 （　　　　　）하기로 약속했다.

12 정석이는 하루에 두 시간 정도를 외국어를 배우는 데 （　　　　　）하고 있다.

13 우리는 아무런 （　　　　　）이/가 없는 자유로운 분위기에서 일하기를 바랐다.

14 밑줄 친 단어의 쓰임이 적절하지 <u>않은</u> 것은?

① 그는 시인이면서도 외교와 군사, 경제 등 여러 분야에 <u>해박하다</u>.
② 그녀는 자신이 세운 계획을 현실에서 <u>합세하기</u> 위해 철저히 준비했다.
③ 아버지는 묻어 두었던 과거의 일에 대해 <u>허심탄회</u>하게 이야기해 주셨다.
④ 초롱초롱한 아기의 눈을 보며 나는 <u>한없는</u> 사랑이 차오르는 것을 느꼈다.
⑤ 팀장은 팀원들의 의견을 참고하되, 원칙을 고려하여 <u>합리적</u>으로 일을 진행하였다.

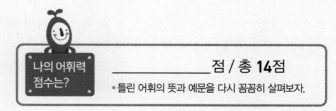

나의 어휘력 점수는? ＿＿＿＿＿＿＿점 / 총 **14점**
• 틀린 어휘의 뜻과 예문을 다시 꼼꼼히 살펴보자.

관용 표현 – 주제별 한자 성어

★ 많거나 적은 양

중과부적
무리 衆 | 적을 寡 | 아닌가 不 | 원수 敵

적은 수효로 많은 수효를 대적하지 못함.

예 혼자서 이렇게 많은 사람들과 말씨름을 하려니 아무래도 ▒▒▒▒▒▒ 이었다.

다다익선
많을 多 | 많을 多 | 더할 益 | 착할 善

많으면 많을수록 더욱 좋음.

예 사람 만나는 것을 좋아하는 민호는 친구란 ▒▒▒▒▒▒ 이라고 생각한다.

★ 관계

두문불출
막을 杜 | 문 門 | 아닐 不 | 날 出

집에만 있고 바깥출입을 아니함.

예 그는 대문을 굳게 닫고 사람들과의 접촉을 끊은 채 ▒▒▒▒▒ 이다.

수수방관
소매 袖 | 손 手 | 곁 傍 | 볼 觀

팔짱을 끼고 보고만 있다는 뜻으로, 간섭하거나 거들지 아니하고 그대로 버려둠을 이르는 말.

예 책임자가 일을 수습할 생각은 않고 ▒▒▒▒▒ 만 하고 있다.

★ 속담과 관련이 있는 말

사상누각
모래 沙 | 위 上 | 다락 樓 | 문설주 閣

모래 위에 세운 누각이라는 뜻으로, 기초가 튼튼하지 못하여 오래 견디지 못할 일이나 물건을 이르는 말.

예 원리를 이해하지 못하고 무조건 외우기만 하는 네 공부 방식은 ▒▒▒▒▒ 이다.

동가홍상
같을 同 | 값 價 | 붉을 紅 | 치마 裳

같은 값이면 다홍치마라는 뜻으로, 같은 값이면 좋은 물건을 가짐을 이르는 말.

예 ▒▒▒▒▒ 이라고, 두 여행 상품 중에 하나를 고르라면 숙소 시설이 좀 더 좋은 쪽을 선택하겠다.

등하불명
등잔 燈 | 아래 下 | 아닐 不 | 밝을 明

등잔 밑이 어둡다는 뜻으로, 가까이에 있는 물건이나 사람을 잘 찾지 못함을 이르는 말.

예 리모컨을 바로 옆에 두고도 못 찾다니, ▒▒▒▒▒ 이로구나.

주마간산
달릴 走 | 말 馬 | 볼 看 | 뫼 山

말을 타고 달리며 산천을 구경한다는 뜻으로, 자세히 살피지 아니하고 대충대충 보고 지나감을 이르는 말.

예 그곳을 제대로 구경하려면 약 세 시간 정도가 걸리나, 대부분의 관광객은 ▒▒▒▒▒ 으로 지나친다.

01 ~ 04 다음 뜻풀이에 해당하는 한자 성어를 〈보기〉에서 찾아 쓰시오.

| 보기 |
| 동가홍상   두문불출   주마간산   중과부적 |

01 집에만 있고 바깥출입을 아니함. (   )

02 적은 수효로 많은 수효를 대적하지 못함. (   )

03 같은 값이면 다홍치마라는 뜻으로, 같은 값이면 좋은 물건을 가짐을 이르는 말. (   )

04 말을 타고 달리며 산천을 구경한다는 뜻으로, 자세히 살피지 아니하고 대충대충 보고 지나감을 이르는 말. (   )

05 ~ 08 제시된 초성을 참고하여 다음 뜻풀이에 알맞은 한자 성어를 쓰시오.

05 많으면 많을수록 더욱 좋음.

| ㄷ | | ㅇ | |

06 등잔 밑이 어둡다는 뜻으로, 가까이에 있는 물건이나 사람을 잘 찾지 못함을 이르는 말.

| | ㅎ | | ㅁ |

07 팔짱을 끼고 보고만 있다는 뜻으로, 간섭하거나 거들지 아니하고 그대로 버려둠을 이르는 말.

| | | ㅂ | ㄱ |

08 모래 위에 세운 누각이라는 뜻으로, 기초가 튼튼하지 못하여 오래 견디지 못할 일이나 물건을 이르는 말.

| ㅅ | | ㄴ | |

09 ~ 11 다음 대화 내용과 의미가 통하는 한자 성어를 〈보기〉에서 찾아 쓰시오.

| 보기 |
| 다다익선   동가홍상   두문불출 |

09 민하: 지석이가 요즘 독서에 푹 빠졌나 봐.
채원: 응. 놀자고 연락해도 책 읽어야 한다고 집에서 나오지를 않더라. (   )

10 도연: 친구들이랑 미술용품을 공동 구매하기로 했어. 사는 사람이 많이 모일수록 가격이 싸지더라.
현우: 오, 사람이 많으면 많을수록 좋은 거구나! (   )

11 민정: 독서대를 사려고 알아봤는데, 종류는 많고 가격은 비슷해서 고르기가 힘들더라.
지나: 가격이 큰 차이가 없으면 그중에 더 튼튼하고 예쁜 걸 사는 게 좋지. (   )

12 밑줄 친 한자 성어의 쓰임이 적절하지 **않은** 것은?

① 농민군은 용감하게 싸웠지만, 수많은 관군을 상대하기에는 중과부적이었다.
② 경찰은 그 사건을 해결하기 위해 적극적으로 수사를 진행하며 수수방관하였다.
③ 등하불명이라고, 휴대 전화가 안 보여서 찾았더니 내 바지 뒷주머니에 들어 있었다.
④ 핵심 기술을 확보하지 못하면 그 사업은 장기적으로 경쟁에서 밀릴 수밖에 없는 사상누각이다.
⑤ 대부분의 관람객은 전시 작품들을 주마간산으로 지나쳤지만, 그는 하나하나 자세히 뜯어보며 감상했다.

나의 어휘력 점수는? _____ 점 / 총 **12점**
• 틀린 어휘의 뜻과 예문을 다시 꼼꼼히 살펴보자.

헷갈리기 쉬운 말

지그시	슬며시 힘을 주는 모양.	

예 그는 연주를 시작하기 전에 항상 몇 초 동안   눈을 감고 심호흡을 한다.

지긋이

① 나이가 비교적 많아 듬직하게.

예 그분은 나이가   들어 보인다.

② 참을성 있게 끈지게.

예 아이는 나이답지 않게 어른들 옆에   앉아서 이야기가 끝나길 기다렸다.

지피다

아궁이나 화덕 따위에 땔나무를 넣어 불을 붙이다.

예 아저씨는 벽난로에 불을   시고 우리에게 고구마를 구워 주셨다.

짚이다

헤아려 본 결과 어떠할 것으로 짐작이 가다.

예 그는 잠시 어리둥절한 표정이었으나, 이내   는 것이 있는 듯 눈빛을 반짝였다.

체

그럴듯하게 꾸미는 거짓 태도나 모양.

예 내가 아무리 말해도 그는 들은   도 하지 않았다.

채

이미 있는 상태 그대로 있다는 뜻을 나타내는 말.

예 선미는 벽에 기대앉은   로 잠이 들었다.

필수 개념 – 쓰기

계획하기
꾀할 計 | 새길 劃

글을 쓰기 위한 첫 번째 단계로, 글을 쓰는 목적, 글의 주제, 예상 독자 등을 생각해 보는 활동.

내용 선정하기
안 內 | 얼굴 容 | 가릴 選 | 정할 定

계획한 내용을 바탕으로 하여 글에 담을 내용을 마련하는 단계. 자신의 경험 및 배경지식을 떠올리거나, 인터넷이나 관련 서적 등 다양한 매체에서 자료를 수집하여 글에 쓸 내용을 선정한다.

내용 조직하기
안 內 | 얼굴 容 | 짤 組 | 짤 織

선정한 내용을 짜임새 있게 조직하는 단계. 글의 구성 단계에 따라 개요를 작성하면서 어떤 순서로 내용을 제시할 것인지 정한다.

표현하기
겉 表 | 나타날 現

조직한 내용을 바탕으로 하여 글을 쓰는 단계. 글의 종류나 내용, 예상 독자 등을 고려하여 다양한 표현 방법을 활용해 글을 쓴다.

■ 글을 쓸 때 활용할 수 있는 다양한 표현의 예

속담	옛날부터 사람들 사이에서 전해져 오는 지혜와 교훈이 담긴 짧은 말
관용어	둘 이상의 단어가 합쳐져 원래의 뜻과는 다른 특별한 뜻으로 굳어져서 쓰이는 말
명언	유명한 사람이 남긴 사리에 맞는 훌륭한 말

01 ~ 04 다음 단어와 그 뜻풀이를 바르게 연결하시오.

01 채 　•
　　　　　　　• ㉠ 참을성 있게 끈지게.

02 지그시 •
　　　　　　　• ㉡ 슬며시 힘을 주는 모양.

03 지피다 •
　　　　　　　• ㉢ 이미 있는 상태 그대로 있다
　　　　　　　　　는 뜻을 나타내는 말.

04 지긋이 •
　　　　　　　• ㉣ 아궁이나 화덕 따위에 땔나
　　　　　　　　　무를 넣어 불을 붙이다.

05 ~ 07 다음 문장에서 적절한 단어를 고르시오.

05 그는 나를 보고도 모르는 (채 | 체)를 하며 지나
가 버렸다.

06 나이가 (지그시 | 지긋이) 든 노인이 밖에서 널
기다리고 계셔.

07 그가 나에게 차갑게 구는 이유가 무엇인지, 아무
리 생각해도 (지피는 | 짚이는) 바가 없었다.

08 밑줄 친 단어의 쓰임이 적절하지 <u>않은</u> 것은?

① 시골집에 가면 아궁이에 불을 <u>지피고</u> 솥에 밥을 지
어 먹는다.

② 그는 내 어깨를 <u>지그시</u> 눌러 일어서던 나를 의자에
다시 앉혔다.

③ 동생은 풀이 죽은 목소리로 내내 고개를 숙인 <u>체</u> 잘
못을 사과했다.

④ 한번 책상에 앉았으면 공부든 독서든 <u>지긋이</u> 참고
하는 습관을 들여라.

⑤ 사물함에 선물을 넣어 둔 사람이 누구일지 곰곰이
생각해 보니, <u>짚이는</u> 사람이 한 명 있었다.

09 ~ 11 다음 설명이 알맞으면 ○에, 틀리면 ×에 표시
하시오.

09 쓰기의 과정 중 '내용 선정하기'는 자신의 경험이
나 배경지식, 다양한 매체 등을 활용하여 글에 담
을 내용을 마련하는 단계이다. 　　　(○ , ×)

10 쓰기의 과정 중 '표현하기'에서는 이전 단계에서
선정한 내용을 조직하여 글의 구성 단계에 따라
개요를 작성하여야 한다. 　　　　　(○ , ×)

11 둘 이상의 단어가 합쳐져 원래의 뜻과는 다른 특별
한 뜻으로 굳어져서 쓰이는 말을 관용어라고 한다.
　　　　　　　　　　　　　　　　　(○ , ×)

12 다음 혜나의 생각을 고려할 때, 계획하기 단계에서
결정한 사항과 거리가 <u>먼</u> 것은?

> 혜나: 올해 초에 전학을 간 내 단짝 세영이. 곧 세영이의 생일이
> 니까, 작은 선물과 함께 세영이를 그리워하고 있는 내 마음을
> 편지로 전해야겠다.

① 예상 독자를 세영이로 정한다.
② 본격적인 이야기의 순서를 정한다.
③ 편지글의 형식으로 마음을 표현하기로 한다.
④ 마음을 전하여 우정을 쌓는 목적으로 쓰려고 한다.
⑤ 주제는 '전학 간 세영이에 대한 그리움'으로 정한다.

13 다음이 어느 글의 첫 부분이라고 할 때, ㉠에서 사
용된 표현 방법을 쓰시오.

> ㉠'백지장도 맞들면 낫다'라는 말이 있다. 사람들 사이의 협
> 력을 강조한 말이다. 사람은 사회적 동물로 혼자서는 살아갈 수
> 없다. ……

나의 어휘력
점수는?
　　　　　　　　　　　　점 / 총 **13점**
• 틀린 어휘의 뜻과 예문을 다시 꼼꼼히 살펴보자.

필수 어휘

허위
빌 虛 | 거짓 僞

진실이 아닌 것을 진실인 것처럼 꾸민 것.

예 그는 실험을 하지 않아 놓고 실험을 한 것처럼 　　　　　로 보고서를 작성하였다.

> **유의어** 거짓 사실과 어긋난 것. 또는 사실이 아닌 것을 사실처럼 꾸민 것.

호소
부를 呼 | 하소연할 訴

억울하거나 딱한 사정을 남에게 간곡히 알림.

예 힘없는 백성은 억울함을 당하여도 　　　　　할 곳이 없었다.

> **어휘 쏙** 간곡(懇曲)히 간절하고 정성스러운 태도나 자세로.

확보
굳을 確 | 보전할 保

확실히 보증하거나 가지고 있음.

예 재판에 앞서 충분한 증거를 　　　　　해야 한다.

> **어휘 쏙** 보증(保證) 어떤 사물이나 사람에 대하여 책임지고 틀림이 없음을 증명함.

횡포
가로 橫 | 사나울 暴

제멋대로 굴며 몹시 난폭함.

예 기업의 　　　　　로 인한 소비자 고발이 늘고 있다.

효용
본받을 效 | 쓸 用

보람 있게 쓰거나 쓰임. 또는 그런 보람이나 쓸모.

예 약간의 긴장감은 일에 더욱 집중하게 한다는 점에서 　　　　　이 있다.

훼방
헐 毀 | 헐뜯을 謗

남의 일을 방해함.

예 그 녀석이 　　　　　을 놓는 바람에 일이 엉망이 되었어.

> **반의어** 협조(協助) 힘을 보태어 도움.

흠모
공경할 欽 | 사모할 慕

기쁜 마음으로 공경하며 사모함.

예 그 선생님은 인격이 훌륭하여 많은 이들의 　　　　　를 받았다.

> **어휘 쏙** 사모(思慕)하다 우러러 받들고 마음속 깊이 따르다.

흡사하다
마치 恰 | 같을 似

거의 같을 정도로 비슷하다.

예 두 사람은 형제처럼 외모가 　　　　　하다.

> **유의어** 유사(類似)하다 서로 비슷하다.

희한하다
드물 稀 | 드물 罕

매우 드물거나 신기하다.

예 어제는 맑은 하늘에서 천둥이 치고 해가 비치는데 우박이 후드득 떨어진 매우 　　　　　한 날씨였다.

01~05 다음 빈칸을 채워 십자말풀이를 완성하시오.

	01				
02				03	
		04			
05					

01 진실이 아닌 것을 진실인 것처럼 꾸민 것.

02 기쁜 마음으로 공경하며 사모함.

03 매우 드물거나 신기하다.

04 거의 같을 정도로 비슷하다.

05 보람 있게 쓰거나 쓰임. 또는 그런 보람이나 쓸모.

06~09 〈보기〉의 글자들을 조합하여 다음 뜻풀이에 알맞은 단어를 쓰시오.

보기
보 호 방 소 훼 포 확 횡

06 남의 일을 방해함. ( )

07 제멋대로 굴며 몹시 난폭함. ( )

08 확실히 보증하거나 가지고 있음. ( )

09 억울하거나 딱한 사정을 남에게 간곡히 알림. ( )

10~13 빈칸에 들어갈 알맞은 단어를 〈보기〉에서 찾아 쓰시오.

보기
보증 호소 효용 훼방 흠모

10 작업은 아무런 ( )도 받지 않고 순조롭게 진행되었다.

11 다리에 무리가 갔는지 그가 통증을 ( )하며 주저앉았다.

12 이 다이아몬드가 진짜라는 ( )은/는 이 증서를 보시면 알 수 있습니다.

13 뛰어난 능력과 겸손한 성품을 지닌 그 가수는 많은 후배들에게 ( )의 대상이었다.

14 밑줄 친 단어의 쓰임이 적절하지 <u>않은</u> 것은?

① 가진 자들의 횡포가 심해질수록 서민들의 저항도 거세졌다.

② 그 광고에 실려 있던 제품의 기능은 대부분이 <u>허위</u>로 밝혀졌다.

③ 운전자 없이 움직이는 <u>희한한</u> 자동차를 보고 그는 눈이 휘둥그레졌다.

④ 조용한 엄마와 수다스러운 이모는 생김새만 비슷할 뿐 성격은 완전히 <u>흡사</u>했다.

⑤ 이번에 개발된 프로그램은 특히 휴대 전화로 촬영한 동영상을 편집하는 데 <u>효용</u>이 있다.

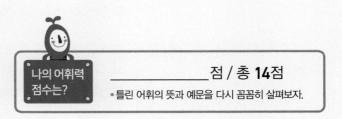

나의 어휘력 점수는? _____ 점 / 총 **14점**

• 틀린 어휘의 뜻과 예문을 다시 꼼꼼히 살펴보자.

관용 표현 – 주제별 속담

★ 삶의 이치

가랑비에 옷 젖는 줄 모른다	아무리 사소한 것이라도 그것이 거듭되면 무시하지 못할 정도로 크게 됨을 이르는 말. 예 가랑비에 [ ]고, 숙제를 하루 이틀 미루다 보니 어느새 할 일이 무시무시하게 쌓였다.
등잔 밑이 어둡다	대상에서 가까이 있는 사람이 도리어 대상에 대하여 잘 알기 어렵다는 말. 예 [ ]더니, 옆집에 연예인이 사는 걸 이사 갈 때야 알게 됐다.

★ 성급함

급하면 바늘허리에 실 매어 쓸까	일에는 일정한 순서가 있고 때가 있는 것이므로, 아무리 급해도 순서를 밟아서 일해야 함을 이르는 말. 예 바쁠수록 침착하게 행동해야지, 아무리 급하다고 [ ] 쓸까?
급히 먹는 밥이 목이 멘다	너무 급히 서둘러 일을 하면 잘못하고 실패하게 됨을 이르는 말. 예 [ ]이 목이 멘다고, 서두르다 일을 망칠 수 있으니 차분하게 해라.
우물에 가 숭늉 찾는다	모든 일에는 질서와 차례가 있는 법인데 일의 순서도 모르고 성급하게 덤빔을 이르는 말. 예 우물에 가 [ ]더니, 아직 음식 재료 손질도 다 안 끝났는데 숟가락 챙기고 먹을 준비부터 하니?

★ 기대와 다른 결과

남의 다리 긁는다	① 기껏 한 일이 결국 남 좋은 일이 됨을 이르는 말. 예 [ ]더니, 내가 용돈 모아 산 옷을 나보다 형이 더 자주 입는다. ② 자기가 해야 할 일을 모른 채 엉뚱하게 다른 일을 함을 이르는 말. 예 [ ]더니, 진아는 다른 모둠원이 맡은 부분을 조사해 왔다.
믿는 도끼에 발등 찍힌다	잘되리라고 믿고 있던 일이 어긋나거나 믿고 있던 사람이 배반하여 오히려 해를 입음을 이르는 말. 예 믿는 도끼에 [ ]고, 믿었던 그가 내 비밀을 사람들에게 말하고 다녔다.
빈대 잡으려고 초가삼간 태운다	손해를 크게 볼 것을 생각지 아니하고 자기에게 마땅치 아니한 것을 없애려고 그저 덤비기만 하는 경우를 이르는 말. 예 잡초를 없애겠다고 밭을 전부 갈아엎다니, [ ] 초가삼간 태우는 격이구나.

01 ~ 04 다음 뜻풀이에 해당하는 속담을 <보기>에서 찾아 기호를 쓰시오.

┤ 보기 ├
㉠ 등잔 밑이 어둡다
㉡ 가랑비에 옷 젖는 줄 모른다
㉢ 빈대 잡으려고 초가삼간 태운다
㉣ 급하면 바늘허리에 실 매어 쓸까

01 대상에서 가까이 있는 사람이 도리어 대상에 대하여 잘 알기 어렵다는 말. ( )

02 아무리 사소한 것이라도 그것이 거듭되면 무시하지 못할 정도로 크게 됨을 이르는 말. ( )

03 일에는 일정한 순서가 있고 때가 있는 것이므로, 아무리 급해도 순서를 밟아서 일해야 함을 이르는 말. ( )

04 손해를 크게 볼 것을 생각지 아니하고 자기에게 마땅치 아니한 것을 없애려고 그저 덤비기만 하는 경우를 이르는 말. ( )

05 ~ 08 제시된 초성을 참고하여 뜻풀이에 해당하는 속담을 완성하시오.

05 남의 ㄷ ㄹ 긁는다
→ 기껏 한 일이 결국 남 좋은 일이 됨.

06 급히 먹는 ㅂ 이 ㅁ 이 멘다
→ 너무 급히 서둘러 일을 하면 잘못하고 실패하게 됨.

07 ㅇ ㅁ 에 가 ㅅ ㄴ 찾는다
→ 모든 일에는 질서와 차례가 있는 법인데 일의 순서도 모르고 성급하게 덤빔.

08 믿는 ㄷ ㄲ 에 ㅂ ㄷ 찍힌다
→ 잘되리라고 믿고 있던 일이 어긋나거나 믿고 있던 사람이 배반하여 오히려 해를 입음.

09 ~ 11 밑줄 친 속담의 쓰임이 적절하면 ○에, 그렇지 않으면 ×에 표시하시오.

09 가희: 어제 공연 보니까 네 동생 춤 잘 추더라!
지수: 등잔 밑이 어둡다고, 내 동생이 댄스 동아리 회장인 걸 여태 몰랐지 뭐야. (○ , ×)

10 재영: 다미야, 아까 우리 모둠 영상 촬영한 거 있지? 그거 경연 대회에 응모했니?
다미: 우물에 가 숭늉 찾는구나. 촬영한 거 아직 편집도 안 했어. (○ , ×)

11 유진: 발표 준비 때문에 걱정이 컸는데, 진영이가 자기 일처럼 도와줘서 잘 끝마칠 수 있었어.
민석: 믿는 도끼에 발등 찍힌다더니, 믿고 의지할 수 있는 친구가 제일이네! (○ , ×)

12 ~ 14 빈칸에 들어갈 적절한 속담을 <보기>에서 찾아 기호를 쓰시오.

┤ 보기 ├
㉠ 남의 다리 긁는다
㉡ 급히 먹는 밥이 목이 멘다
㉢ 가랑비에 옷 젖는 줄 모른다

12 ( )고, 문제를 꼼꼼히 안 읽고 빠르게 답만 찾으려고 해서는 아는 것도 틀리기 십상이다.

13 ( )더니, 학교에 일찍 와서 화분에 물을 주고 청소도 했는데 내가 당번인 날이 아니었다.

14 틈틈이 사진을 찍어 컴퓨터에 파일을 보관했더니, ( )고 어느 순간 용량이 너무 커져서 컴퓨터가 제대로 작동하지 못할 지경이 되었다.

나의 어휘력 점수는? _____점 / 총 **14점**
• 틀린 어휘의 뜻과 예문을 다시 꼼꼼히 살펴보자.

다의어 · 동음이의어

풀다	① 묶이거나 감기거나 얽히거나 합쳐진 것 따위를 그렇지 않은 상태로 되게 하다. 예 산책을 다녀온 뒤 강아지의 목줄을 ⬚⬚⬚ 어 주었다. ② 일어난 감정 따위를 누그러뜨리다. 예 그가 사과를 해서 화를 ⬚⬚⬚ 기로 했다. ③ 모르거나 복잡한 문제 따위를 알아내거나 해결하다. 예 지호는 시험 시간이 모자라서 마지막 문제를 못 ⬚⬚⬚ 었다.
훔치다¹	물기나 때 따위가 묻은 것을 닦아 말끔하게 하다. 예 그는 창가에 쌓인 먼지를 걸레로 ⬚⬚⬚⬚ 고 난 뒤 유리창을 닦기 시작했다.
훔치다²	남의 물건을 남몰래 슬쩍 가져다가 자기 것으로 하다. 예 아무리 갖고 싶을지라도 남의 것을 ⬚⬚⬚⬚ 면 안 된다.
흐리다	① 기억력이나 판단력 따위가 분명하지 아니하다. 예 울릉도에 간 것은 너무 어렸을 때 일이어서 기억이 ⬚⬚⬚ 다. ② 잡것이 섞여 깨끗하지 못하다. 예 비가 온 다음이라 그런지 냇물이 ⬚⬚⬚ 다. ③ 하늘에 구름이나 안개 따위가 끼어 햇빛이 밝지 못하다. 예 내일은 곳에 따라 ⬚⬚⬚ 고 눈이 오겠습니다.

필수 개념 – 쓰기

고쳐쓰기	글을 쓸 때에 글의 잘못된 부분을 바로잡아서 다시 쓰는 일. 글의 목적에 맞게 내용을 구성하고 독자가 이해하기 쉽도록 글을 개선하는 데 목적이 있다.

■ 고쳐쓰기를 할 때 고려해야 할 점

고쳐쓰기를 할 때에는 글 전체, 문단, 문장, 단어 등 다양한 수준에서 내용이나 표현이 어색한 부분을 수정하고 부족한 내용을 보완한다.

글 전체	• 주제에서 벗어난 내용은 없는가? • 글은 짜임새 있게 구성되어 있는가? • 독자의 이해를 돕기 위해 추가할 내용이나 보조 자료는 없는가? • 주제와 연관되고 독자의 흥미를 끌 수 있는 제목인가?
문단	• 문단의 중심 내용에서 벗어난 내용은 없는가? • 앞뒤 문장이 자연스럽게 이어지는가?
문장	• 문장의 뜻이 분명하게 드러나는가? • 문장이 문법적으로 올바른가? • 문장의 길이는 적절한가?
단어	• 잘못 쓰거나 빠뜨린 글자는 없는가? • 띄어쓰기는 올바른가? • 독자의 수준에 맞는 단어를 사용하였는가?

01~03 밑줄 친 단어의 뜻풀이로 알맞은 것을 고르시오.

01 판단이 흐린 사람에게 결정을 맡길 수 없다.
　㉠ 잡것이 섞여 깨끗하지 못하다.
　㉡ 기억력이나 판단력 따위가 분명하지 아니하다.

02 얼레에서 줄을 풀자 연이 하늘 높이 날아올랐다.
　㉠ 일어난 감정 따위를 누그러뜨리다.
　㉡ 묶이거나 감기거나 얽히거나 합쳐진 것 따위를 그렇지 않은 상태로 되게 하다.

03 농부는 수건으로 얼굴에 흐르는 땀을 훔쳤다.
　㉠ 물기나 때 따위가 묻은 것을 닦아 말끔하게 하다.
　㉡ 남의 물건을 남몰래 슬쩍 가져다가 자기 것으로 하다.

04~08 밑줄 친 단어의 뜻을 〈보기〉에서 찾아 기호를 쓰시오.

> ─── 보기 ───
> ㉠ 잡것이 섞여 깨끗하지 못하다.
> ㉡ 일어난 감정 따위를 누그러뜨리다.
> ㉢ 모르거나 복잡한 문제 따위를 알아내거나 해결하다.
> ㉣ 남의 물건을 남몰래 슬쩍 가져다가 자기 것으로 하다.
> ㉤ 하늘에 구름이나 안개 따위가 끼어 햇빛이 밝지 못하다.

04 날이 잔뜩 흐린 게 비가 올 것 같다.　（　　　）

05 언짢은 기분을 풀려고 밝은 음악을 틀었다.
　　　　　　　　　　　　　　　　　　（　　　）

06 차창에 먼지가 끼어서 밖이 뿌옇게 흐려 보였다.
　　　　　　　　　　　　　　　　　　（　　　）

07 누군가 회사 컴퓨터의 암호를 풀고 문서를 복사해 갔다.　　　　　　　　　　　　　（　　　）

08 장 발장은 빵 한 조각을 훔친 죄로 19년 동안 옥살이를 하였다.　　　　　　　　　（　　　）

09~10 다음 설명이 알맞으면 ○에, 틀리면 ×에 표시하시오.

09 고쳐쓰기는 다양한 표현 방법을 활용하여 본격적으로 글을 쓰는 일을 가리킨다.　（ ○ , × ）

10 고쳐쓰기는 글의 목적에 맞게 내용을 구성하고 독자가 이해하기 쉽도록 글을 개선하는 데 목적이 있다.　（ ○ , × ）

11 고쳐쓰기를 할 때 점검해야 할 내용으로 적절하지 <u>않은</u> 것은?

① 앞뒤 문장이 자연스럽게 이어지는가?
② 문장을 길고 화려하게 표현하였는가?
③ 독자의 수준에 맞는 단어를 사용하였는가?
④ 문단의 중심 내용에서 벗어난 내용은 없는가?
⑤ 주제와 연관되고 독자의 흥미를 끌 수 있는 제목인가?

12 다음 글을 점검하여, ㉠과 ㉡을 각각 어떻게 고쳐야 할지 쓰시오.

> 웃음의 효과를 살펴보자. 자주 크게 웃으면 몸 안에서 엔도르핀이 많이 분비된다. ㉠나는 요즘 숙제가 많아 스트레스를 심하게 받고 있다. 또 혈액 순환이 활발해지고 면역력도 강해진다. ㉡그러나 자주 웃을수록 몸도 마음도 건강해지고 활기찬 생활을 할 수 있을 것이다.

㉠: _____

㉡: _____

나의 어휘력 점수는?　　　　　　_____점 / 총 **12점**
　● 틀린 어휘의 뜻과 예문을 다시 꼼꼼히 살펴보자.

중학 국어

일등급 어휘력

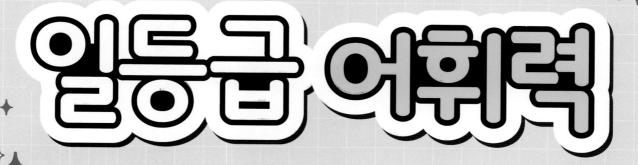

교과서 어휘, 다의어, 동음이의어, 한자 성어, 속담,
관용어, 헷갈리기 쉬운 말, 국어 개념어

중학교 필수 어휘
최다 수록
+
국어 영역별
필수 개념어 수록
+
이해를 돕기 위한
다양한 예문&문제
+
어휘력 향상을 위한
최적의 학습 시스템

중학 국어

일등급 독해력

독해력을 키우는 단 계 별 · 수 준 별 맞춤 훈련

- 독해의 원리와 방법을 알려 주는 6가지 비법

- 세상을 바라보는 눈을 키워 주는 48개의 지문

- 수능의 출제 원리를 반영한 수준 높은 문제

- 어휘력을 기를 수 있는 다양한 어휘 학습 장치

- 전 지문과 문제를 재수록해 꼼꼼하게 분석한 해설

수업과 시험에 꼭 필요한 758개 필수 어휘 총정리

중학국어

일등급
어휘력

2

어휘력 테스트 & 정답과 해설

어휘력
테스트

01 ~ 04 다음 단어와 그 뜻풀이를 바르게 연결하시오.

01 가독성 • • ㉠ 목표물을 겨누다.

02 거지반 • • ㉡ 거의 절반 가까이.

03 겨냥하다 • • ㉢ 사상이나 의지 따위가 동요됨이 없이 확고하다.

04 견고하다 • • ㉣ 인쇄물이 얼마나 쉽게 읽히는가 하는 능률의 정도.

05 ~ 08 다음 빈칸에 들어갈 알맞은 단어를 <보기>에서 찾아 쓰시오.

┤ 보기 ├
가담 개선 거동 결속

05 직원들은 회사 측에 근무 환경의 (   )을 요구하였다.

06 그들은 독립운동에 (   )하기 위해 만주로 건너갔다.

07 우리 모임의 (   )을 다지기 위해 다 같이 등산을 하기로 했다.

08 우리는 길을 가다 (   )이 불편해 보이시는 할아버지를 도와드렸다.

09 ~ 12 밑줄 친 단어의 쓰임이 적절하면 ○에, 그렇지 않으면 ×에 표시하시오.

09 나와 친구의 키를 <u>겨누어</u> 보니 친구의 키를 대충 알 수 있었다. (○ , ×)

10 이번 행사를 치르는 데 <u>겉잡아도</u> 수백만 원의 비용이 들 것이다. (○ , ×)

11 이 많은 이삿짐을 혼자 정리하려면 <u>걷잡아도</u> 삼 일은 걸릴 듯하다. (○ , ×)

12 그는 고통스럽게 살아가는 <u>가없는</u> 영혼들을 구원해 달라고 하늘에 빌었다. (○ , ×)

13 ~ 18 다음 뜻풀이에 해당하는 한자 성어를 <보기>에서 찾아 쓰시오.

┤ 보기 ├
간담상조 군계일학 낭중지추
백절불굴 지란지교 칠전팔기

13 서로 속마음을 털어놓고 친하게 사귐.
(   )

14 백 번 꺾여도 굴하지 않는다는 뜻으로, 어떤 어려움에도 굽히지 않음. (   )

15 지초와 난초의 교제라는 뜻으로, 벗 사이의 맑고도 고귀한 사귐을 이르는 말. (   )

16 닭의 무리 가운데에서 한 마리의 학이란 뜻으로, 많은 사람 가운데에서 뛰어난 인물을 이르는 말.
(   )

17 주머니 속의 송곳이라는 뜻으로, 재능이 뛰어난 사람은 숨어 있어도 저절로 사람들에게 알려짐을 이르는 말. (   )

18 일곱 번 넘어지고 여덟 번 일어난다는 뜻으로, 여러 번 실패하여도 굴하지 아니하고 꾸준히 노력함을 이르는 말. (   )

19 ~ 20 다음 빈칸에 들어갈 적절한 말을 쓰시오.

19 시에서 화자가 노래하는 대상을 (   )(이)라고 한다.

20 시의 (   )은/는 시에 드러나는 화자 특유의 말하기 방식이나 말씨로, 화자의 나이, 성별, 성격 등에 따라 달라진다.

_____ 점 / 총 **20**점
● 틀린 어휘는 본문으로 가서 다시 한번 살펴보자.

02회 어휘력 테스트

01 ~ 05 다음 단어와 그 뜻풀이를 바르게 연결하시오.

01 계책 •

02 고려 •

03 경솔하다 •

04 경이롭다 •

05 고루하다 •

• ㉠ 생각하고 헤아려 봄.

• ㉡ 놀랍고 신기한 데가 있다.

• ㉢ 말이나 행동이 조심성 없이 가볍다.

• ㉣ 어떤 일을 이루기 위하여 꾀나 방법을 생각해 냄.

• ㉤ 낡은 관념이나 습관에 젖어 고집이 세고 새로운 것을 잘 받아들이지 아니하다.

06 ~ 09 다음 빈칸에 들어갈 알맞은 단어를 <보기>에서 찾아 쓰시오.

┤ 보기 ├

겸허   고립   고역   경각심

06 활동적인 성격의 재희에게는 가만히 앉아서 일을 하는 것이 (   )이었다.

07 사람은 다른 사람의 진심 어린 충고를 (   ) 하게 받아들여야 발전할 수 있다.

08 전염병 확산을 막으려면 국민들이 더욱 (   )을/를 갖고 위생 관리를 철저히 해야 한다.

09 외부와의 교류를 막는 정책을 계속하다가는 국제적으로 (   ) 상태에 빠질 수 있다는 점을 잊지 말아야 한다.

10 ~ 12 초성을 참고하여 밑줄 친 단어의 뜻풀이를 완성하시오.

10 감사의 마음을 표현할 <u>길</u>이 없습니다.
→ 방법이나 (ㅅ ㄷ).

11 계주에서 우리 반이 뒤처지자 아이들은 마지막 주자에게 <u>기대</u>를 걸었다.
→ 앞으로의 일에 대한 (ㅎ ㅁ) 따위를 품거나 기대하다.

12 배가 바다를 <u>가르며</u> 질풍같이 달리고 있었다.
→ 물체가 공기나 (ㅁ)을 양옆으로 열며 움직이다.

13 ~ 17 다음 뜻풀이에 해당하는 관용어를 <보기>에서 찾아 기호를 쓰시오.

┤ 보기 ├

㉠ 간이 크다
㉡ 손에 익다
㉢ 손을 끊다
㉣ 간이 떨리다
㉤ 발 벗고 나서다

13 적극적으로 나서다. (   )

14 일이 손에 익숙해지다. (   )

15 겁이 없고 매우 대담하다. (   )

16 마음속으로 몹시 겁이 나다. (   )

17 교제나 거래 따위를 중단하다. (   )

18 ~ 20 다음 설명이 적절하면 ○에, 그렇지 않으면 ×에 표시하시오.

18 시를 읽을 때 느껴지는 말의 가락, 리듬을 운율이라고 한다. (○ , ×)

19 시에서 일정한 글자 수가 반복되거나 음보가 반복되면 운율이 형성된다. (○ , ×)

20 시의 겉에 뚜렷하게 드러나지 않고 시 속에서 은근하게 느껴지는 운율을 외형률이라고 한다.
(○ , ×)

나의 어휘력 점수는?

_____점 / 총 **20**점

• 틀린 어휘는 본문으로 가서 다시 한번 살펴보자.

01 ~ 04 다음 단어와 그 뜻풀이를 바르게 연결하시오.

01 관망 •　　　• ㉠ 정도에 지나치다.

02 괄시 •　　　• ㉡ 고요하고 아늑하다.

03 과도하다 •　　　• ㉢ 업신여겨 하찮게 대함.

04 고즈넉하다 •　　　• ㉣ 한발 물러나서 어떤 일이 되어 가는 형편을 바라봄.

05 ~ 08 다음 빈칸에 들어갈 알맞은 단어를 <보기>에서 찾아 쓰시오.

┤ 보기 ├
골몰　관측　교섭　구사

05 어린 시절에 은하수를 (　　　　)하며 나는 우주의 경이로움을 온몸으로 느꼈다.

06 그는 어릴 때 외국으로 건너가 그곳에서 자라서 모국어 (　　　　) 능력이 떨어진다.

07 어머니는 텃밭을 만드는 작업에 (　　　　)하느라 외출도 안 하고 사람도 만나지 않았다.

08 정부는 해외로 유출된 우리 문화재를 되찾기 위해 여러 방면으로 (　　　　)을/를 벌이고 있다.

09 ~ 12 밑줄 친 단어의 쓰임이 적절하면 ○에, 그렇지 않으면 ×에 표시하시오.

09 우리들은 모두 그저 그런 보통 사람이다. (○ , ×)

10 그는 재봉틀로 아이의 구멍 난 옷을 깁고 있었다. (○ , ×)

11 사촌 언니가 타던 인라인스케이트를 거저 얻게 되었다. (○ , ×)

12 흥부는 먹을 것을 얻기 위해 놀부의 집에 갔다가 갖은 수모를 당하였다. (○ , ×)

13 ~ 18 다음 뜻풀이에 해당하는 한자 성어를 <보기>에서 찾아 쓰시오.

┤ 보기 ├
감언이설　교학상장　수불석권
설왕설래　등화가친　위편삼절

13 손에서 책을 놓지 아니하고 늘 글을 읽음.
(　　　　)

14 가르치고 배우는 과정에서 스승과 제자가 함께 성장함.
(　　　　)

15 서로 변론을 주고받으며 옥신각신함. 또는 말이 오고 감.
(　　　　)

16 귀가 솔깃하도록 남의 비위를 맞추거나 이로운 조건을 내세워 꾀는 말.
(　　　　)

17 공자가 주역을 즐겨 읽어 책의 가죽끈이 세 번이나 끊어졌다는 뜻으로, 책을 열심히 읽음을 이르는 말.
(　　　　)

18 등불을 가까이할 만하다는 뜻으로, 서늘한 가을밤은 등불을 가까이 하여 글 읽기에 좋음을 이르는 말.
(　　　　)

19 ~ 20 다음 빈칸에 들어갈 적절한 말을 쓰시오.

19 반어법은 말하고자 하는 의도나 감정을 (　　　　)(으)로 표현하는 방법이다.

20 (　　　　)은 논리적으로 이치에 맞지 않는 말 속에 진리를 담아 표현하는 방법으로, 익숙한 인식을 낯설게 하여 새로움을 느끼게 한다.

나의 어휘력 점수는?

_____ 점 / 총 **20점**

● 틀린 어휘는 본문으로 가서 다시 한번 살펴보자.

01 ~ 05 다음 단어와 그 뜻풀이를 바르게 연결하시오.

01 구제 •   • ㉠ 사물이 처음으로 생김.

02 근절 •   • ㉡ 도움이 되도록 이바지하다.

03 기원 •   • ㉢ 다시 살아날 수 없도록 아주 뿌리째 없애 버림.

04 근시안적 •   • ㉣ 자연적인 재해나 사회적인 피해를 당하여 어려운 처지에 있는 사람을 도와줌.

05 기여하다 •   • ㉤ 앞날의 일이나 사물 전체를 보지 못하고 눈앞의 부분적인 현상에만 사로잡히는 것.

06 ~ 09 다음 빈칸에 들어갈 알맞은 단어를 <보기>에서 찾아 쓰시오.

┤ 보기 ├
구전   극한   급감   기별

06 시골집 개가 새끼를 낳았다는 (   )을 받았다.

07 설화 중에는 서민층에 (   )되다가 소설로 정착된 것들이 있다.

08 체중이 특별한 이유 없이 (   )할 경우 건강에 이상이 없는지 점검해야 한다.

09 그는 일제 강점기에 우리말과 우리글을 쓰지 못하는 (   ) 상황에서도 창작 활동을 멈추지 않았다.

10 ~ 12 초성을 참고하여 밑줄 친 단어의 뜻풀이를 완성하시오.

10 운동을 하기 위해 아침 기상 시간을 앞당겼다.
→ (ㅈ ㅈ ㄹ)에서 일어남.

11 그는 기술이 좋은 정비사라 차를 금방 고쳤다.
→ 사물을 잘 다룰 수 있는 (ㅂ ㅂ)이나 능력.

12 나는 요즘 콩나물을 기르는 재미에 푹 빠져 있다.
→ (ㄷ ㅅ ㅁ)을 보살펴 자라게 하다.

13 ~ 17 다음 뜻풀이에 해당하는 속담을 <보기>에서 찾아 기호를 쓰시오.

┤ 보기 ├
㉠ 꿩 먹고 알 먹기
㉡ 꾸어다 놓은 보릿자루
㉢ 뛰는 놈 위에 나는 놈 있다
㉣ 벼 이삭은 익을수록 고개를 숙인다
㉤ 오르지 못할 나무는 쳐다보지도 마라

13 한 가지 일을 하여 두 가지 이상의 이익을 보게 됨을 이르는 말.   (   )

14 자기의 능력 밖의 불가능한 일에 대해서는 처음부터 욕심을 내지 않는 것이 좋다는 말.   (   )

15 여럿이 모여 이야기하는 자리에서 아무 말도 하지 않고 한옆에 가만히 있는 사람을 이르는 말.   (   )

16 교양이 있고 수양을 쌓은 사람일수록 겸손하고 남 앞에서 자기를 내세우려 하지 않는다는 것을 이르는 말.   (   )

17 아무리 재주가 뛰어나다 하더라도 그보다 더 뛰어난 사람이 있다는 뜻으로, 스스로 뽐내는 사람을 경계하여 이르는 말.   (   )

18 ~ 20 다음 설명이 적절하면 ○에, 그렇지 않으면 ×에 표시하시오.

18 설의법은 당연한 사실이나 결론이 분명한 내용을 물어보는 형식으로 표현하는 방법이다.   (○ , ×)

19 '가물음 땅에 스며든 더운 김이 / 등에 서리나니, 훈훈히'에는 도치법이 사용되었다.   (○ , ×)

20 '밤중의 광명이 너만 한 이 또 있느냐.'에는 구조가 같거나 비슷한 문장을 나란히 배열하는 표현 방법이 사용되었다.   (○ , ×)

나의 어휘력 점수는?

_____ 점 / 총 **20**점

• 틀린 어휘는 본문으로 가서 다시 한번 살펴보자.

01 ~ 04 다음 단어와 그 뜻풀이를 바르게 연결하시오.

01 남용 •

02 뇌다 •

03 난무하다 •

04 느닷없이 •

• ㉠ 함부로 나서서 마구 날뛰다.

• ㉡ 일정한 기준이나 한도를 넘어서 함부로 씀.

• ㉢ 나타나는 모양이 아주 뜻밖이고 갑작스럽게.

• ㉣ 지나간 일이나 한 번 한 말을 여러 번 거듭 말하다.

05 ~ 08 다음 빈칸에 들어갈 알맞은 단어를 <보기>에서 찾아 쓰시오.

┤ 보기 ├

낙방 납득 노상 논쟁

05 어린 시절에는 여름만 되면 (   ) 뒷산 계곡에 가서 놀았었다.

06 이번 국회 의원 선거에서 그는 겨우 200표 차이로 아깝게 (   )하였다.

07 어제 왜 연락도 없이 조 모임에 빠졌는지 우리가 (   )할 수 있도록 설명해 줘.

08 그의 새 작품을 두고 평론가들 사이에서는 표절인지 아닌지에 대한 (   )이 벌어졌다.

09 ~ 12 밑줄 친 단어의 쓰임이 적절하면 ○에, 그렇지 않으면 ×에 표시하시오.

09 길 건너 핫도그 가계에 손님들이 많다. (○ , ×)

10 정현이는 하루 종일 배를 곯아 기운이 없었다.
  (○ , ×)

11 논에서 일하는 농부의 얼굴은 햇볕에 검게 그슬려 있었다.
  (○ , ×)

12 형은 동생이 방에 들어오는지도 모르고 코를 곯며 자고 있었다.
  (○ , ×)

13 ~ 17 다음 빈칸에 들어갈 적절한 한자 성어를 <보기>에서 찾아 쓰시오.

┤ 보기 ├

반면교사 분골쇄신 형설지공
절차탁마 주마가편

13 뼈를 가루로 만들고 몸을 부순다는 뜻으로, 정성으로 노력함을 이르는 말. (   )

14 달리는 말에 채찍질한다는 뜻으로, 잘하는 사람을 더욱 장려함을 이르는 말. (   )

15 사람이나 사물 따위의 부정적인 면에서 얻는 깨달음이나 가르침을 주는 대상을 이르는 말.
  (   )

16 옥이나 돌 따위를 갈고 닦아서 빛을 낸다는 뜻으로, 부지런히 학문과 덕행을 닦음을 이르는 말.
  (   )

17 반딧불·눈과 함께 하는 노력이라는 뜻으로, 고생을 하면서 부지런하고 꾸준하게 공부하는 자세를 이르는 말. (   )

18 ~ 20 다음 빈칸에 들어갈 적절한 말을 쓰시오.

18 시조의 기본 형식은 (   )장 (   )구 (   )자 내외이다.

19 시조는 (   )음보 운율이 드러나며, (   )의 첫 음보는 3음절로 고정되는 것이 특징이다.

20 평시조는 조선 전기에 주로 (   ) 계층이 창작하고 즐겼으며, 유교적 사상이나 (   )에서 느끼는 한가로운 삶 등을 노래하였다.

나의 어휘력 점수는?

_____점 / 총 **20**점

• 틀린 어휘는 본문으로 가서 다시 한번 살펴보자.

01 ~ 05 다음 단어와 그 뜻풀이를 바르게 연결하시오.

01 달관 •

• ㉠ 단순하고 변화가 없어 새로운 느낌이 없다.

02 동조 •

• ㉡ 상대편에게 맞서서 대듦. 또는 그런 말이나 행동.

03 대거리 •

• ㉢ 거리낌이나 불만이 있어 마음이 흡족하지 아니하다.

04 단조롭다 •

• ㉣ 남의 주장에 자기의 의견을 일치시키거나 보조를 맞춤.

05 달갑잖다 •

• ㉤ 사소한 사물이나 일에 얽매이지 않고 세속을 벗어난 활달한 식견이나 인생관에 이름.

06 ~ 09 다음 빈칸에 들어갈 알맞은 단어를 <보기>에서 찾아 쓰시오.

┤ 보기 ├

다변화   달음질   도화선   독자적

06 국제화 시대에는 외교 정책을 (   )하여 여러 나라와 협력해야 한다.

07 그 회사가 갑자기 상품 가격을 낮춘 것이 업체들 간 가격 경쟁의 (   )이/가 되었다.

08 가까이 다가오던 고양이는 자동차 경적 소리에 놀라 반대편으로 (   )을/를 쳐 버렸다.

09 당나라 때의 서예가 구양순은 왕희지의 글씨를 익힌 뒤 자기만의 (   ) 서체를 개발하였다.

10 ~ 12 초성을 참고하여 밑줄 친 단어의 뜻풀이를 완성하시오.

10 누나는 한 달 차비로 5만 원 내외를 쓴다.
→ 약간 덜하거나 (ㄴ ㅇ).

11 나는 내일부터 꼭 운동을 하겠다고 마음을 다졌다.
→ (ㅁ ㅇ)이나 (ㄸ)을 굳게 가다듬다.

12 어버이날 아침에 동생이 종이로 만든 카네이션을 부모님께 달아 드렸다.
→ 물건을 일정한 곳에 (ㅂ ㅇ ㄷ).

13 ~ 17 다음 뜻풀이에 해당하는 관용어를 <보기>에서 찾아 기호를 쓰시오.

┤ 보기 ├

㉠ 머리가 굵다
㉡ 머리를 짓누르다
㉢ 가슴이 서늘하다
㉣ 가슴에 손을 얹다
㉤ 머리 꼭대기에 앉다

13 양심에 근거를 두다.   (   )

14 정신적으로 강한 자극이 오다.   (   )

15 상대방의 생각이나 행동을 꿰뚫다.   (   )

16 어른처럼 생각하거나 판단하게 되다.   (   )

17 두려움으로 마음속에 찬 바람이 이는 것같이 선득하다.   (   )

18 ~ 20 다음 설명이 적절하면 ○에, 그렇지 않으면 ×에 표시하시오.

18 사설시조는 조선 초기부터 주로 양반 계층이 창작하고 즐겼다.   (○ , ×)

19 풍자는 부정적인 대상을 비꼬거나 조롱함으로써 직접적으로 비판하는 표현 방법이다.   (○ , ×)

20 해학은 인간에 대한 동정과 이해, 긍정적 시선을 바탕으로 선의의 웃음을 유발하는 것이다. (○ , ×)

나의 어휘력 점수는?

_____점 / 총 **20**점

• 틀린 어휘는 본문으로 가서 다시 한번 살펴보자.

01 ~ 04 다음 단어와 그 뜻풀이를 바르게 연결하시오.

01 등재 •

• ㉠ 서적이나 잡지 따위에 실음.

02 딴지 •

• ㉡ 마음이 내키지 않는 데가 있다.

03 마름 •

• ㉢ 땅 주인을 대신하여 소작권을 관리하는 사람.

04 떨떠름 하다 •

• ㉣ 일이 순순히 진행되지 못하도록 훼방을 놓거나 어기대는 것.

05 ~ 08 다음 빈칸에 들어갈 알맞은 단어를 <보기>에서 찾아 쓰시오.

┤ 보기 ├

명소   모면   맹목적   명실상부

05 부모에게 (   )(으)로 순종하는 것만이 효라고 볼 수는 없다.

06 우리 고장의 (   )을/를 소개하는 글이 지역 신문에 실렸다.

07 그녀는 (   ) 우리나라 스포츠계의 살아 있는 역사라 할 만하다.

08 용궁에 간 토끼는 지금은 배 속에 간이 없다는 거짓말로 죽을 위기를 (   )했다.

09 ~ 12 밑줄 친 단어의 쓰임이 적절하면 ○에, 그렇지 않으면 ×에 표시하시오.

09 가계부에는 수입과 지출 내역이 기록되어 있다.
(○ , ×)

10 옛날에는 지금과 달리 사회 변화의 속도가 느렸다.
(○ , ×)

11 엿장수는 우리들 앞에서 엿가락을 길게 늘려 보였다.
(○ , ×)

12 올해 우리 학교 방송반은 모집 인원을 늘이기로 결정하였다.
(○ , ×)

13 ~ 17 다음 뜻풀이에 해당하는 한자 성어를 <보기>에서 찾아 쓰시오.

┤ 보기 ├

맥수지탄   연모지정   오매불망
침소봉대   허장성세

13 자나 깨나 잊지 못함.   (   )

14 이성을 사랑하여 간절히 그리워하는 마음.
(   )

15 실속은 없으면서 큰소리치거나 허세를 부림.
(   )

16 작은바늘을 큰 몽둥이라고 한다는 뜻으로, 작은 일을 크게 부풀려 떠벌림을 이르는 말.
(   )

17 보리만 무성하게 자란 것을 탄식함이라는 뜻으로, 고국의 멸망을 한탄함을 이르는 말.
(   )

18 ~ 20 다음 빈칸에 들어갈 적절한 말을 쓰시오.

18 (   )은/는 소설 구성의 3요소 중 하나로, 등장인물이 겪거나 벌이는 일들을 말한다.

19 (   )을/를 사용하면 앞으로 일어날 사건을 독자에게 넌지시 알려 줌으로써, 사건에 (   )을/를 부여할 수 있다.

20 작가가 한 편의 이야기를 전개하기 위해 사용하는 글의 재료를 (   )(이)라고 하며, 이를 대하는 인물의 태도를 통해 인물의 심리 상태나 (   )을/를 보여 줄 수 있다.

나의 어휘력 점수는?

_____ 점 / 총 **20**점

• 틀린 어휘는 본문으로 가서 다시 한번 살펴보자.

01 ~ 05 다음 단어와 그 뜻풀이를 바르게 연결하시오.

01 무단 •　　　• ㉠ 두 눈썹의 사이.

02 미간 •　　　• ㉡ 말없이 잠잠하다.

03 밑천 •　　　• ㉢ 수줍거나 창피하여 볼 낯이 없음.

04 무안하다 •　　　• ㉣ 사전에 허락이 없음. 또는 아무 사유가 없음.

05 묵묵하다 •　　　• ㉤ 어떤 일을 하는 데 바탕이 되는 돈이나 물건, 기술, 재주 따위를 이르는 말.

06 ~ 09 다음 빈칸에 들어갈 알맞은 단어를 <보기>에서 찾아 쓰시오.

┌──── 보기 ────┐
무상　물의　물정　물색
└─────────────┘

06 축구 협회는 대표 팀의 후임 감독을 (　　　　) 중이다.

07 그는 세상 (　　　　)에 어두워 거래에서 손해를 볼 때가 많다.

08 사회적으로 (　　　　)을/를 일으킨 고위 공무원이 공직에서 물러났다.

09 이 후기는 업체로부터 제품을 (　　　　)(으)로 지원받은 후 주관적인 의견을 적은 것입니다.

10 ~ 12 초성을 참고하여 밑줄 친 단어의 뜻풀이를 완성하시오.

10 도배를 하기 위해 풀을 되게 쑤었다.
→ 반죽, 밥 따위가 (ㅁㄱ)가 적어 빡빡하다.

11 멧돼지 무리는 마을 사람들을 공포에 떨게 했다.
→ 몹시 추워하거나 (ㄷㄹㅇ)하다.

12 서준이가 이번 선거에서 이겨 학생회장이 되었다.
→ 새로운 신분이나 (ㅈㅇ)를 가지다.

13 ~ 18 다음 뜻풀이에 해당하는 속담을 <보기>에서 찾아 기호를 쓰시오.

┌──── 보기 ────┐
㉠ 누워서 침 뱉기
㉡ 개천에서 용 난다
㉢ 빈 수레가 요란하다
㉣ 다 된 죽에 코 풀기
㉤ 불난 집에 부채질한다
㉥ 소문난 잔치에 먹을 것 없다
└─────────────┘

13 실속 없는 사람이 겉으로 더 떠들어 댐을 이르는 말.
(　　　)

14 거의 다 된 일을 망쳐 버리는 주책없는 행동을 이르는 말.
(　　　)

15 남을 해치려고 하다가 도리어 자기가 해를 입게 된다는 것을 이르는 말.
(　　　)

16 남의 재앙을 점점 더 커지게 하거나 성난 사람을 더욱 성나게 함을 이르는 말.
(　　　)

17 미천한 집안이나 변변하지 못한 부모에게서 훌륭한 인물이 나는 경우를 이르는 말.
(　　　)

18 떠들썩한 소문이나 큰 기대에 비하여 실속이 없거나 소문이 실제와 일치하지 아니하는 경우를 이르는 말.
(　　　)

19 ~ 20 다음 설명이 적절하면 ○에, 그렇지 않으면 ×에 표시하시오.

19 소설에서 인물이나 사건을 바라보는 서술자의 위치와 태도를 시점이라고 한다.
(○ , ×)

20 작가 관찰자 시점은 작품 밖의 작가가 마치 신처럼 등장인물의 행동, 심리, 사건 등을 모두 알고 전달하는 것이다.
(○ , ×)

┌─────────────────────────────┐
│ 나의 어휘력　　　_____ 점 / 총 **20점** │
│ 점수는?　　•틀린 어휘는 본문으로 가서 다시 한번 살펴보자. │
└─────────────────────────────┘

01 ~ 04 다음 단어와 그 뜻풀이를 바르게 연결하시오.

01 반영 •
• ㉠ 매우 반가워함. 또는 그런 기색.

02 방류 •
• ㉡ 신문이나 책자 따위를 널리 나누어 줌.

03 반색 •
• ㉢ 물고기를 기르기 위하여, 어린 새끼 고기를 강물에 놓아 보냄.

04 배포 •
• ㉣ 다른 것에 영향을 받아 어떤 현상이 나타남. 또는 어떤 현상을 나타냄.

05 ~ 08 다음 빈칸에 들어갈 알맞은 단어를 <보기>에서 찾아 쓰시오.

┤ 보기 ├
반출　번영　발휘　배척

05 회사 안의 자료는 외부로 (　　　　)할 수 없다.

06 그는 모처럼 솜씨를 (　　　　)하여 진수성찬을 차려 냈다.

07 조선 시대의 유학자들은 소설을 허망한 것이라 하여 (　　　　)했다.

08 그 도시는 정부의 육성 정책에 힘입어 상업의 중심지로 (　　　　)하였다.

09 ~ 12 밑줄 친 단어의 쓰임이 적절하면 ○에, 그렇지 않으면 ×에 표시하시오.

09 성냥을 찾아 향초에 불을 <u>당겼다</u>. (○, ×)

10 그는 소금을 작은 병에 옮겨 <u>담갔다</u>. (○, ×)

11 나는 축하하는 마음을 <u>담아</u> 친구에게 카드를 썼다. (○, ×)

12 체육을 하고 난 다음 날이면 다리가 <u>땅기고</u> 아프다. (○, ×)

13 ~ 18 다음 뜻풀이에 해당하는 한자 성어를 <보기>에서 찾아 쓰시오.

┤ 보기 ├
누란지세　격세지감　사면초가
수주대토　풍전등화　각주구검

13 오래지 않은 동안에 몰라보게 변하여 아주 다른 세상이 된 것 같은 느낌. (　　　　)

14 융통성 없이 현실에 맞지 않는 낡은 생각을 고집하는 어리석음을 이르는 말. (　　　　)

15 층층이 쌓아 놓은 알의 형세라는 뜻으로, 몹시 위태로운 형세를 이르는 말. (　　　　)

16 아무에게도 도움을 받지 못하는, 외롭고 곤란한 지경에 빠진 형편을 이르는 말. (　　　　)

17 바람 앞의 등불이라는 뜻으로, 사물이 매우 위태로운 처지에 놓여 있음을 이르는 말. (　　　　)

18 그루터기를 지켜 토끼를 기다린다는 뜻으로, 한 가지 일에만 얽매여 발전을 모르는 어리석은 사람을 이르는 말. (　　　　)

19 ~ 20 다음 빈칸에 들어갈 적절한 말을 쓰시오.

19 소설에서 사건이 일어나고 인물이 행동하는 시간, 시대, 계절 등은 (　　　　) 배경이고, 인물이 행동하는 장소나 지역은 (　　　　) 배경이다.

20 소설에서 배경은 인물의 심리를 간접적으로 나타내거나 앞으로의 (　　　　) 전개 방향을 암시하기도 하고, 배경 자체가 주제를 드러내기도 한다.

나의 어휘력 점수는?

＿＿＿＿＿＿점 / 총 **20점**

• 틀린 어휘는 본문으로 가서 다시 한번 살펴보자.

10회 어휘력 테스트

01 ~ 05 다음 단어와 그 뜻풀이를 바르게 연결하시오.

01 변모 •
• ㉠ 몫몫이 별러 나눔.

02 병행 •
• ㉡ 둘 이상의 일을 한꺼번에 행함.

03 보류 •
• ㉢ 모든 것에 두루 미치거나 통하는. 또는 그런 것.

04 분배 •
• ㉣ 어떤 일을 당장 처리하지 아니하고 나중으로 미루어 둠.

05 보편적 •
• ㉤ 모양이나 모습이 달라지거나 바뀜. 또는 그 모양이나 모습.

06 ~ 09 다음 빈칸에 들어갈 알맞은 단어를 〈보기〉에서 찾아 쓰시오.

┌─────── 보기 ───────┐
범주 복구 본의 부지기수
└──────────────────┘

06 내 고향 마을의 논에는 개구리가 (   )로 많았다.

07 동일한 (   )에 속하는 것들을 묶어서 외우면 암기가 쉬워진다.

08 시에서는 이번 홍수에 무너진 다리를 (   )하는 공사를 시작했다.

09 돕고 싶어서 이 일에 참여했는데, (   ) 아니게 방해가 된 것 같아 사람들에게 미안했다.

10 ~ 12 초성을 참고하여 밑줄 친 단어의 뜻풀이를 완성하시오.

10 이번 대회에서 그는 가장 눈에 띄는 선수였다.
→ 남보다 훨씬 (ㄷㄷㄹㅈㄷ).

11 동점인 상황에서 경기가 막바지에 이르자 관중들의 응원은 더욱 열기를 띠었다.
→ 감정이나 (ㄱㅇ) 따위를 나타내다.

12 어제는 눈이 오는 <u>바람</u>에 길이 미끄러웠다.
→ 뒷말의 근거나 (ㅇㅇ)을 나타내는 말.

13 ~ 17 다음 뜻풀이에 해당하는 관용어를 〈보기〉에서 찾아 기호를 쓰시오.

┌─────── 보기 ───────┐
㉠ 입을 씻다
㉡ 귀가 가렵다
㉢ 입만 아프다
㉣ 눈 밖에 나다
㉤ 눈앞이 캄캄하다
└──────────────────┘

13 어찌할 바를 몰라 아득하다. (   )

14 남이 제 말을 한다고 느끼다. (   )

15 신임을 잃고 미움을 받게 되다. (   )

16 여러 번 말하여도 받아들이지 아니하여 말한 보람이 없다. (   )

17 이익 따위를 혼자 차지하거나 가로채고서는 시치미를 떼다. (   )

18 ~ 20 다음 설명이 적절하면 ○에, 그렇지 않으면 ×에 표시하시오.

18 고전 소설은 시간의 흐름에 따라 전지적 작가 시점으로 사건이 서술된다. (○ , ×)

19 고전 소설의 주인공은 대체로 성격 변화가 없고 결국 비극적인 결말을 맞이한다. (○ , ×)

20 일대기적 구성이란 인물이 태어나서 죽기까지 일생 동안 겪는 일로 내용을 전개하는 구성이다. (○ , ×)

나의 어휘력 점수는? _____ 점 / 총 **20**점
• 틀린 어휘는 본문으로 가서 다시 한번 살펴보자.

01 ~ 04 다음 단어와 그 뜻풀이를 바르게 연결하시오.

01 분연히 •

02 비약적 •

03 빈정대다 •

04 사무치다 •

• ㉠ 깊이 스며들거나 멀리까지 미치다.

• ㉡ 남을 은근히 비웃는 태도로 자꾸 놀리다.

• ㉢ 떨쳐 일어서는 기운이 세차고 꿋꿋한 모양.

• ㉣ 지위나 수준 따위가 갑자기 빠른 속도로 높아지거나 향상되는 것.

05 ~ 08 다음 빈칸에 들어갈 알맞은 단어를 <보기>에서 찾아 쓰시오.

┤ 보기 ├
빈도   산출   불모지   사리사욕

05 참가 인원을 고려해 예산안을 (   )했다.

06 그는 버려진 (   )을/를 개간하여 밭을 만들었다.

07 아기가 밤에 자다 깨는 (   )이/가 점점 줄어들고 있다.

08 (   )에 눈이 먼 양반들은 백성들의 삶은 생각하지 않고 자기 배를 채우는 데에만 급급했다.

09 ~ 12 밑줄 친 단어의 쓰임이 적절하면 ○에, 그렇지 않으면 ×에 표시하시오.

09 학생들이 선보인 오늘 공연은 대체로 <u>문안했다</u>.
(○ , ×)

10 나는 감사의 마음을 담은 편지를 선생님께 <u>드렸다</u>.
(○ , ×)

11 나와 언니는 다음 달 일정을 <u>맞춰</u> 보고 나서 여행 계획을 짜기로 했다.
(○ , ×)

12 이번에 새로 출시된 피자의 이름을 <u>맞히면</u> 추첨을 통해 시식권을 드립니다.
(○ , ×)

13 ~ 17 다음 뜻풀이에 해당하는 한자 성어를 <보기>에서 찾아 쓰시오.

┤ 보기 ├
이심전심   동족방뇨   미봉책
염화미소   하석상대

13 마음과 마음으로 서로 뜻이 통함.   (   )

14 꿰매어 깁는 계책이란 뜻으로, 눈가림만 하는 일시적인 계책을 이르는 말.   (   )

15 꽃을 집어 들고 웃음을 띤다는 뜻으로, 말로 통하지 아니하고 마음에서 마음으로 전하는 일.
(   )

16 언 발에 오줌 누기라는 뜻으로, 잠시 동안만 효력이 있을 뿐 효력이 바로 사라짐을 이르는 말.
(   )

17 아랫돌 빼서 윗돌 괴고 윗돌 빼서 아랫돌 괸다는 뜻으로, 임시변통으로 이리저리 둘러맞춤을 이르는 말.   (   )

18 ~ 20 다음 빈칸에 들어갈 적절한 말을 쓰시오.

18 수필은 글쓴이의 생각과 느낌을 (   )에 얽매이지 않고 자유롭게 쓴 글로, 글쓴이의 가치관, 인생관, 성격, 생활 방식 등의 (   )이/가 강하게 드러난다.

19 기행문은 여행을 하는 동안 보고, 듣고, 느낀 것을 (   )의 흐름이나 (   )의 이동에 따라 적은 글이다.

20 기행문의 요소 중 (   )은/는 여행의 경로이고, (   )은/는 여행하면서 보고, 듣고, 경험한 내용이며, (   )은/는 보고, 듣고, 경험한 사실에 대한 글쓴이의 생각과 느낌이다.

나의 어휘력 점수는?

_____점 / 총 **20점**

• 틀린 어휘는 본문으로 가서 다시 한번 살펴보자.

12회 어휘력 테스트

01 ~ 05 다음 단어와 그 뜻풀이를 바르게 연결하시오.

01 상반 •

02 성화 •

03 선입견 •

04 삼엄하다 •

05 새삼스럽다 •

• ㉠ 몹시 귀찮게 구는 일.

• ㉡ 서로 반대되거나 어긋남.

• ㉢ 무서우리만큼 질서가 바로 서고 엄숙하다.

• ㉣ 하지 않던 일을 이제 와서 하는 것이 보기에 두드러진 데가 있다.

• ㉤ 어떤 대상에 대하여 이미 마음속에 가지고 있는 고정적인 관념이나 관점.

06 ~ 09 다음 빈칸에 들어갈 알맞은 단어를 <보기>에서 찾아 쓰시오.

┌─ 보기 ┐
상당   상설   생색   선호
└─────┘

06 나는 야외 운동보다 실내 운동을 (   )한다.

07 그는 (   )이/가 안 나는 일에는 돈이나 시간을 쓰기 싫어한다.

08 우리 마을에 곤충을 관찰할 수 있는 (   ) 전시장이 새로 생겼다.

09 이번 대회 우승자에게는 30만 원 (   )의 농산물 상품권이 지급된다.

10 ~ 12 초성을 참고하여 밑줄 친 단어의 뜻풀이를 완성하시오.

10 노란 봉지에 어머니의 약이 들었다.
→ (ㅇ)에 담기거나 그 (ㅇ ㅂ)를 이루다.

11 선생님께서 책을 들고 따라오라고 말씀하셨다.
→ (ㅅ)에 가지다.

12 그는 머리가 좋아서 어려운 수학 문제도 척척 푼다.
→ (ㅅ ㄱ)하고 (ㅍ ㄷ)하는 능력.

13 ~ 17 다음 뜻풀이에 해당하는 속담을 <보기>에서 찾아 기호를 쓰시오.

┌─ 보기 ┐
㉠ 발 없는 말이 천 리 간다
㉡ 호랑이도 제 말 하면 온다
㉢ 개구리 올챙이 적 생각 못 한다
㉣ 닭의 대가리가 소꼬리보다 낫다
㉤ 송충이가 갈잎을 먹으면 죽는다
└─────┘

13 말을 삼가야 함을 이르는 말. (   )

14 자기 분수에 맞지 않는 짓을 하다가는 낭패를 봄을 이르는 말. (   )

15 다른 사람에 관한 이야기를 하는데 공교롭게 그 사람이 나타나는 경우를 이르는 말. (   )

16 크고 훌륭한 자의 뒤를 쫓아다니는 것보다는 차라리 작고 보잘것없는 데서 남의 우두머리가 되는 것이 낫다는 말. (   )

17 형편이나 사정이 전에 비하여 나아진 사람이 지난날의 미천하거나 어렵던 때의 일을 생각지 아니하고 처음부터 잘난 듯이 뽐냄을 이르는 말. (   )

18 ~ 20 다음 설명이 적절하면 ○에, 그렇지 않으면 ×에 표시하시오.

18 정의는 주로 '무엇은 무엇이다.'의 형태로 나타난다. (○ , ×)

19 어떤 일이나 현상에 대하여 구체적인 예를 들어 보이며 설명하는 방법은 예시이다. (○ , ×)

20 둘 이상의 대상을 견주어 공통점을 중심으로 설명하는 방법은 대조이고, 차이점을 중심으로 설명하는 방법은 비교이다. (○ , ×)

나의 어휘력 점수는?

_____점 / 총 **20점**

● 틀린 어휘는 본문으로 가서 다시 한번 살펴보자.

01 ~ 04 다음 단어와 그 뜻풀이를 바르게 연결하시오.

01 소요 •

02 송출 •

03 숙지 •

04 순박하다 •

• ㉠ 익숙하게 또는 충분히 앎.

• ㉡ 필요로 하거나 요구되는 바.

• ㉢ 거짓이나 꾸밈이 없이 순수하며 인정이 두텁다.

• ㉣ 물품, 전기, 전파, 정보 따위를 기계적으로 전달함.

05 ~ 08 다음 빈칸에 들어갈 알맞은 단어를 <보기>에서 찾아 쓰시오.

┤ 보기 ├
소견 쇄신 수요 속절없이

05 1인 가구가 늘어나면서 즉석 밥의 (   )이/가 점차 늘고 있다.

06 강아지의 애교에 (   ) 넘어간 유리는 간식을 꺼내 줄 수밖에 없었다.

07 정치를 어려운 것으로 생각하는 국민들의 의식이 (   )되어야 나라가 건강해진다.

08 큰 병원에 가서 검사를 해 보는 게 좋겠다는 의사의 (   )을/를 듣고 대학 병원으로 갔다.

09 ~ 12 밑줄 친 단어의 쓰임이 적절하면 ○에, 그렇지 않으면 ×에 표시하시오.

09 그는 아이디어가 좋아서 <u>벌이는</u> 사업마다 성공했다.
(○ , ×)

10 양발을 어깨 너비로 <u>벌리고</u> 무릎을 살짝 구부렸다 펴세요.
(○ , ×)

11 나는 옷 가게에 <u>들려</u> 구경을 하다가 다섯 시쯤 미용실에 갔다.
(○ , ×)

12 나는 진작부터 하려고 <u>벼리던</u> 말을 드디어 수아에게 쏟아 놓았다.
(○ , ×)

13 ~ 17 다음 뜻풀이에 해당하는 한자 성어를 <보기>에서 찾아 쓰시오.

┤ 보기 ├
일장춘몽   단도직입   쾌도난마
애이불비   발본색원

13 슬프지만 겉으로는 슬픔을 나타내지 아니함.
(   )

14 한바탕의 봄꿈이라는 뜻으로, 헛된 영화나 덧없는 일을 이르는 말.
(   )

15 좋지 않은 일의 근본 원인이 되는 요소를 완전히 없애 버려서 다시는 그러한 일이 생길 수 없도록 함.
(   )

16 잘 드는 칼로 마구 헝클어진 삼 가닥을 자른다는 뜻으로, 어지럽게 뒤얽힌 사물을 강력한 힘으로 명쾌하게 처리함을 이르는 말.
(   )

17 혼자서 칼 한 자루를 들고 적진으로 곧장 쳐들어간다는 뜻으로, 여러 말을 늘어놓지 아니하고 바로 요점이나 본문제를 중심적으로 말함을 이르는 말.
(   )

18 ~ 20 다음 빈칸에 들어갈 적절한 말을 쓰시오.

18 '구분'은 (   ) 항목을 (   ) 항목으로 나누어 설명하는 방법이다.

19 '(   )'은/는 어떤 대상들을 공통적인 특성에 근거하여 상위 항목으로 묶어 설명하는 방법이다.

20 '인과'는 어떤 일이 일어나게 된 (   )와/과 그 (   )을/를 밝혀 설명하는 방법이다.

나의 어휘력 점수는?
_____점 / 총 **20점**
• 틀린 어휘는 본문으로 가서 다시 한번 살펴보자.

01 ~ 05 다음 단어와 그 뜻풀이를 바르게 연결하시오.

01 식별 • • ㉠ 분별하여 알아봄.

02 심화 • • ㉡ 어떤 일을 이루기 위해서 몹시 애쓰는 힘.

03 십상 • • ㉢ 사람이나 물건 따위가 보기에 매우 실하다.

04 안간힘 • • ㉣ 열에 여덟이나 아홉 정도로 거의 예외가 없음.

05 실팍하다 • • ㉤ 정도나 경지가 점점 깊어짐. 또는 깊어지게 함.

06 ~ 09 다음 빈칸에 들어갈 알맞은 단어를 <보기>에서 찾아 쓰시오.

┌─ 보기 ─┐
순화 실소 심산 안배
└─────┘

06 발표자의 엉뚱한 대답이 청중들의 (   )을/를 자아냈다.

07 학급 회의를 통해 연극에서 각자 맡을 역할을 적당히 (   )했다.

08 무분별한 외래어 사용으로 국어 (   )에 대한 필요성이 커지고 있다.

09 나는 떨어진 밤이 있으면 주워 올 (   )(으)로 밤나무가 있는 선산으로 산책을 나섰다.

10 ~ 12 초성을 참고하여 밑줄 친 단어의 뜻풀이를 완성하시오.

10 도자기를 굽기 전에 표면에 유약을 <u>발라야</u> 한다.
→ 물이나 풀, 약, 화장품 따위를 물체의 (ㅍ ㅁ)에 문질러 묻히다.

11 갈치에 가시가 많으니 잘 <u>발라서</u> 먹어야 한다.
→ 뼈다귀에 붙은 (ㅅ)을 걷거나 (ㄱ ㅅ) 따위를 추려 내다.

12 젊어서 악착같이 노력하여 집안 살림이 <u>부유</u>해졌다.
→ (ㅈ ㅁ)이 넉넉함.

13 ~ 17 다음 뜻풀이에 해당하는 관용어를 <보기>에서 찾아 기호를 쓰시오.

┌─ 보기 ─┐
㉠ 이를 갈다
㉡ 이를 악물다
㉢ 피가 마르다
㉣ 뼈에 사무치다
㉤ 피가 거꾸로 솟다
└─────┘

13 몹시 괴롭거나 애가 타다. (   )

14 원한이나 고통 따위가 뼛속에 파고들 정도로 깊고 강하다. (   )

15 피가 머리로 모인다는 뜻으로, 매우 흥분한 상태를 이르는 말. (   )

16 몹시 화가 나거나 분을 참지 못하여 독한 마음을 먹고 벼르다. (   )

17 힘에 겨운 곤란이나 난관을 헤쳐 나가려고 비상한 결심을 하다. (   )

18 ~ 20 다음 설명이 적절하면 ○에, 그렇지 않으면 ×에 표시하시오.

18 '나무가 매우 크다.'에서 형태소는 '나무 / 가 / 매우 / 크다'이다. (○ , ×)

19 실질 형태소는 실질적인 뜻을 지닌 형태소로, 구체적인 대상이나 동작, 상태 등을 표시한다. (○ , ×)

20 어미는 용언에서 활용할 때 변하는 부분으로, 형식 형태소이다. (○ , ×)

나의 어휘력 점수는?

_____점 / 총 **20점**
• 틀린 어휘는 본문으로 가서 다시 한번 살펴보자.

01 ~ 04 다음 단어와 그 뜻풀이를 바르게 연결하시오.

01 역정 •
02 염두 •
03 애꿎다 •
04 알싸하다 •

• ㉠ 마음의 속.
• ㉡ 아무런 잘못 없이 억울하다.
• ㉢ 몹시 언짢거나 못마땅하여서 내는 성.
• ㉣ 매운맛이나 독한 냄새 따위로 코 속이나 혀끝이 알알하다.

05 ~ 08 다음 빈칸에 들어갈 알맞은 단어를 〈보기〉에서 찾아 쓰시오.

┤ 보기 ├
안주 열풍 연민 애호가

05 동물 ( )인 정민이는 유기견 보호소에서 꾸준히 봉사 활동을 하고 있다.

06 방송가에 부는 오디션 ( )(으)로 계속 새로운 오디션 프로그램이 만들어지고 있다.

07 세종 대왕은 한자가 어려워 글을 읽고 쓸 줄 모르는 백성들에 대한 ( )(으)로 한글을 만들었다.

08 그는 현실에 ( )하는 태도를 버려야 한다고 했지만, 나는 지금 상황에 무척 만족해서 딱히 변화되고 싶지 않다.

09 ~ 12 밑줄 친 단어의 쓰임이 적절하면 ○에, 그렇지 않으면 ×에 표시하시오.

09 노트북을 빌리려고 언니 방으로 갔다. (○ , ×)

10 뜰에는 햇빛이 눈부시게 비치고 있다. (○ , ×)

11 잠이 안 와서 밤을 세워 영화를 보았다. (○ , ×)

12 난로에서 새어 나오는 불빛이 마루를 비쳤다. (○ , ×)

13 ~ 17 다음 뜻풀이에 해당하는 한자 성어를 〈보기〉에서 찾아 쓰시오.

┤ 보기 ├
새옹지마 전화위복 거안사위
고진감래 녹양방초

13 재앙과 근심, 걱정이 바뀌어 오히려 복이 됨. ( )

14 인생의 길흉화복은 변화가 많아서 예측하기가 어렵다는 말. ( )

15 쓴 것이 다하면 단 것이 온다는 뜻으로, 고생 끝에 즐거움이 옴을 이르는 말. ( )

16 평안할 때에도 위험과 곤란이 닥칠 것을 생각하며 잊지 말고 미리 대비해야 함. ( )

17 푸른 버드나무와 향기로운 풀이라는 뜻으로, 봄과 여름을 맞아 우거진 나무와 활짝 핀 꽃을 가리키는 말. ( )

18 ~ 20 다음 빈칸에 들어갈 적절한 말을 쓰시오.

18 훈민정음의 자음과 모음 기본자가 만들어진 원리를 ( )(이)라고 한다.

19 자음의 기본자는 ( )의 모양을 본떠 만들어졌는데, 그중 'ㅁ'은 ( ) 모양을 본떴다.

20 모음의 기본자 중 'ㅡ'는 ( )의 모양을 본떴고 'ㅣ'는 ( )의 모양을 본떴으며, 'ㆍ'는 ( )의 모양을 본떠 만들어졌다.

나의 어휘력 점수는?

_____ 점 / 총 **20**점

● 틀린 어휘는 본문으로 가서 다시 한번 살펴보자.

01 ~ 05 다음 단어와 그 뜻풀이를 바르게 연결하시오.

01 왜곡 •　　　• ㉠ 가능성이 많다.

02 외면 •　　　• ㉡ 성품이 너그럽지 못하고 생각이 좁다.

03 옹졸하다 •　　　• ㉢ 사실과 다르게 해석하거나 그릇되게 함.

04 유력하다 •　　　• ㉣ 마주치기를 꺼리어 피하거나 얼굴을 돌림.

05 유창하다 •　　　• ㉤ 말을 하거나 글을 읽는 것이 물 흐르듯이 거침이 없다.

06 ~ 09 다음 빈칸에 들어갈 알맞은 단어를 <보기>에서 찾아 쓰시오.

┤ 보기 ├
위축　영문　운치　유야무야

06 학생회장의 공약은 (　　　　)되어 하나도 지켜지지 않았다.

07 어제까지만 해도 울상이던 형은 무슨 (　　　　)인지 오늘은 하루 종일 실실 웃고 다녔다.

08 반장에게 불만이 있어 찾아갔지만 그의 당당한 태도에 (　　　　)되어 할 말을 제대로 못 했다.

09 푸른 언덕과 시냇물이 있는 시골에 비해 똑같은 회색 건물만 즐비한 도시는 (　　　　)이/가 없다.

10 ~ 12 초성을 참고하여 밑줄 친 단어의 뜻풀이를 완성하시오.

10 주전 선수의 부상으로 팀 전력이 많이 약해졌다.
→ 몸에 (ㅅㅊ)를 입음.

11 이번 대회는 부상이 수여되지 않습니다.
→ 본상에 딸린 (ㅅㄱ)이나 상품.

12 이게 다 선생님께 가르침을 받은 덕분입니다.
→ 다른 사람이나 대상이 가하는 (ㅎㄷ), 심리적인 작용 따위를 당하거나 입다.

13 ~ 17 다음 뜻풀이에 해당하는 속담을 <보기>에서 찾아 기호를 쓰시오.

┤ 보기 ├
㉠ 돼지에 진주 목걸이
㉡ 밑 빠진 독에 물 붓기
㉢ 고양이 목에 방울 달기
㉣ 한 귀로 듣고 한 귀로 흘린다
㉤ 남의 잔치에 감 놓아라 배 놓아라 한다

13 남의 말을 귀담아듣지 아니한다는 말. (　　　)

14 남의 일에 공연히 간섭하고 나섬을 이르는 말. (　　　)

15 실행하기 어려운 것을 공연히 의논함을 이르는 말. (　　　)

16 값어치를 모르는 사람에게는 보물도 아무 소용이 없음을 이르는 말. (　　　)

17 아무리 힘이나 밑천을 들여도 보람 없이 헛된 일이 되는 상태를 이르는 말. (　　　)

18 ~ 20 다음 설명이 적절하면 ○에, 그렇지 않으면 ×에 표시하시오.

18 가획이란 소리가 길어짐에 따라 획을 더하여 새로운 글자를 만든 자음의 창제 원리이다. (○, ×)

19 합성의 원리로 만든 모음 글자 중 'ㅏ, ㅓ'는 초출자이고 'ㅗ, ㅜ'는 재출자이다. (○, ×)

20 'ㄲ, ㄸ, ㅃ, ㅆ, ㅉ, ㆅ'은 병서의 원리로 만들어진 글자들이다. (○, ×)

나의 어휘력 점수는?

_____점 / 총 20점
• 틀린 어휘는 본문으로 가서 다시 한번 살펴보자.

01 ~ 04 다음 단어와 그 뜻풀이를 바르게 연결하시오.

01 자생 •
02 잠재 •
03 이실직고 •
04 자자하다 •

• ㉠ 사실 그대로 고함.
• ㉡ 저절로 나서 자람.
• ㉢ 여러 사람의 입에 오르내려 떠들썩하다.
• ㉣ 겉으로 드러나지 않고 속에 잠겨 있거나 숨어 있음.

05 ~ 08 다음 빈칸에 들어갈 알맞은 단어를 <보기>에서 찾아 쓰시오.

┤ 보기 ├
응시   자조   일사천리   일언반구

05 결정적인 단서가 발견되자 사건은 (   )로 해결되었다.

06 그는 자신의 나약함과 무능함을 (   )하며 쓸쓸하게 웃었다.

07 그들은 아무 말도 하지 않은 채 눈이 내리는 바깥을 (   )하고 있었다.

08 형이 내게는 (   )도 없이 자기 마음대로 내 자전거를 처분해 버려서 너무 화가 났다.

09 ~ 12 밑줄 친 단어의 쓰임이 적절하면 ○에, 그렇지 않으면 ×에 표시하시오.

09 그는 조국의 광복을 위해 몸을 <u>받쳤다</u>.   (○ , ×)

10 웨딩드레스를 입은 그녀가 등장하자 눈이 <u>부셨다</u>.
(○ , ×)

11 <u>받힌</u> 차보다 받은 차가 더 우그렁우그렁하게 망가졌다.   (○ , ×)

12 시골 할머니 댁에 모여 가마솥에 삼계탕을 끓여 먹은 뒤 솥을 깨끗하게 <u>부줬다</u>.   (○ , ×)

13 ~ 17 다음 뜻풀이에 해당하는 한자 성어를 <보기>에서 찾아 쓰시오.

┤ 보기 ├
물아일체   귤화위지   모순
자가당착   근묵자흑

13 같은 사람의 말이나 행동이 앞뒤가 서로 맞지 아니하고 모순됨.   (   )

14 바깥 사물과 나, 객관과 주관, 또는 물질계와 정신계가 어울려 하나가 됨.   (   )

15 창과 방패라는 뜻으로, 어떤 사실의 앞뒤, 또는 두 사실이 이치상 어긋나서 서로 맞지 않음을 이르는 말.   (   )

16 회남의 귤을 회북에 옮겨 심으면 탱자가 된다는 뜻으로, 환경에 따라 사람이나 사물의 성질이 변함을 이르는 말.   (   )

17 먹을 가까이하는 사람은 검어진다는 뜻으로, 나쁜 사람과 가까이 지내면 나쁜 버릇에 물들기 쉬움을 이르는 말.   (   )

18 ~ 20 다음 빈칸에 들어갈 적절한 말을 쓰시오.

18 (   )은/는 구체적인 의사소통 상황에서 머릿속의 생각이 문장 단위로 실현되어 음성 언어로 나타난 것을 말한다.

19 담화의 의미는 고정되어 있지 않으며 담화가 이루어지는 (   ) 속에서 결정된다.

20 말이나 글이 이루어지는 구체적인 상황으로, 화자와 청자의 관계, 시간과 장소, 의도나 목적 등을 포함하는 것을 (   )(이)라고 한다.

나의 어휘력 점수는?

_____점 / 총 **20**점
• 틀린 어휘는 본문으로 가서 다시 한번 살펴보자.

01 ~ 05 다음 단어와 그 뜻풀이를 바르게 연결하시오.

01 전답 •　　• ㉠ 고요하여 괴괴함.

02 절호 •　　• ㉡ 꽤 어지간한 정도로.

03 정적 •　　• ㉢ 논과 밭을 아울러 이르는 말.

04 적이 •　　• ㉣ 세상에 이름이 널리 드러나 있다.

05 저명하다 •　　• ㉤ 무엇을 하기에 기회나 시기 따위가 더할 수 없이 좋음.

06 ~ 09 다음 빈칸에 들어갈 알맞은 단어를 <보기>에서 찾아 쓰시오.

┤ 보기 ├

전례　저해　접목　정립

06 그는 오랜 노력 끝에 또 하나의 이론을 (　　　) 하였다.

07 이번 선거에서는 (　　　) 없이 일곱 명씩이나 입후보하여 치열한 경쟁을 벌였다.

08 농사에 로봇 기술을 (　　　)하여 부족한 농촌 인력을 보완할 수 있는 방안이 마련되었다.

09 시력 발달이 왕성한 시기에 이를 (　　　)하는 요소는 없는지 확인하는 것은 매우 중요하다.

10 ~ 12 초성을 참고하여 밑줄 친 단어의 뜻풀이를 완성하시오.

10 집에 돌아가기 위해 택시를 이곳으로 불렀다.
　➔ (ㅊ)하여 오게 하다.

11 잠깐 앉아 있을 사이도 없이 온종일 바빴다.
　➔ 어떤 일에 들이는 시간적인 (ㅇ ㅇ)나 겨를.

12 하늘과 땅 사이에는 많은 생명체가 살고 있다.
　➔ 한곳에서 다른 곳까지, 또는 한 물체에서 다른 물체까지의 (ㄱ ㄹ)나 (ㄱ ㄱ).

13 ~ 17 다음 뜻풀이에 해당하는 관용어를 <보기>에서 찾아 기호를 쓰시오.

┤ 보기 ├

㉠ 등을 돌리다
㉡ 발목을 잡다
㉢ 귓등으로 듣다
㉣ 어깨를 짓누르다
㉤ 어깨를 나란히 하다

13 듣고도 들은 체 만 체 하다.　　　(　　　)

14 서로 비슷한 지위나 힘을 가지다.　　(　　　)

15 의무나 책임, 제약 따위가 중압감을 주다.
　　　　　　　　　　　　　　　　(　　　)

16 어떤 일에 꼭 잡혀서 벗어나지 못하게 하다.
　　　　　　　　　　　　　　　　(　　　)

17 뜻을 같이하던 사람이나 단체와 관계를 끊고 배척하다.
　　　　　　　　　　　　　　　　(　　　)

18 ~ 20 다음 설명이 적절하면 ○에, 그렇지 않으면 ×에 표시하시오.

18 발화(문장)들의 내용이 담화의 주제를 향해 밀접하게 연관되는 것을 응집성이라고 한다. (○ , ×)

19 지시 표현의 예로는 '이, 그, 저, 이것, 그것, 저것' 등이 있다. (○ , ×)

20 '또한, 더욱이, 게다가' 등의 접속 표현은 내용이 첨가됨을 나타내는 역할을 한다. (○ , ×)

나의 어휘력 점수는?

_____ 점 / 총 **20**점

• 틀린 어휘는 본문으로 가서 다시 한번 살펴보자.

01 ~ 04 다음 단어와 그 뜻풀이를 바르게 연결하시오.

01 주체 •

02 짓궂다 •

03 직설적 •

04 진취적 •

• ㉠ 바른대로 말하는. 또는 그런 것.

• ㉡ 사물의 작용이나 어떤 행동의 주가 되는 것.

• ㉢ 적극적으로 나아가 일을 이룩하는. 또는 그런 것.

• ㉣ 장난스럽게 남을 괴롭고 귀찮게 하여 달갑지 아니하다.

05 ~ 08 다음 빈칸에 들어갈 알맞은 단어를 <보기>에서 찾아 쓰시오.

┤ 보기 ├

지경 진전 진위 창출

05 일이 이 (   )이/가 될 때까지 무얼 했니?

06 그의 주장은 아직도 (   )이/가 가려지지 않고 있다.

07 각자의 사정으로 모임이 자꾸 미뤄져서 모둠 과제가 (   )이/가 되지 않았다.

08 그 기업은 단 한 번도 시도된 적 없는 새로운 기술을 (   )하기 위해 끊임없는 노력을 기울이고 있다.

09 ~ 12 밑줄 친 단어의 쓰임이 적절하면 ○에, 그렇지 않으면 ×에 표시하시오.

09 태풍에 가로수가 <u>스러졌다</u>.   (○ , ×)

10 나는 친구들의 연극에 깜빡 <u>속았다</u>.   (○ , ×)

11 버스에 자리가 나서 동생을 먼저 <u>안쳤다</u>. (○ , ×)

12 부딪친 두 선수가 경기장 바닥에 <u>쓰러졌다</u>.
(○ , ×)

13 ~ 17 다음 뜻풀이에 해당하는 한자 성어를 <보기>에서 찾아 쓰시오.

┤ 보기 ├

오리무중 천신만고 이립
불혹 지학

13 미혹되지 아니한다는 뜻으로, 마흔 살을 이르는 말.
(   )

14 학문에 뜻을 두었다는 뜻으로, 열다섯 살을 이르는 말.   (   )

15 무슨 일에 대하여 방향이나 갈피를 잡을 수 없음을 이르는 말.   (   )

16 공자가 서른 살에 자립했다고 한 데서 나온 말로, 서른 살을 이르는 말.   (   )

17 천 가지 매운 것과 만 가지 쓴 것이라는 뜻으로, 온 갖 어려운 고비를 다 겪으며 심하게 고생함을 이르는 말.   (   )

18 ~ 20 다음 빈칸에 들어갈 적절한 말을 쓰시오.

18 (   )(이)란 표준어, 즉 교양 있는 사람들이 두루 쓰는 현대 서울말의 실제 발음이다.

19 받침 'ㄲ, ㅋ', 'ㅅ, ㅆ, ㅈ, ㅊ, ㅌ', 'ㅍ'은 어말 또는 자음 앞에서 각각 대표음 (   ), (   ), (   )(으)로 발음한다.

20 '늙고[늘꼬], 맑게[말께]'에서 알 수 있듯이, 용언의 어간 말음 'ㄹㄱ'은 '(   )' 앞에서 (   )(으)로 발음한다.

나의 어휘력 점수는?

_____점 / 총 **20점**

• 틀린 어휘는 본문으로 가서 다시 한번 살펴보자.

01 ~ 05 다음 단어와 그 뜻풀이를 바르게 연결하시오.

01 처신 •   • ㉠ 무르고 약하다.

02 치하 •   • ㉡ 태어날 때부터 지닌. 또는 그런 것.

03 천부적 •   • ㉢ 일의 결과로서 어떤 현상을 생겨나게 하다.

04 초래하다 •   • ㉣ 세상을 살아가는 데 가져야 할 몸가짐이나 행동.

05 취약하다 •   • ㉤ 남이 한 일에 대하여 고마움이나 칭찬의 뜻을 표시함.

06 ~ 09 다음 빈칸에 들어갈 알맞은 단어를 <보기>에서 찾아 쓰시오.

┤ 보기 ├
추정   촉진   체득   추이

06 이 약은 소화를 (   )하는 데 도움이 된다.

07 이 일은 최소한 한 달은 걸릴 것으로 (   ) 된다.

08 작업이 진행되는 (   )을/를 보아 가며 향후 의 계획을 세우기로 했다.

09 그는 실제로 농사일을 해 보면서 농사에 필요한 여러 지식을 (   )하게 되었다.

10 ~ 12 초성을 참고하여 밑줄 친 단어의 뜻풀이를 완성하시오.

10 그의 눈에는 물기가 어려 빛나고 있었다.
→ 눈에 (ㄴ ㅁ)이 조금 괴다.

11 하늘의 먹구름을 보니 아무래도 날씨가 수상하다.
→ (ㅂ ㅌ)과는 달리 이상하여 의심스럽다.

12 그들은 오해를 풀고 소원했던 관계를 회복했다.
→ 지내는 사이가 두텁지 아니하고 거리가 있어서 (ㅅ ㅁ ㅅ ㅁ)함.

13 ~ 17 다음 뜻풀이에 해당하는 속담을 <보기>에서 찾아 기호를 쓰시오.

┤ 보기 ├
㉠ 배보다 배꼽이 더 크다
㉡ 구더기 무서워 장 못 담글까
㉢ 어물전 망신은 꼴뚜기가 시킨다
㉣ 사공이 많으면 배가 산으로 간다
㉤ 귀에 걸면 귀걸이 코에 걸면 코걸이

13 지지리 못난 사람일수록 같이 있는 동료를 망신시킨 다는 말.   (   )

14 기본이 되는 것보다 덧붙이는 것이 더 많거나 큰 경우를 이르는 말.   (   )

15 다소 방해되는 것이 있다 하더라도 마땅히 할 일은 하여야 함을 이르는 말.   (   )

16 주관하는 사람 없이 여러 사람이 자기주장만 내세우면 일이 제대로 되기 어려움을 이르는 말.
(   )

17 어떤 원칙이 정해져 있는 것이 아니라 둘러대기에 따라 이렇게도 되고 저렇게도 될 수 있음을 이르는 말.
(   )

18 ~ 20 다음 설명이 적절하면 ○에, 그렇지 않으면 ×에 표시하시오.

18 한글 맞춤법은 표준어를 발음할 때 기준이 되는 규칙과 규범이다.   (○ , ×)

19 조사 '(으)로서'는 재료·수단·도구 등을 나타내고, '(으)로써'는 지위·신분·자격을 나타낸다.
(○ , ×)

20 '웬, 웬일, 웬지'는 올바른 표기이고, '왠, 왠일, 왠지'는 틀린 표기이다.   (○ , ×)

나의 어휘력 점수는?   _____ 점 / 총 **20점**
• 틀린 어휘는 본문으로 가서 다시 한번 살펴보자.

01 ~ 04 다음 단어와 그 뜻풀이를 바르게 연결하시오.

01 통용 • • ㉠ 일반적으로 두루 씀.

02 편찬 • • ㉡ 어떤 일을 마치거나 그만 두다.

03 파하다 • • ㉢ 마음에 아무 근심 걱정이 없다.

04 태평하다 • • ㉣ 여러 가지 자료를 모아 체계적으로 정리하여 책을 만듦.

05 ~ 08 다음 빈칸에 들어갈 알맞은 단어를 <보기>에서 찾아 쓰시오.

┤ 보기 ├
타파 탄로 파급 포부

05 그는 거짓말을 한 사실이 (   ) 날까 봐 안절부절못했다.

06 허생은 이상적인 국가를 건설하겠다는 (   ) 을/를 지니고 있었다.

07 그는 신분 제도에 따른 차별을 (   )해야 한다고 주장한 평등주의자였다.

08 대규모의 관광 시설이 들어서게 되면 지역 경제에 큰 (   )을/를 미칠 것으로 예상된다.

09 ~ 12 밑줄 친 단어의 쓰임이 적절하면 ○에, 그렇지 않으면 ×에 표시하시오.

09 멸치와 고추를 간장에 조렸다.　　　　(○ , ×)

10 7년 만에 만났으니 서로 할 말이 오죽 많겠니?
　　　　　　　　　　　　　　　　(○ , ×)

11 그녀는 무수한 경쟁자들을 젖히고 국제 대회에서 우승을 차지했다.　　　　　　(○ , ×)

12 그날은 뱃길이 어찌나 험했던지 노련한 선원들조차도 모두 마음을 졸였다.　　　(○ , ×)

13 ~ 18 다음 뜻풀이에 해당하는 한자 성어를 <보기>에서 찾아 쓰시오.

┤ 보기 ├
궁여지책 분기충천 속수무책
절치부심 천인공노 각골통한

13 궁한 나머지 생각다 못하여 짜낸 계책.
　　　　　　　　　　　　　　(　　　　)

14 손을 묶은 것처럼 어찌할 도리가 없어 꼼짝 못 함.
　　　　　　　　　　　　　　(　　　　)

15 분한 마음이 하늘을 찌를 듯 격렬하게 북받쳐 오름.
　　　　　　　　　　　　　　(　　　　)

16 뼈에 사무칠 만큼 원통하고 한스러움. 또는 그런 일.
　　　　　　　　　　　　　　(　　　　)

17 이를 갈고 마음을 썩인다는 뜻으로, 대단히 분하게 여기고 마음을 썩임.　　　(　　　　)

18 하늘과 사람이 함께 노한다는 뜻으로, 누구나 분노할 만큼 증오스럽거나 도저히 용납할 수 없음을 이르는 말.　　　　　　　　(　　　　)

19 ~ 20 다음 빈칸에 들어갈 적절한 말을 쓰시오.

19 여러 사람 앞에서 자신의 생각이나 의견 또는 어떤 사실에 대해서 진술하는 말하기를 (   )(이)라고 한다.

20 목소리 크기와 높낮이처럼 언어적 내용에 덧붙여 의미를 전달하는 음성적 요소는 (   ) 표현이고, 표정이나 몸짓처럼 언어 이외에 의미를 전달하는 요소는 (   ) 표현이다.

나의 어휘력 점수는?

_____ 점 / 총 **20**점

• 틀린 어휘는 본문으로 가서 다시 한번 살펴보자.

01 ~ 05 다음 단어와 그 뜻풀이를 바르게 연결하시오.

01 푸대접 •

02 필사적 •

03 켕기다 •

04 필적하다 •

05 하릴없이 •

• ㉠ 달리 어떻게 할 도리가 없이.

• ㉡ 죽을힘을 다하는. 또는 그런 것.

• ㉢ 능력이나 세력이 엇비슷하여 서로 맞서다.

• ㉣ 정성을 들이지 않고 아무렇게나 하는 대접.

• ㉤ 마음속으로 겁이 나고 탈이 날까 불안해하다.

06 ~ 09 다음 빈칸에 들어갈 알맞은 단어를 <보기>에서 찾아 쓰시오.

┤ 보기 ├
포획 풍채 핀잔 표출

06 멸치는 보통 대형 그물로 대량 (　　　　)한다.

07 그는 그림을 그려 자신의 감정을 (　　　　)했다.

08 큰 키에 도포를 입고 갓을 쓴 선비의 (　　　　)이/가 매우 의젓해 보였다.

09 세준이는 빌려 입고 나간 형의 새 옷을 더럽혀서 형에게 (　　　　)을/를 들었다.

10 ~ 12 초성을 참고하여 밑줄 친 단어의 뜻풀이를 완성하시오.

10 종이 가격이 인상되어 책값도 올랐다.
→ 물건값, 봉급, (ㅇㄱ) 따위를 올림.

11 햇곡식과 햇과일로 추석 차례상을 차렸다.
→ (ㅇㅅ) 따위를 장만하여 먹을 수 있게 상 위에 벌이다.

12 오늘 아침 뉴스에서 방송 사고가 터졌다.
→ 싸움이나 (ㅅㄱ) 따위가 갑자기 벌어지거나 일어나다.

13 ~ 17 다음 뜻풀이에 해당하는 관용어를 <보기>에서 찾아 기호를 쓰시오.

┤ 보기 ├
㉠ 속을 태우다
㉡ 홍역을 치르다
㉢ 바가지를 쓰다
㉣ 억장이 무너지다
㉤ 하늘 높은 줄 모르다

13 몹시 애를 먹거나 어려움을 겪다. (　　　)

14 몹시 걱정이 되어 마음을 졸이다. (　　　)

15 지위나 인기 따위가 아주 높이 오르거나 뛰다.
(　　　)

16 극심한 슬픔이나 절망 따위로 몹시 가슴이 아프고 괴롭다. (　　　)

17 요금이나 물건값을 실제 가격보다 비싸게 지불하여 억울한 손해를 보다. (　　　)

18 ~ 20 다음 설명이 적절하면 ○에, 그렇지 않으면 ✕에 표시하시오.

18 공감적 대화를 통해 대화 참여자들 간에 신뢰와 친밀감을 높이고 원만한 인간관계를 형성할 수 있다.
(○ , ✕)

19 공감적 대화를 하기 위해서는 들은 내용을 자신의 관점에서 해석하여 자신의 견해를 분명하게 드러내야 한다.
(○ , ✕)

20 상대방의 말을 요약하거나 상대방이 한 말의 의미를 재구성하여 말해 주는 것은 '적극적 들어 주기'의 방법에 해당한다.
(○ , ✕)

나의 어휘력 점수는?   ＿＿＿＿＿＿점 / 총 **20점**

• 틀린 어휘는 본문으로 가서 다시 한번 살펴보자.

01 ~ 04 다음 단어와 그 뜻풀이를 바르게 연결하시오.

01 함구 • • ㉠ 끝이 없다.

02 해소 • • ㉡ 여러 방면으로 학식이 넓다.

03 한없다 • • ㉢ 입을 다문다는 뜻으로, 말하지 아니함을 이르는 말.

04 해박하다 • • ㉣ 어려운 일이나 문제가 되는 상태를 해결하여 없애 버림.

05 ~ 08 다음 빈칸에 들어갈 알맞은 단어를 <보기>에서 찾아 쓰시오.

┤ 보기 ├
할애 합세 해방 허심탄회

05 많은 시민들이 시위대에 (   )하여 함께 구호를 외쳤다.

06 정부는 과학 기술 분야에 지난해보다 더 많은 예산이 (   )될 것이라고 발표하였다.

07 수능 시험을 마친 언니는 공부에 대한 부담과 압박에서 (   )되었다며 홀가분해했다.

08 그는 자서전에서 자신의 인생을 거쳐 간 많은 사건 사고에 대해 (   )하게 털어놓았다.

09 ~ 12 밑줄 친 단어의 쓰임이 적절하면 ○에, 그렇지 않으면 ×에 표시하시오.

09 그는 사람을 보고도 못 본 체를 했다. (○ , ×)

10 나는 도장이 계약서에 잘 찍히도록 지그시 눌렀다. (○ , ×)

11 형은 너무 피곤했는지 겉옷을 입은 채 잠이 들었다. (○ , ×)

12 어머니는 마당 한편에서 나뭇가지와 종이를 모아 불을 짚이고 계셨다. (○ , ×)

13 ~ 17 다음 뜻풀이에 해당하는 한자 성어를 <보기>에서 찾아 쓰시오.

┤ 보기 ├
수수방관 등하불명 사상누각
다다익선 주마간산

13 많으면 많을수록 더욱 좋음. (   )

14 등잔 밑이 어둡다는 뜻으로, 가까이에 있는 물건이나 사람을 잘 찾지 못함을 이르는 말. (   )

15 팔짱을 끼고 보고만 있다는 뜻으로, 간섭하거나 거들지 아니하고 그대로 버려둠을 이르는 말.
(   )

16 모래 위에 세운 누각이라는 뜻으로, 기초가 튼튼하지 못하여 오래 견디지 못할 일이나 물건을 이르는 말.
(   )

17 말을 타고 달리며 산천을 구경한다는 뜻으로, 자세히 살피지 아니하고 대충대충 보고 지나감을 이르는 말.
(   )

18 ~ 20 다음 빈칸에 들어갈 적절한 말을 쓰시오.

18 글을 쓰기 위한 첫 번째 단계는 '(   )'이고, 그다음 단계는 '내용 (   )'이다.

19 (   )은/는 옛날부터 사람들 사이에서 전해져 오는 지혜와 교훈이 담긴 짧은 말을 가리킨다.

20 '내용 조직하기' 단계에서는 글의 구성 단계에 따라 (   )을/를 작성하면서 어떤 순서로 내용을 제시할 것인지 정한다.

나의 어휘력 점수는?

_____ 점 / 총 **20**점

• 틀린 어휘는 본문으로 가서 다시 한번 살펴보자.

24회 어휘력 테스트

01 ~ 05 다음 단어와 그 뜻풀이를 바르게 연결하시오.

01 횡포 •

• ㉠ 매우 드물거나 신기하다.

02 효용 •

• ㉡ 거의 같을 정도로 비슷하다.

03 흠모 •

• ㉢ 제멋대로 굴며 몹시 난폭함.

04 흡사하다 •

• ㉣ 기쁜 마음으로 공경하며 사모함.

05 희한하다 •

• ㉤ 보람 있게 쓰거나 쓰임. 또는 그런 보람이나 쓸모.

06 ~ 09 다음 빈칸에 들어갈 알맞은 단어를 <보기>에서 찾아 쓰시오.

┤ 보기 ├
허위   호소   확보   훼방

06 그 작가는 폭넓은 독자층을 (   )하고 있다.

07 이력서를 (   )(으)로 작성한 사실이 밝혀지면 합격이 취소됩니다.

08 한창 바쁜 시기인데, 그는 일을 돕지는 못할망정 (   )만 놓고 다녔다.

09 구청 홈페이지에 도로 공사로 인한 소음 때문에 괴롭다는 시민들의 (   )이/가 잇따르고 있다.

10 ~ 12 초성을 참고하여 밑줄 친 단어의 뜻풀이를 완성하시오.

10 이제 그만 노여움을 푸세요.
→ 일어난 (ㄱ ㅈ) 따위를 누그러뜨리다.

11 시냇물이 흐려서 물고기가 보이지 않는다.
→ 잡것이 섞여 (ㄲ ㄲ)하지 못하다.

12 그는 방바닥을 깨끗이 훔치고 이불을 깔았다.
→ (ㅁ ㄱ)나 (ㄸ) 따위가 묻은 것을 닦아 말끔하게 하다.

13 ~ 17 다음 뜻풀이에 해당하는 속담을 <보기>에서 찾아 기호를 쓰시오.

┤ 보기 ├
㉠ 등잔 밑이 어둡다
㉡ 우물에 가 숭늉 찾는다
㉢ 믿는 도끼에 발등 찍힌다
㉣ 급히 먹는 밥이 목이 멘다
㉤ 가랑비에 옷 젖는 줄 모른다

13 너무 급히 서둘러 일을 하면 잘못하고 실패하게 됨을 이르는 말.   (   )

14 대상에서 가까이 있는 사람이 도리어 대상에 대하여 잘 알기 어렵다는 말.   (   )

15 아무리 사소한 것이라도 그것이 거듭되면 무시하지 못할 정도로 크게 됨을 이르는 말.   (   )

16 모든 일에는 질서와 차례가 있는 법인데 일의 순서도 모르고 성급하게 덤빔을 이르는 말.   (   )

17 잘되리라고 믿고 있던 일이 어긋나거나 믿고 있던 사람이 배반하여 오히려 해를 입음을 이르는 말.
                       (   )

18 ~ 20 다음 설명이 적절하면 ○에, 그렇지 않으면 ×에 표시하시오.

18 '띄어쓰기는 올바른가?'는 문단 수준에서 고쳐쓰기를 할 때의 점검 기준이다.   (○ , ×)

19 글 전체 수준에서 고쳐쓰기를 할 때는 주제에서 벗어난 내용은 없는지 확인해야 한다.   (○ , ×)

20 고쳐쓰기를 하는 목적은 글쓴이 자신이 이해하기 쉽도록 글을 개선하는 데 있다.   (○ , ×)

나의 어휘력 점수는?

_____ 점 / 총 **20**점
• 틀린 어휘는 본문으로 가서 다시 한번 살펴보자.

정답과 해설

정답과 해설

01회 1

본문 9쪽

01 ㉡	02 ㉣	03 ㉢	04 ㉠
05 절반	06 목표물	07 결속	08 가담
09 개선	10 거지반	11 가독성	12 가담
13 거동	14 ④		

14 '개선'은 '잘못된 것이나 부족한 것, 나쁜 것 따위를 고쳐 더 좋게 만듦.'을 뜻하므로 자신의 생각을 글로 드러내는 상황을 나타내는 말로 적절하지 않다. 이 문장에서는 '주장이나 사실 따위를 밝히기 위하여 의견이나 내용을 드러내어 말하거나 글로 씀.'을 뜻하는 '개진'을 사용하여 '자신의 생각을 글로 개진하였다.'라고 표현하는 것이 적절하다.

01회 2

본문 11쪽

01 지음	02 백미	03 군계일학	04 칠전팔기
05 간담상조	06 백절불굴	07 지란지교	08 낭중지추
09 칠전팔기	10 간담상조	11 낭중지추	12 ③

12 '지음'은 '마음이 서로 통하는 친한 벗을 이르는 말'로, 입사 시험에 합격하기 위해 노력한 상황을 나타내기에 적절하지 않다. 이 문장에서는 '여러 번 실패하여도 굴하지 아니하고 꾸준히 노력함을 이르는 말'인 '칠전팔기'를 사용하는 것이 어울린다.

01회 3

본문 13쪽

01 ㉠	02 ㉣	03 ㉡	04 ㉢
05 가없는	06 겉잡아	07 겨누어	08 ③
09 X	10 ○	11 X	12 ④

08 '겉잡다'의 뜻은 '겉으로 보고 대강 짐작하여 헤아리다.'이므로, 눈물을 멈추지 못하는 상황을 나타내는 말로 적절하지 않다. 이 문장에서는 '마음을 진정하거나 억제하다.'라는 뜻의 '걷잡다'를 사용하여 '눈물을 걷잡을 수 없었다.'라고 해야 한다.

09 특정 인물이나 일상의 사물과 같은 구체적인 대상뿐만 아니라, 인간의 감정이나 생각처럼 추상적인 것

도 시적 대상이 될 수 있다.

11 슬픔에 젖은 모습이 드러나는 어조는 애상적 어조이다. 영탄적 어조는 느낌표, 감탄사 등을 활용하여 감정을 강조하는 어조이다.

12 이 시에서 화자인 '나'는 예찬적 어조로 '당신'의 아름다움을 노래하고 있지 않다. '당신은 흙발로 나를 짓밟습니다.', '당신은 물만 건너면 나를 돌아보지도 않고 가십니다그려.'에서 알 수 있듯이, 이 시의 '당신'은 '나'를 함부로 대하고 무심한 태도를 보인다. 화자는 그러한 '당신'에 대한 믿음과 기다림, 희생적 사랑을 공손하고 부드러우며 호소력 있는 어조를 사용하여 나타내고 있다.

02회 1

본문 15쪽

01 ~ 05 해설 참조		06 고려	07 겸허
08 경각심	09 계책	10 겸허	11 고역
12 고립	13 계책	14 ①	

01 ~ 05

무	인	⁰²경	솔	하	다
사	⁰⁴고	축	⁰⁵고	르	다
자	립	하	루	중	⁰³고
동	무	다	하	압	역
⁰¹경	이	롭	다	감	사

14 '고루하다'의 뜻은 '낡은 관념이나 습관에 젖어 고집이 세고 새로운 것을 잘 받아들이지 아니하다.'이므로, 약속 시간까지 많이 기다려야 하는 상황에 대한 느낌을 나타내는 말로 어울리지 않는다. 이 문장에서는 '시간이 오래 걸리거나 같은 상태가 오래 계속되어 따분하고 싫증이 나다.'라는 뜻의 '지루하다'를 사용하여 '기다리는 것이 지루했다.'라고 하는 것이 적절하다.

02회 2 본문 17쪽

01 ⑩	02 ⑥	03 ⑦	04 ⑥
05 ②	06 적극적	07 겁	08 거래
09 협력		10 발 벗고 나섰다	
11 간이 크다		12 손에 익어서	
13 손을 맞잡았다		14 ⑤	

14 '발이 닳다'의 뜻은 '매우 분주하게 많이 다니다.'이므로, 동생을 매우 걱정하는 상황을 나타내는 말로 적절하지 않다.

02회 3 본문 19쪽

01 ⑦	02 ⑦	03 ⑥	04 ⑦
05 ⑥	06 ②	07 ⑥	08 ⑩
09 X	10 ○	11 ○	12 ②

09 시를 읽을 때 마음속에 떠오르는 느낌이나 모습은 '심상'이다. 운율은 시를 읽을 때 느껴지는 말의 가락, 리듬이다.

12 의성어는 소리를 흉내 낸 말이고, 의태어는 모양이나 움직임을 흉내 낸 말이다. 이 시에서는 의성어나 의태어를 반복하지 않았다.

오답 풀이

① '돌담에∨속삭이는∨햇발같이'처럼 대체로 3음보 율격이다.
③ 1연과 2연에서 '~는 ~같이 ~을 ~고 싶다.'라는 문장 구조가 반복된다.
④ 돌담, 샘물, 마음, 오늘, 물결, 실비단' 등 시어에서 울림소리 'ㄴ, ㄹ, ㅁ'이 반복된다.
⑤ 각 연 1, 2행의 끝에서 '같이'가 반복되고, 각 연의 4행에서 '–고 싶다'가 반복된다.

03회

03회 1 본문 21쪽

01 공생	02 괄시	03 구사	04 관측
05 지나치다	06 아늑하다	07 교섭	08 관망
09 골몰	10 괄시	11 관망	12 골몰
13 교섭	14 ⑤		

14 '관측'은 '육안이나 기계로 자연 현상 특히 천체나 기상의 상태, 추이, 변화 따위를 관찰하여 측정하는 일' 또는 '어떤 사정이나 형편 따위를 잘 살펴보고 그 장래를 헤아림.'을 뜻한다. 이는 마을의 골칫거리였던 사람을 떠나게 하는 동네 사람들의 행동을 나타내는 말로 어울리지 않는다. 이 문장에서는 '업신여겨 하찮게 대함.'을 뜻하는 '괄시'를 사용하는 것이 적절하다.

03회 2 본문 23쪽

01 수불석권	02 교학상장	03 설왕설래	04 등화가친
05 어불성설	06 격물치지	07 감언이설	08 위편삼절
09 수불석권	10 교학상장	11 설왕설래	12 ④

12 '격물치지'는 '실제 사물의 이치를 연구하여 지식을 완전하게 함.'을 뜻하므로 물건을 보면 사고 싶어지는 상황을 나타내기에 적절하지 않다. 이 문장에서는 '어떠한 실물을 보게 되면 그것을 가지고 싶은 욕심이 생김.'이라는 뜻의 '견물생심'을 사용할 수 있다.

03회 3 본문 25쪽

01 ⑥	02 ⑥	03 ⑦	04 ②
05 그저	06 갖은	07 긴고	08 ②
09 ○	10 X	11 ○	12 ④

08 '가진'은 '자기 것으로 하다.', '생각, 태도, 사상 따위를 마음에 품다.' 등의 의미를 지닌 동사 '가지다'의 활용형이다. 사람들을 설득하려고 여러 가지 노력을 하였음을 나타낼 때는 '골고루 다 갖춘. 또는 여러 가지의'를 뜻하는 '갖은'을 사용하는 것이 적절하다.

10 논리적으로 이치에 맞지 않는 모순된 말을 통해 강한 인상을 주는 표현 방법은 역설법이다.

12 이 시에는 떠나간 임을 잊지 못하는 화자의 마음을 '잊었노라'라고 반대로 표현한 반어법이 사용되었다. ④의 화자 역시 임이 떠날 때에는 슬퍼 눈물을 흘리겠지만 겉으로는 '죽어도 아니 눈물 흘리우리다.'라고 하며 반어적으로 표현하였다.

오답 풀이

① 역설법이 사용되었다.
③, ⑤ 직유법이 사용되었다.

정답과 해설

04회

04회 1
본문 27쪽

01 ~ 05 해설 참조	06 구전	07 근절
08 기별	09 극한	10 구제	11 근절
12 극한	13 기원	14 ①

01 ~ 05

구	제	도	매	⁰¹급	소
석	공	리	달	감	⁰⁵근
⁰²기	여	하	다	식	시
적	나	라	제	초	안
자	⁰³기	원	상	대	적

14 '기여하다'의 뜻은 '도움이 되도록 이바지하다.'이므로 대회 우승자에게 메달과 상금을 주는 상황을 나타내는 말로 적절하지 않다. 이 문장에서는 '증서, 상장, 훈장 따위를 주다.'라는 뜻의 '수여하다'를 사용하는 것이 적절하다.

04회 2
본문 29쪽

01 ㉡	02 ㉠	03 ㉣	04 ㉢
05 도토리	06 도랑, 가재	07 보릿자루	08 벼, 고개
09 X	10 ○	11 X	12 ㉡
13 ㉢	14 ㉠

09 '뛰는 놈 위에 나는 놈 있다'는 '아무리 재주가 뛰어나다 하더라도 그보다 더 뛰어난 사람이 있다는 뜻'으로, 은비가 단짝인 혜수를 따라 야구장에 가려 하는 상황을 나타내기에 적절하지 않다. 이 경우 '바늘이 가는 데 실이 항상 뒤따른다는 뜻으로, 사람의 긴밀한 관계를 이르는 말'인 '바늘 가는 데 실 간다'를 사용하는 것이 적절하다.

11 '개밥에 도토리'는 '따돌림을 받아서 여럿의 축에 끼지 못하는 사람을 이르는 말'이므로, 청소를 하여 방도 깨끗해지고 공돈도 생긴 상황을 나타내기에 적절하지 않다. 이 경우 '한 가지 일을 하여 두 가지 이상의 이

익을 보게 됨을 이르는 말'인 '꿩 먹고 알 먹기'나 '도랑 치고 가재 잡는다'를 사용하는 것이 적절하다.

04회 3
본문 31쪽

01 ㉠	02 ㉡	03 ㉠	04 ㉡
05 ㉢	06 ㉠	07 ㉣	08 ㉣
09 ○	10 ○	11 X	
12 (가): ㉠, ㉡, ㉣ / (나): ㉣

11 '내를 건너서 숲으로 / 고개를 넘어서 마을로'는 구조가 같은 문장이 나란히 배열되었으므로 대구법이 사용된 표현이다. 설의법은 당연한 사실이나 결론이 분명한 내용을 물어보는 형식으로 표현하는 방법이다.

12 (가)의 '더우면 꽃 피고 추우면 잎 지거늘'에는 대구법이 사용되었고(㉠), '솔아'에서는 소나무를 불러 독자의 주의를 불러일으켰으며(㉡), '너는 어찌 눈서리를 모르느냐.'에서는 설의법이 사용되었다(㉣).
(나)의 '나는 지으리, 나의 집을'에는 도치법이 사용되었다(㉣). 자연스러운 말의 순서는 '나는 나의 집을 지으리'이다.

오답 풀이
㉢ 모순되는 표현 속에 삶의 진리를 담아내는 것은 역설법으로, (가)와 (나)에 사용되지 않았다.

05회

05회 1
본문 33쪽

01 ㉣	02 ㉢	03 ㉠	04 ㉡
05 날뛰다	06 말하다	07 낙방	08 남용
09 논쟁	10 남짓	11 납득	12 남용
13 논쟁	14 ④

14 '노상'의 뜻은 '언제나 변함없이 한 모양으로 줄곧'이므로 사무실의 넓이를 나타내는 말로 적절하지 않다. 이 문장에서는 '크기, 수효, 부피 따위가 어느 한도에 차고 조금 남는 정도임을 나타내는 말'인 '남짓'을 사용해야 한다.

05회 ②   본문 35쪽

01 불철주야   02 분골쇄신   03 반면교사   04 형설지공
05 자강불식   06 주마가편   07 절차탁마   08 타산지석
09 절차탁마   10 타산지석   11 주마가편   12 ③

12 '자강불식'은 '스스로 힘써 몸과 마음을 가다듬어 쉬지 아니함.'을 뜻하므로, 상대 팀을 얕보며 자만하는 동료에게 '자강불식하지 말라'고 하는 것은 어울리지 않는다. 이 문장에서는 '자만하지 말고 자강불식해야 한다고 충고하였다.'라고 하는 것이 적절하다.

05회 ③   본문 37쪽

01 ㉢   02 ㉡   03 ㉠   04 ㉣
05 가게   06 고는   07 그슬리고   08 ②
09 X   10 ○   11 ○   12 ㉠, ㉢
13 (가): 밤비에 / (나): 임 향한

08 '골다'의 뜻은 '잠잘 때 거친 숨결이 콧구멍을 울려 드르렁거리는 소리를 내다.'이므로 밥을 먹지 못한 상황을 나타내는 말로 적절하지 않다. 이 문장에서는 '양에 아주 모자라게 먹거나 굶다.'라는 뜻의 '곯다'를 사용해야 한다.

09 시조는 고려 중기에 발생하여 현재까지 창작되고 있는 우리 고유의 정형시이다.

12 (가)와 (나)는 모두 평시조로(㉠) 초장·중장·종장으로 구성되어 있고(㉢) 둘 다 4음보의 운율이 드러난다. (가)는 이별의 상황에서 임에 대한 그리움과 사랑을 노래한 작품이고, (나)는 임, 즉 고려 왕조에 대한 충절을 의지적인 태도로 노래한 작품이다.

13 시조는 종장의 첫 음보가 3음절로 고정된다.

06회 ①   본문 39쪽

01 ~ 06 해설 참조   07 달음질   08 대거리
09 독자적   10 동조   11 대거리   12 달관
13 다변화   14 ⑤

01 ~ 06

	다(01)		달(02)	관
		변		단(03)
	도(04)	화	선	동(05)	조
				롭
		달(06)	갑	잖	다

14 '독자적'은 '남에게 기대지 아니하고 혼자서 하는 (것)' 또는 '다른 것과 구별되는 혼자만의 특유한 (것)'을 뜻하므로, 모든 의욕을 잃고 아무것도 하지 않으려는 태도를 나타내는 말로 적절하지 않다. 이 문장에서는 '어떠한 일을 감당할 수 있는 기운과 힘이 없다.'를 뜻하는 '무기력하다'를 사용하여 '무기력한 태도를 보였다.'라고 하는 것이 적절하다.

06회 ②   본문 41쪽

01 ㉠   02 ㉤   03 ㉡   04 ㉢
05 ㉣   06 양심   07 자극   08 어른
09 두려움   10 가슴에 못을 박아
11 머리를 짓눌렀다   12 머리가 굵은
13 가슴이 서늘했다   14 ⑤

14 '머리가 깨다'의 뜻은 '뒤떨어진 생각에서 벗어나다.'이므로, 모든 일을 혼자 판단하여 결정하려는 동생의 태도를 나타내는 말로 어울리지 않는다. 이 문장에서는 '어른처럼 생각하거나 판단하게 되다.'라는 뜻의 '머리가 굵다'를 사용하는 것이 적절하다.

06회 ③   본문 43쪽

01 ㉠   02 ㉠   03 ㉠   04 ㉢
05 ㉠   06 ㉡   07 ㉤   08 ㉣
09 ○   10 ○   11 X
12 ⓐ: 파리 / ⓑ: 두꺼비 / ⓒ: 백송골   13 ㉠, ㉡, ㉣

11 개인의 부정적인 면이나 사회의 부조리 등을 비웃으면서 간접적으로 비판하는 표현 방법은 풍자이다.

12 이 작품은 '두꺼비', '파리', '백송골' 등의 상징적 소재를 사용하여 약육강식의 세태를 나타내고 있다.

정답과 해설

13 이 작품은 조선 중기 이후에 주로 평민 계층이 창작하고 즐긴 사설시조에 해당한다(㉠). 이 작품에서 '두꺼비'는 두엄 아래 자빠져 놓고 자신이 날래서 다행이었다고 허세를 부리는 등 우스꽝스럽게 그려져 있는데, 이와 같은 표현에서 해학성을 느낄 수 있다(㉡). 아울러 이 작품의 '모쳐라'를 통해 종장 첫 부분이 3음절로 엄격히 고정된 시조의 형식을 확인할 수 있다(㉣).

오답풀이

㉢ 이 작품은 두꺼비를 통해 약자에게 강하고 강자에게 비굴한 당시 양반들의 횡포와 허세를 풍자하고 있다. 이는 직접적인 비판이 아니라 간접적인 비판이다.

07회 1

본문 45쪽

01 만감	02 마름	03 맹목적	04 딴지
05 실상	06 내키지	07 등재	08 모면
09 명소	10 모면	11 명실상부	12 등재
13 명소	14 ④		

14 '떨떠름하다'의 뜻은 '마음이 내키지 않는 데가 있다.'이므로, 요리가 맛있다며 남기지 않고 다 먹는 동생의 표정을 나타내는 말로 어울리지 않는다. 이 문장에서는 '매우 만족할 만한 데가 있다.'라는 뜻의 '만족스럽다'를 사용할 수 있다.

07회 2

본문 47쪽

01 상사불망	02 허장성세	03 만시지탄	04 수구초심
05 오매불망	06 연모지정	07 맥수지탄	08 침소봉대
09 침소봉대	10 수구초심	11 만시지탄	12 ④

12 '맥수지탄'은 '보리만 무성하게 자란 것을 탄식함이라는 뜻으로, 고국의 멸망을 한탄함을 이르는 말'이다. 자연 환경이 파괴되고 나서야 후회하고 한탄하는 상황에서는 '시기에 늦어 기회를 놓쳤음을 안타까워하는 탄식'을 뜻하는 '만시지탄'을 사용하는 것이 적절하다.

07회 3

본문 49쪽

01 ㉢	02 ㉠	03 ㉣	04 ㉡
05 늘려	06 느린	07 내력	08 ③
09 X	10 ○	11 ○	
12 ⓐ: 닭싸움 / ⓑ: 갈등 / ⓒ: 동백꽃			

08 '내역'은 '물품이나 금액 따위의 내용'을 뜻하므로 자기소개서에 적을 내용으로 적절하지 않다. 이 문장에서는 '지금까지 지내온 경로나 경력'을 뜻하는 '내력'을 사용해야 한다.

09 소재는 작가가 한 편의 이야기를 전개하기 위해 사용하는 글의 재료로, 소설 구성의 3요소(인물, 사건, 배경)에 해당하지 않는다.

08회 1

본문 51쪽

01 ~ 05 해설 참조	06 미간	07 물정
08 무상	09 밑천	10 물색	11 미간
12 밑천	13 무단	14 ⑤	

01 ~ 05

열	무³	채	색	무²	료
화	단	식	침	안	심
상	염	묵¹	묵	하	다
물⁴	색	감	하	다	처
기	약	물⁵	의	미	사

14 '물정'은 '세상의 이러저러한 실정이나 형편'을 뜻하므로, 분교를 세울 지역을 찾고 있음을 나타내는 말로 적절하지 않다. 이 문장에서는 '어떤 기준으로 거기에 알맞은 사람이나 물건, 장소를 고르는 일'을 뜻하는 '물색'을 사용해야 한다.

08회 2

본문 53쪽

01 ㉠	02 ㉡	03 ㉢	04 ㉣
05 냉수	06 수레	07 죽	08 부채질
09 X	10 X	11 ○	12 ㉠
13 ㉡	14 ㉢		

09 '개천에서 용 난다'는 '미천한 집안이나 변변하지 못한 부모에게서 훌륭한 인물이 나는 경우를 이르는 말'이다. 요리사인 아빠를 보고 배워 자신도 요리를 잘할 수 있다고 말하는 상황에서는, '어떤 분야에 대해 지식과 경험이 전혀 없는 사람이라도 그 부문에 오래 있으면 얼마간의 지식과 경험을 갖게 됨을 이르는 말'인 '서당 개 삼 년에 풍월을 읊는다'를 사용하는 것이 적절하다.

10 '빈 수레가 요란하다'는 '실속 없는 사람이 겉으로 더 떠들어 댐을 이르는 말'이다. 남에게 가족들의 흉을 보면 그것이 결국 자기 자신의 흉이 될 수 있다고 말하는 상황에서는, '남을 해치려고 하다가 도리어 자기가 해를 입게 된다는 것을 이르는 말'인 '누워서 침 뱉기'를 사용하는 것이 적절하다.

08회 3

본문 55쪽

01 ㉡	02 ㉡	03 ㉠	04 ㉡
05 ㉠	06 ㉣	07 ㉢	08 ㉣
09 ○	10 ○	11 X	12 ③

11 서술자가 작품 속의 '나'이면 1인칭 시점이다. 이때 '나'가 주인공이면 1인칭 주인공 시점이고, '나'가 주인공이 아니고 다른 인물을 관찰하는 존재이면 1인칭 관찰자 시점이다.

12 (가)는 주인공인 '나'가 자신의 이야기를 전달하는 1인칭 주인공 시점의 소설이다.

오답 풀이

① (가)의 서술자는 작품 안에 위치한 등장인물인 '나'이다.
② (나)는 작품 밖의 작가가 소설의 내용을 전달하고 있다.
④ '슬퍼해 마지않았다.', '마음을 가라앉히지 못해'에서 알 수 있듯이 (나)는 서술자가 길동의 속마음까지 알고 이를 독자에게 전달하는 전지적 작가 시점의 소설이다.
⑤ (가)는 '나'가 등장하는 1인칭 시점의 소설이고, (나)는 '나'가 등장하지 않는 3인칭 시점의 소설이다.

09회

09회 1

본문 57쪽

01 ㉢	02 ㉣	03 ㉠	04 ㉡
05 반가워함	06 물	07 발휘	08 배포
09 반영	10 배포	11 방류	12 반영
13 배척	14 ③		

14 '반포'는 '세상에 널리 퍼뜨려 모두 알게 함.'이라는 뜻으로, 광고 전단을 사람들에게 나누어 주는 상황을 나타내는 말로 적절하지 않다. 이 문장에서는 '신문이나 책자 따위를 널리 나누어 줌.'을 뜻하는 '배포'를 사용해야 한다.

09회 2

본문 59쪽

01 격세지감	02 누란지세	03 각주구검	04 풍전등화
05 변화무쌍	06 상전벽해	07 수주대토	08 사면초가
09 상전벽해	10 누란지세	11 수주대토	12 ④

12 '각주구검'은 '융통성 없이 현실에 맞지 않는 낡은 생각을 고집하는 어리석음을 이르는 말'로, 허허벌판이던 곳에 높은 건물들이 생겨 변화된 상황을 나타내는 말로 적절하지 않다. 이 문장에서는 '오래지 않은 동안에 몰라보게 변하여 아주 다른 세상이 된 것 같은 느낌'을 뜻하는 '격세지감'이나 '세상일의 변천이 심함을 이르는 말'인 '상전벽해'를 사용하는 것이 적절하다.

09회 3

본문 61쪽

01 ㉡	02 ㉠	03 ㉣	04 ㉢
05 담은	06 당겨	07 땅겨서	08 ②
09 ○	10 ○	11 X	
12 ㉡, ㉠, ㉣, ㉢			

08 '땅기다'의 뜻은 '몹시 단단하고 팽팽하게 되다.'이므로 의자를 자기 쪽으로 가까이 오게 함을 나타내는 말로 적절하지 않다. 이 문장에서는 '물건 따위를 힘을 주어 자기 쪽이나 일정한 방향으로 가까이 오게

하다.'라는 뜻의 '당기다'를 사용하여 '바싹 당겨 앉았다.'라고 해야 한다.

11 '깊은 산속, 오두막집, 외딴 섬'은 공간적 배경의 예이다. 사회적 배경은 인물을 둘러싼 사회 현실과 시대적 · 역사적 환경을 말한다.

12 이 글의 시간적 배경은 비 오는 겨울날이다(㉠). '동소문'은 '혜화문'을 달리 이르는 말로 서울이라는 공간적 배경을 드러낸다(㉡). '인력거꾼'은 인력거가 교통수단으로 사용되던 1920년대에 존재했던 직업이고(㉢), '첨지'는 나이 많은 남자를 낮잡아 이르는 말로 이러한 명칭이 쓰였던 사회적 상황을 드러낸다(㉣).

오답 풀이

㉤ '마나님'은 나이가 많은 부인을 높여 이르는 말이다.

㉥ '교원'은 학교에서 학생을 가르치는 사람을 이르는 말이다.

㉦ '동광 학교'는 일제 강점기 초기에 서울에 세워진 학교로 시대적 배경을 드러낸다.

10회

10회 1

본문 63쪽

01 ~ 05 해설 참조		06 분배	07 병행
08 범주	09 보류	10 보류	11 변모
12 분배	13 병행	14 ①	

01 ~ 05

지	속	⁰³보	류	⁰¹복	구
구	태	편	의	무	조
⁰²본	능	적	대	감	⁰⁵변
의	동	의	장	사	모
사	⁰⁴부	지	기	수	녀

14 '범주'는 '동일한 성질을 가진 부류나 범위'를 뜻하므로, 이것이 훼손된 문화재에 급히 필요하다는 표현은 적절하지 않다. 이 문장에서는 '손실 이전의 상태로 회복함.'을 뜻하는 '복구'나 '원래대로 회복함.'을 뜻하는 '복원'을 사용하는 것이 적절하다.

10회 2

본문 65쪽

01 ㉤	02 ㉠	03 ㉡	04 ㉢
05 ㉣	06 마음	07 미움	08 관심
09 시치미		10 눈앞이 캄캄했다	
11 귀를 기울여야		12 눈 밖에 나서	
13 입만 아플		14 ⑤	

14 '귀가 가렵다'는 '남이 제 말을 한다고 느끼다.'라는 의미를 지닌 표현이므로, 집에 너무 늦게 들어가면 부모님께 꾸중을 들을까 봐 걱정하는 상황을 나타내기에 적절하지 않다.

10회 3

본문 67쪽

01 ㉠	02 ㉠	03 ㉡	04 ㉢
05 ㉠	06 ㉤	07 ㉣	08 ㉡
09 ○	10 ○	11 ○	12 ㉠, ㉡, ㉣

12 〈심청전〉에서 주인공 심청은 아버지의 눈을 뜨게 하기 위해 인당수에 몸을 던질 정도로 지극한 효녀이다. 즉 심청은 당대의 효녀를 대표하는 전형적 인물이다(㉠). 인당수에 빠진 심청은 용왕의 도움으로 목숨을 구해 인간 세상으로 돌아오는데, 이러한 내용은 비현실적이고 신비로운 요소이다(㉡). 이 소설에서 심청은 자신을 제물로 팔아 인당수에 몸을 던지는 등 시련을 겪지만, 결국 황후가 되어 아버지와 다시 만나고 아버지가 눈을 뜨게 되는 등 행복한 결말을 맺는다(㉣).

오답 풀이

㉢ 〈심청전〉이 시간의 흐름에 따라 전개되는 것은 맞지만, 심청은 영웅적 인물이 아니다.

11회

11회 1

본문 69쪽

01 분포	02 빈정대다	03 산출	04 비약적
05 깊이	06 거칠고	07 사리사욕	08 빈도
09 분연히	10 불모지	11 분포	12 사리사욕
13 빈도	14 ②		

14 '비약적'은 '지위나 수준 따위가 갑자기 빠른 속도로 높아지거나 향상되는. 또는 그런 것'을 뜻한다. 따라서 작년에 비해 자동차 수출이 줄어든 상황을 나타낼 때 '비약적'이라는 표현을 사용하는 것은 적절하지 않다.

11회 2

본문 71쪽

01 이심전심	02 불립문자	03 염화미소	04 하석상대
05 심심상인	06 미봉책	07 동족방뇨	08 고식지계
09 이심전심	10 미봉책	11 불립문자	12 ④

12 '고식지계'는 '우선 당장 편한 것만을 택하는 꾀나 방법'을 뜻하는 한자 성어로, 한때의 안정을 얻기 위하여 임시로 둘러맞추어 처리하거나 이리저리 주선하여 꾸며 내는 계책을 이른다. 따라서 문제의 근본 원인을 파악해 일을 완벽하게 처리하는 것과는 거리가 멀다.

11회 3

본문 73쪽

01 ㉢	02 ㉣	03 ㉡	04 ㉠
05 문안했다	06 들였다	07 맞히기로	08 ⑤
09 ○	10 ○	11 X	12 ㉠, ㉡, ㉢

08 '맞추다'의 뜻은 '둘 이상의 일정한 대상들을 나란히 놓고 비교하여 살피다.'이다. 문제의 답을 틀리지 않았음을 나타낼 때는 '맞히다'를 사용하여 '나는 열 문제 중에서 겨우 세 개만 맞혀서'라고 해야 한다.

11 기행문의 3요소는 여정, 견문, 감상이다.

12 이 글은 장애를 가진 글쓴이가 어린 시절의 경험을 통해 세상이 따뜻하다는 것을 깨달은 내용을 담은 수필이다. 글 속의 '나'는 글쓴이 자신이며(㉠), 초등학교 1학년 때 집 앞 골목길에서 깨엿장수 아저씨와 마주쳤던 경험과 그때의 생각이 드러나 있다(㉡). 또한 '이 세상은 그런대로 ~ 믿기 시작했다는 것이다.'에서 세상을 바라보는 글쓴이의 희망적이고 긍정적인 태도가 드러난다(㉢).

오답 풀이
㉢ 소설이나 희곡의 특징에 해당한다.
㉣ 이 글은 기행문이 아니며 여행의 과정이 드러나지 않는다.

12회

12회 1

본문 75쪽

01 ~ 05 해설 참조	06 성화	07 상반
08 생색	09 선입견	10 성화	11 상당
12 선입견	13 생색	14 ⑤	

01 ~ 05

⁰¹상	당		⁰²선		
			호		⁰⁵삼
		⁰³상	설		엄
					하
		⁰⁴새	삼	스	럽	다

14 '상반'의 뜻은 '서로 반대되거나 어긋남.'이므로, 오랜 회의를 거쳐 의견 차이를 조절한 상황을 나타내기에 적절하지 않다. 이 문장에서는 '서로 어긋나지 아니하고 같거나 들어맞음.'을 뜻하는 '일치'를 사용하는 것이 적절하다.

12회 2

본문 77쪽

01 ㉢	02 ㉣	03 ㉡	04 ㉠
05 발, 말	06 호랑이	07 송충이, 갈잎	
08 가루, 말	09 ○	10 X	11 ○
12 ㉢	13 ㉡	14 ㉠	

10 '호랑이도 제 말 하면 온다'는 '다른 사람에 관한 이야기를 하는데 공교롭게 그 사람이 나타나는 경우를 이르는 말'이다. 친구에게 비밀을 이야기했는데 그것이 다른 친구들에게도 퍼진 상황에서는 '발 없는 말이 천 리 간다'라는 속담이 어울린다.

12회 3

본문 79쪽

01 ㉠	02 ㉠	03 ㉠	04 ㉢
05 ㉢	06 ㉣	07 ㉡	08 ㉠
09 X	10 ○	11 X	12 ○
13 ⑤			

정답과 해설

09 어떤 말이나 대상의 뜻을 명확하게 밝혀 설명하는 방법은 '정의'이다.

11 '대조'는 둘 이상의 대상을 견주어 차이점을 중심으로 설명하는 방법이다. 주로 '무엇은 무엇이다.'의 형태로 나타나는 것은 '정의'이다.

13 〈보기〉에는 둘 이상의 대상을 견주어 공통점이나 유사점을 중심으로 설명하는 방법인 '비교'가 사용되었다. 제시된 문장 중 비교의 설명 방법이 사용된 것은 풍물놀이와 사물놀이의 공통점을 설명한 ⑤이다.

오답 풀이

①, ② 정의의 설명 방법을 사용하였다.
③ 대조의 설명 방법을 사용하였다.
④ 예시의 설명 방법을 사용하였다.

13회 1

본문 81쪽

01 ②	02 ©	03 ©	04 ①
05 요구	06 기계적	07 숙지	08 순박하다
09 수요	10 소요	11 수요	12 숙지
13 쇄신	14 ④		

14 '수척하다'의 뜻은 '몸이 몹시 야위고 마른 듯하다.'이므로, 체격이 건장하고 늘 생기가 넘치는 동생을 표현하는 말로 어울리지 않는다.

13회 2

본문 83쪽

01 애이불상	02 남가일몽	03 발본색원	04 쾌도난마
05 애이불비	06 일장춘몽	07 일도양단	08 단도직입
09 일도양단	10 일장춘몽	11 애이불비	12 ⑤

12 '애이불상'은 '슬퍼하되 정도를 넘지 아니함.'을 의미한다. 따라서 할머니께서 돌아가신 지 일 년이 넘었는데도 그 슬픔에서 헤어 나오지 못하고 눈물만 흘리는 삼촌의 모습은 이와 반대된다고 할 수 있다.

13회 3

본문 85쪽

01 ©	02 ①	03 ②	04 ©
05 들리지	06 벌리라고	07 벼르고	08 ③
09 ○	10 X	11 ○	12 ○
13 ③			

08 '벌리다'의 뜻은 '둘 사이를 넓히거나 멀게 하다.'이므로 말로 다투는 상황을 나타내기에 적절하지 않다. 이 문장에서는 '전쟁이나 말다툼 따위를 하다.'라는 뜻의 '벌이다'를 사용해야 한다.

10 '구분'은 상위 항목을 하위 항목으로 나누어 설명하는 방법이다. 하나의 대상을 그것을 구성하는 각각의 요소로 나누어 설명하는 방법은 '분석'이다.

13 〈보기〉에 제시된 설명 방법은 '구분'이다. ③은 '문학'이라는 상위 항목을 리듬감의 유무라는 기준에 따라 하위 항목인 운문 문학과 산문 문학으로 나누었으므로, 구분의 설명 방법이 사용되었다.

오답 풀이

①은 정의, ②는 분석, ④는 분류, ⑤는 인과의 설명 방법이 사용되었다.

14회 1

본문 87쪽

01 ~ 05 해설 참조	06 식별	07 십상
08 심화	09 안간힘	10 심화	11 안간힘
12 실소	13 안배	14 ③	

01 ~ 05

03순	식	별	01심	산	수
화	사	05실	수	화	면
분	장	소	방	02안	배
배	단	어	처	구	니
손	04실	팍	하	다	힘

14 '실팍하다'의 뜻은 '사람이나 물건 따위가 보기에 매우 실하다.'이므로, 씨름을 하면 매번 질 정도로 힘이 세지 않은 사람을 나타내는 말로 적절하지 않다.

14 '알싸하다'의 뜻은 '매운맛이나 독한 냄새 따위로 코 속이나 혀끝이 알알하다.'이므로 달콤한 초코케이크를 먹은 뒤 입안의 느낌으로 어울리지 않는다.

14회 2
본문 89쪽

01 ㉠	02 ㉣	03 ㉡	04 ㉢
05 ㉢	06 도움	07 애	08 기분, 감정
09 그릇, 칼날		10 이가 빠진	
11 피가 말랐다		12 피가 되고 살이 되는	
13 이를 갈았다		14 ③	

14 '피가 거꾸로 솟다'는 '매우 흥분한 상태를 이르는 말'이므로, 공손한 태도로 담담하게 용서를 비는 상황에서 쓰이기에 적절하지 않다.

14회 3
본문 91쪽

01 ㉠	02 ㉡	03 ㉠	04 ㉢
05 ㉢	06 ㉣	07 ㉠	08 ㉡
09 ○	10 X	11 ○	12 ⑤
13 ③		14 (1) 날씨, 맑-, 기분, 좋- (2) 가, -아, 이, -다	

10 실질 형태소란 실질적인 뜻을 지닌 형태소이다. 조사, 어미, 접사 등은 형식 형태소이다.

12 제시된 문장의 형태소는 '우리 / 는 / 모두 / 꿈 / 을 / 찾- / -는- / -다'로 분석된다.

13 '을'은 조사로 형식 형태소이고, 나머지는 실질적 의미를 갖는 실질 형태소이다.

15회 2
본문 95쪽

01 새옹지마	02 거안사위	03 흥진비래	04 천고마비
05 유비무환	06 전화위복	07 고진감래	08 녹양방초
09 천고마비	10 유비무환	11 고진감래	12 ①

12 '녹양방초'는 '푸른 버드나무와 향기로운 풀이라는 뜻으로, 봄과 여름을 맞아 우거진 나무와 활짝 핀 꽃을 가리키는 말'이다. 따라서 올겨울이 너무 추운 상황과는 어울리지 않는다.

15회 3
본문 97쪽

01 ㉢	02 ㉡	03 ㉠	04 ㉣
05 비친	06 빌렸다	07 세웠다	08 ③
09 ○	10 ○	11 X	12 ②
13 ㅅ, ㅇ, ㄴ, ㄱ		14 ④	

08 '새우다'의 뜻은 '한숨도 안 자고 밤을 지내다.'이므로, 두 무릎을 서게 하였음을 나타내는 말로 적절하지 않다. 이 문장에서는 '몸이나 몸의 일부를 곧게 펴게 하거나 일어서게 하다.'라는 뜻의 '세우다'를 사용해야 한다.

11 훈민정음의 자음 기본자는 5개이고, 모음 기본자는 3개이다.

12 훈민정음의 자음 기본자는 상형의 원리로 만들어진 'ㄱ, ㄴ, ㅁ, ㅅ, ㅇ'이다. 'ㄹ'은 상형의 원리로 만든 자음 기본자에 해당하지 않는다.

15회 1
본문 93쪽

01 연민	02 애호가	03 알싸하다	04 열화
05 만족	06 언짢거나	07 염두	08 애꿎다
09 열풍	10 안주	11 열풍	12 역정
13 염두	14 ②		

16회 1
본문 99쪽

01 ~ 05 해설 참조		06 운치	07 왜곡
08 위축	09 외면	10 운치	11 왜곡
12 외면	13 영문	14 ⑤	

정답과 해설

01 ~ 05

유(02)	도	외	시	옹(04)	기
야	영(03)	문	학	졸	업
무	공	유(01)	력	하	다
야	수	명	주	다	정
유(05)	창	하	다	고	상

14 '옹졸하다'의 뜻은 '성품이 너그럽지 못하고 생각이 좁다.'이므로, 사랑하는 마음으로 인해 상대방의 사소한 잘못을 이해하고 넘어가는 행동과는 어울리지 않는다. 이 문장에서는 '마음이 너그럽고 크다.'라는 뜻의 '관대하다'를 사용하여 '그 사람의 단점에 관대해져서'라고 하는 것이 적절하다.

16회 2
본문 101쪽

01 ㉡	02 ㉠	03 ㉢	04 ㉣
05 귀, 귀	06 고양이	07 감, 배	08 닭, 개
09 ○	10 ○	11 X	12 ㉠
13 ㉡	14 ㉢		

11 '돼지에 진주 목걸이'는 '값어치를 모르는 사람에게는 보물도 아무 소용이 없음을 이르는 말'이다. 다른 사람의 생일 파티 장소에 괜한 간섭을 하는 상황에서는 '남의 일에 공연히 간섭하고 나섬을 이르는 말'인 '남의 잔치에 감 놓아라 배 놓아라 한다'라는 속담이 어울린다.

16회 3
본문 103쪽

01 ㉠	02 ㉠	03 ㉡	04 ㉡
05 ㉣	06 ㉠	07 ㉢	08 X
09 X	10 ○	11 ①, ③	12 ③
13 ㉠: ㅕ / ㉡: ㅗ / ㉢: ㅠ			

08 '가획'이란 소리가 세짐에 따라 기본자에 획을 더하여 새로운 글자를 만든 자음의 창제 원리이다.

09 초성에서 둘 이상의 자음 글자를 가로로 나란히 붙여서 쓰는 방법은 '병서'이다.

11 'ㅁ'은 입 모양을 본떠 만든 자음의 기본자이다(①). 'ㅆ'은 가획자가 아니라 병서에 의해 만들어진 글자이다(③).

12 혀가 윗잇몸에 붙는 모양을 본떠 만든 기본자는 'ㄴ'이고, 여기에 획을 더하여 만든 글자는 'ㄷ, ㅌ'이다.

17회 1
본문 105쪽

01 ㉢	02 ㉡	03 ㉣	04 ㉠
05 떠들썩하다	06 분명하고	07 자조	08 잠재
09 일언반구	10 이실직고	11 잠재	12 자생
13 일언반구	14 ②		

14 '응시'는 '눈길을 모아 한 곳을 똑바로 바라봄.'을 의미한다. 기차 시간에 늦지 않기 위해 걸음을 빨리하는 상황에서는 '어떤 일을 빨리하도록 조르다.'라는 뜻의 '재촉하다'를 사용하여 '발걸음을 재촉했다.'라고 하는 것이 적절하다.

17회 2
본문 107쪽

01 귤화위지	02 물아일체	03 이율배반
04 맹모삼천지교		05 물심일여	06 자가당착
07 근묵자흑	08 모순	09 모순	10 물심일여
11 근묵자흑	12 ②		

12 '맹모삼천지교'는 '맹자의 어머니가 아들의 교육을 위해 세 번이나 이사를 한 가르침이라는 뜻으로, 교육에는 주위 환경이 중요함을 이르는 말'이다. 따라서 효도의 중요성을 강조하는 내용과 어울리지 않는다.

17회 3
본문 109쪽

01 ㉢	02 ㉡	03 ㉣	04 ㉠
05 바쳤다	06 부수고	07 받쳐	08 ②
09 X	10 ○	11 ○	
12 ㉠, ㉢, ㉣, ㉥	13 ④		

08 '받치다'의 뜻은 '물건의 밑이나 옆 따위에 다른 물체를 대다.'이므로, 소의 뿔에 부딪힐 뻔한 상황을 나타내는 말로 적절하지 않다. 이 문장에서는 '머리나 뿔 따위에 세차게 부딪히다.'라는 뜻의 '받히다'를 사용해야 한다.

09 발화란 구체적인 의사소통 상황에서, 머릿속의 생각이 문장 단위로 실현되어 음성 언어로 나타난 것을 말한다.

12 담화의 '상황 맥락'은 말이나 글이 이루어지는 구체적인 상황으로, 화자와 청자의 관계, 시간과 장소, 의도나 목적 등을 포함한다.

오답 풀이

ⓛ, ⓜ, ⓐ은 담화의 해석에 간접적으로 영향을 미치는 사회·문화적 맥락의 요소이다.

13 (가)와 (나)는 같은 말이라 하더라도 상황 맥락에 따라서 그 의미가 달라질 수 있음을 보여 주고 있다. 제시된 상황에서 지역에 따른 언어의 차이는 확인할 수 없다.

18회

18회 1
본문 111쪽

01 ~ 05 해설 참조		06 정립	07 저해
08 전담	09 절호	10 적이	11 전례
12 저해	13 절호	14 ②	

01 ~ 05

04저	해	안	주	연	극
명	충	03전	선	수	단
하	무	례	하	01정	02적
다	가	서	다	전	이
부	수	다	05접	목	사

14 '정적'의 뜻은 '고요하여 괴괴함.'이므로 아이들의 수다로 시끄러워진 교실을 나타내는 말로 적절하지 않

다. 이 문장에서는 '시끄럽고 어수선하다.'라는 뜻의 '소란하다'를 사용하여 '교실에는 소란함이 가득했다.'라고 하는 것이 적절하다.

18회 2
본문 113쪽

01 ⓛ	02 ⓜ	03 ㉠	04 ⓒ
05 ⓔ	06 낙심	07 중압감	08 슬픔
09 배척		10 어깨를 짓누르는	
11 등을 돌렸다		12 어깨를 으쓱거리며	
13 창자가 끊어지는		14 ⑤	

14 '귓등으로 듣다'는 '듣고도 들은 체 만 체 하다.'라는 뜻을 지닌 표현이므로, 친구의 충고를 잘 듣고 받아들여 자신의 행동을 고치기로 마음먹은 상황과 어울리지 않는다. 이 문장에서는 '주의 깊게 듣고' 정도로 표현하는 것이 적절하다.

18회 3
본문 115쪽

01 ⓛ	02 ⓛ	03 ㉠	04 ⓜ
05 ㉠	06 ⓒ	07 ⓔ	08 ⓛ
09 ○	10 ○	11 X	12 ②
13 ㉠: 이러한 / ㉡: 그러나 / ㉢: 또한 / ㉣: 왜냐하면			

11 담화를 구성하는 발화(문장)들이 형식적으로 긴밀하게 연결되는 것은 '응집성'이다. 담화의 응집성을 높이는 방법은 지시 표현과 접속 표현을 적절하게 사용하는 것이다.

13 ㉠ 뒤에 제시된 '오해'의 내용은 독감을 '감기 중에 독한 것'이라고 생각하는 경우가 있다는 앞의 내용이므로 ㉠에는 지시 표현인 '이러한'을 넣어야 한다.
㉡ 뒤에는 널리 퍼져 있는 오해와 달리 감기와 독감은 서로 다른 것이라는 내용이 제시되므로, 앞뒤 내용이 상반됨을 나타내는 접속 표현인 '그러나'를 넣어야 한다.
㉢ 뒤에는 앞의 내용에 덧붙여 감기와 독감의 차이점이 추가로 제시되므로 접속 표현 '또한'을 넣어야 한다.
㉣ 뒤에는 앞의 내용에 대한 원인이 제시되므로, 원인과 결과의 관계로 연결하는 접속 표현인 '왜냐하면'을 넣어야 한다.

19회

19회 1

본문 117쪽

01 주체	02 진취적	03 짓궂다	04 징용
05 발전함	06 바른대로	07 지경	08 진위
09 창출	10 진전	11 주체	12 징용
13 창출	14 ⑤		

14 '직설적'은 '바른대로 말하는. 또는 그런 것'이라는 뜻을 지닌 말이므로, 상대방을 고려하여 연극에 대한 부정적인 소감을 있는 그대로 말하지 않은 상황을 나타내기에 적절하지 않다. 이 문장에서는 '곧바로 가지 않고 멀리 돌아서 가는 것'이라는 뜻의 '우회적'을 사용하거나, '말하는 투가, 듣는 사람의 감정이 상하지 않도록 모나지 않고 부드럽다.'라는 뜻의 '완곡하다'를 사용하여 '소감을 최대한 완곡하게 표현했다.'라고 할 수 있다.

19회 2

본문 119쪽

01 지천명	02 지학	03 약관	04 산전수전
05 불혹	06 이립	07 천신만고	08 오리무중
09 약관	10 산전수전	11 오리무중	12 ③

12 '지학'이란 '학문에 뜻을 두었다는 뜻으로, 열다섯 살을 이르는 말'이다. 따라서 취업과 결혼을 동시에 이룰 만한 나이로 볼 수 없다.

19회 3

본문 121쪽

01 ㉢	02 ㉠	03 ㉣	04 ㉡
05 속아	06 앉혀	07 쓰러져	08 ④
09 ○	10 X	11 ○	12 ③
13 ①	14 ②		

08 '속다'의 뜻은 '남의 거짓이나 꾀에 넘어가다.'이므로, 상추를 뽑는 상황을 나타내는 말로 적절하지 않다. 이 문장에서는 '촘촘히 있는 것을 군데군데 골라 뽑아 성기게 하다.'라는 뜻의 '솎다'를 사용해야 한다.

10 표준 발음법 제8항에 따르면 받침소리로는 'ㄱ, ㄴ, ㄷ, ㄹ, ㅁ, ㅂ, ㅇ'의 7개 자음만 발음한다.

12 표준 발음법 제9항에 따라 '쫓다'는 [쫃따]로 발음한다.

13 표준 발음법 제13항에 따라 '옷이'는 [오시]로 발음한다.

오답 풀이

②, ③ 표준 발음법 제11항에 따르면 겹받침 'ㄺ'은 어말 또는 자음 앞에서 [ㄱ]으로 발음하므로, '묽다'는 [묵따]로 발음한다. 다만 용언의 어간 말음 'ㄺ'은 'ㄱ' 앞에서 [ㄹ]로 발음하므로, '묽고'는 [물꼬]로 발음한다.

14 표준 발음법 제5항에서 자음을 첫소리로 가지고 있는 음절의 'ㅢ'는 [ㅣ]로 발음한다고 하였으므로 '희망'은 [히망]으로 발음해야 한다.

오답 풀이

①, ⑤ 단어의 첫음절 이외의 '의'는 [ㅣ]로 발음함도 허용한다고 하였으므로, '협의'와 '주의'는 각각 [혀븨/혀비], [주:의/주:이]로 발음한다.

③ 조사 '의'는 [ㅔ]로 발음함도 허용하므로 '나무의'는 [나무에]로 발음할 수 있다.

④ '의문'의 'ㅢ'는 '다만 ~ 허용한다.'의 내용에 해당하지 않으므로, 원칙에 따라 이중 모음으로 발음한다.

20회

20회 1

본문 123쪽

01 ~ 05 해설 참조		06 체득	07 천부적
08 처신	09 추이	10 천부적	11 처신
12 추이	13 치하	14 ④	

01 ~ 05

		⁰¹추	정		
					⁰²취
		⁰³촉	진		약
⁰⁴치					하
하		⁰⁵초	래	하	다

14 '체득'의 뜻은 '몸소 체험하여 알게 됨.'으로, 사이가 좋지 않은 친구들 가운데 놓인 상황에서 하기가 쉽지 않은 어떤 일을 나타내는 말로 적절하지 않다. 이 문장에서는 '세상을 살아가는 데 가져야 할 몸가짐이나 행동'을 의미하는 '처신'을 사용하는 것이 적절하다.

본문 125쪽

20회 2

01 ㉣	02 ㉠	03 ㉢	04 ㉡
05 금강산	06 배, 배꼽	07 귀, 코	
08 어물전, 꼴뚜기		09 ○	10 X
11 ○	12 ㉡	13 ㉠	14 ㉢

10 '구더기 무서워 장 못 담글까'는 '다소 방해되는 것이 있다 하더라도 마땅히 할 일은 하여야 함을 이르는 말'로, 배가 고파서 야구 경기에 집중이 안 된다는 말에 대한 답으로 적절하지 않다. 이 상황에서는 '아무리 재미있는 일이라도 배가 불러야 흥이 나지 배가 고파서는 아무 일도 할 수 없음을 이르는 말'인 '금강산도 식후경'을 사용하여 '금강산도 식후경 아니겠어? 먹고 싶은 거 뭐든 말해 봐.'라고 답하는 것이 적절하다.

본문 127쪽

20회 3

01 ㉠	02 ㉡	03 ㉠	04 ㉡
05 ㉠	06 ㉤	07 ㉣	08 ㉢
09 X	10 ○	11 X	12 웬일
13 되	14 든	15 ⑤	

09 한글 맞춤법은 표준어를 소리대로 적되, 어법에 맞도록 함을 원칙으로 한다.

11 지난 일을 나타내는 것은 '-던'이고, 어느 것이든 상관없다는 뜻을 나타내는 것은 '-든'이다.

15 '그럼으로'는 '그렇게 하는 것으로(써)'라는 수단의 의미이다. 그런데 이 문장은 문맥상 '오늘 날씨가 좋습니다.'가 '야외 수업을 하는 게 어떻겠습니까?'라고 제안하는 이유에 해당한다. 따라서 '그러니까, 그렇기 때문에, 그러하기 때문에'의 의미를 가지는 '그러므로'라고 표기해야 한다.

21회

21회 1

본문 129쪽

01 ㉢	02 ㉠	03 ㉡	04 ㉣
05 일반적으로	06 책	07 탄로	08 파급
09 포부	10 통용	11 탄로	12 포부
13 편찬	14 ⑤		

14 '파하다'의 뜻은 '어떤 일을 마치거나 그만두다.'이므로, 새로운 도전을 통해 연기 변신을 시도하였음을 나타내는 말로 적절하지 않다. 이 문장에서는 '어떤 일을 이루려고 뜻을 두거나 힘을 쓰다.'라는 뜻의 '꾀하다'를 사용하여 '연기 변신을 꾀하기 위해'라고 하는 것이 적절하다.

21회 2

본문 131쪽

01 비분강개	02 궁여지책	03 분기충천	04 고육지책
05 속수무책	06 각골통한	07 절치부심	08 천인공노
09 각골통한	10 고육지책	11 천인공노	12 ①

12 '절치부심'은 '이를 갈고 마음을 썩인다는 뜻으로, 대단히 분하게 여기고 마음을 썩임.'을 이르는 말이다. 이는 말로 안 해도 마음이 통하여 친구가 내 생각을 짐작하고 있는 상황을 나타내기에 적절하지 않다.

21회 3

본문 133쪽

01 ㉡	02 ㉠	03 ㉣	04 ㉢
05 오직	06 졸이며	07 제치고	08 ④
09 X	10 ○	11 ○	12 X
13 ⑤			

08 '조리다'의 뜻은 '양념한 고기, 생선, 채소 따위를 국물에 넣고 바짝 끓여서 양념이 배어들게 하다.'이므로, 선거 결과를 기다리느라 애가 타서 마음이 조마조마한 상태를 나타내는 말로 적절하지 않다. 이 문장에서는 '속을 태우다시피 초조해하다.'를 뜻하는 '졸이다'를 사용해야 한다.

09 발표할 때 준언어적·비언어적 표현을 적절히 사용하면 청중이 내용에 집중하고 흥미를 느끼게 하는 데

도움이 될 수 있다. 그러나 내용의 정확성과 객관성은 정보가 있는 그대로의 사실에 부합한 것일 때 얻을 수 있는 것이지, 준언어적·비언어적 표현을 통해 얻을 수 있는 것은 아니다.

12 발표의 도입 부분에서는 발표의 배경 및 목적, 주제, 순서 등을 소개해야 한다. 발표의 핵심 내용을 요약하고 당부의 말이나 소감을 전하는 것은 '도입 – 전개 – 정리' 중 정리 부분에서 제시할 내용이다.

13 발표를 마무리할 때는 핵심 내용을 요약하거나 당부의 말을 전해야 한다. 그런데 청소년이 사용하는 언어의 특성으로 인한 문제점은 발표의 핵심 내용으로 볼 수 없고, 또한 예를 들며 내용을 구체적으로 제시하는 것은 정리 단계의 활동으로 적절하지 않다.

오답 풀이
① 발표 내용은 일반적으로 '도입 – 전개 – 정리'로 구성된다.
② 발표의 전개 부분에서는 발표 주제에 맞는 구체적인 내용을 제시해야 한다.
③ 발표할 때 준언어적·비언어적 표현을 적절히 사용하면 청중의 집중과 흥미를 유도할 수 있다.
④ 발표할 때 주제와 내용에 맞는 매체 자료를 활용하면 전달 효과를 높일 수 있다.

22회

22회 1
본문 135쪽

01 ~ 05 해설 참조	06 표출	07 포획
08 풍채	09 핀잔	10 표출	11 포획
12 환대	13 핀잔	14 ⑤

01 ~ 05

언	짧	다	세	대	⁰⁴필
질	환	영	⁰³필	사	적
⁰⁵푸	대	접	수	진	하
르	표	현	⁰¹켕	기	다
다	⁰²하	릴	없	이	채

14 '푸대접'은 '정성을 들이지 않고 아무렇게나 하는 대접'을 뜻하므로, 친구를 위해 특별한 음식을 준비하여 정성스럽게 맞이한 행동과는 반대되는 말이다. 이 문장에서는 '정성스럽게 대접하였다.'라고 하는 것이 적절하다.

22회 2
본문 137쪽

01 ㉢	02 ㉤	03 ㉣	04 ㉠
05 ㉤	06 분수	07 가능성	08 충격
09 손해		10 홍역을 치렀다
11 하늘을 찌를		12 하늘 높은 줄 모르고
13 억장이 무너지는		14 ⑤

14 '싹수가 노랗다'는 '잘될 가능성이나 희망이 애초부터 보이지 아니하다.'라는 뜻을 지닌 표현이다. 그런데 재능이 뛰어난 데다 성실하게 노력하는 연주자는 잘될 가능성이 높으므로, 이러한 사람을 평가하는 말로 '싹수가 노랗다'는 적절하지 않다.

22회 3
본문 139쪽

01 ㉡	02 ㉠	03 ㉡	04 ㉤
05 ㉣	06 ㉠	07 ㉢	08 ㉡
09 ○	10 ○	11 X	12 ④
13 ③

11 '적극적 들어 주기'는 상대방의 말을 요약하거나 상대방의 감정을 헤아려 반응해 줌으로써, 상대방이 객관적인 관점에서 문제에 접근하고 스스로 문제를 해결할 수 있게 도와주는 방법이다.

12 '소극적 들어 주기'는 상대방이 이야기를 이어 갈 수 있도록 관심을 갖고 집중해서 들어 주는 것을 말한다. 상대방의 말을 요약하는 것은 '적극적 들어 주기'의 방법이다.

13 ㉠에서 진호는 공감적 태도로 대화하였다. 이러한 공감적 대화는 상대방의 생각에 자신도 그렇다고 느끼면서 대화하는 것으로, 상대방의 고민을 직접 해결해 주는 대화 방법은 아니다.

오답 풀이
①, ②, ④ 개인의 고민이나 생각을 이야기하고 그 상황에 공감해 주는 말을 들으면서, 그 대화를 공유한 사람들끼리 신뢰와 친밀감이 높아지고 관계도 원만해질 수 있다.

⑤ 공감적 대화는 상대방의 고민을 비난하거나 비판하는 방식이 아니라 함께 느끼고 이해하는 방식으로 이루어지기 때문에 대화 참여자들이 협력적으로 소통하게 되고, 그 과정에서 문제 해결의 실마리를 찾을 수 있다.

인 상태로 있음을 나타내는 말로 적절하지 않다. 이 문장에서는 '이미 있는 상태 그대로 있다는 뜻을 나타내는 말'인 '채'를 사용해야 한다.

10 선정한 내용을 조직하여 글의 구성 단계에 따라 개요를 작성하는 것은 '내용 조직하기' 단계이다. '표현하기'는 조직한 내용을 바탕으로 하여 글을 쓰는 단계이다.

12 제시된 혜나의 생각에는 예상 독자, 글의 형식, 글의 목적과 주제가 드러나 있다. 그러나 본격적인 이야기를 어떤 순서로 제시할 것인지에 대해서는 드러나 있지 않다. 이는 '내용 조직하기'에서 이루어지는 활동이다.

13 '백지장도 맞들면 낫다'는 쉬운 일이라도 협력하여 하면 훨씬 쉽다는 의미를 나타내는 속담이다. 즉 이 글은 속담을 활용하여 글을 시작하고 있다.

본문 141쪽

23회 1

01 한없다	02 해박하다	03 합리적	04 해소
05 세력	06 솔직함	07 해방	08 함구
09 할애	10 해소	11 함구	12 할애
13 구속	14 ②		

14 '합세'는 '흩어져 있는 세력을 한곳에 모음.'을 뜻하므로, 계획을 현실에서 이루고자 함을 나타내는 말로 적절하지 않다. 이 문장에서는 '생각한 바를 실제로 행함.'을 뜻하는 '실천'이나 '실행'을 사용하는 것이 적절하다.

23회 2

본문 143쪽

01 두문불출	02 중과부적	03 동가홍상	04 주마간산
05 다다익선	06 등하불명	07 수수방관	08 사상누각
09 두문불출	10 다다익선	11 동가홍상	12 ②

12 '수수방관'은 '팔짱을 끼고 보고만 있다는 뜻으로, 간섭하거나 거들지 아니하고 그대로 버려둠을 이르는 말'이다. 이는 사건을 해결하기 위해 적극적으로 수사를 진행하는 경찰의 태도와는 반대되는 표현이다.

23회 3

본문 145쪽

01 ㉢	02 ㉡	03 ㉣	04 ㉠
05 체	06 지긋이	07 짚이는	08 ③
09 ○	10 X	11 ○	12 ②
13 속담을 활용하여 표현했다.			

08 '체'는 '그럴듯하게 꾸미는 거짓 태도나 모양'을 나타내는 말이므로, 잘못을 사과하면서 계속 고개를 숙

24회 1

본문 147쪽

01 ~ 05 해설 참조		06 훼방	07 횡포
08 확보	09 호소	10 훼방	11 호소
12 보증	13 흠모	14 ④	

01 ~ 05

	⁰¹허	위			
⁰²흠				⁰³희	
모				한	
			⁰⁴흡	사	하	다
⁰⁵효	용			다	

14 '흡사하다'의 뜻은 '거의 같을 정도로 비슷하다.'이다. 이 문장에서 엄마는 조용하고 이모는 수다스러우며, 엄마와 이모가 생김새만 비슷할 뿐이라고 하

였으므로, 문맥상 '성격은 완전히 다르다.'라고 하는 것이 적절하다.

24회 2 본문 149쪽

01 ㉠	02 ㉡	03 ㉣	04 ㉢
05 다리	06 밥, 목	07 우물, 숭늉	08 도끼, 발등
09 ○	10 ○	11 X	12 ㉡
13 ㉠	14 ㉢		

11 '믿는 도끼에 발등 찍힌다'는 '잘되리라고 믿고 있던 일이 어긋나거나 믿고 있던 사람이 배반하여 오히려 해를 입음을 이르는 말'이므로, 친구의 도움을 받아 발표 준비를 잘 끝마치게 된 상황에 대해 할 말로 적절하지 않다.

24회 3 본문 151쪽

01 ㉡	02 ㉡	03 ㉠	04 ㉤
05 ㉡	06 ㉠	07 ㉢	08 ㉣
09 X	10 ○	11 ②	
12 ㉠: 삭제한다. / ㉡: '따라서(그러므로)'로 고친다.			

09 '고쳐쓰기'는 글의 잘못된 부분을 바로잡아서 다시 쓰는 일이다. 다양한 표현 방법을 활용하여 본격적으로 글을 쓰는 것은 '표현하기'이다.

11 문장이 길고 표현이 화려하다고 해서 무조건 좋은 글이라고 볼 수 없으므로, ②는 고쳐쓰기를 할 때 점검할 내용으로 보기 어렵다.

12 이 문단은 웃음의 효과에 대해 설명하고 있는데, 숙제가 많아 스트레스가 심하다는 내용은 문단의 중심 내용에서 벗어나므로 ㉠은 삭제해야 한다.
㉡의 뒤에는 앞의 내용과 반대되는 내용이 아니라 결과에 해당하는 내용이 이어지고 있으므로, '그러나'를 '따라서' 또는 '그러므로'로 바꾸어야 한다.

어휘력 테스트

01회 2쪽

01 ㉣	02 ㉡	03 ㉠	04 ㉢
05 개선	06 가담	07 결속	08 거동
09 ○	10 ○	11 X	12 X
13 간담상조	14 백절불굴	15 지란지교	16 군계일학
17 낭중지추	18 칠전팔기	19 시적 대상	20 어조

11 '걷잡다'의 뜻은 '마음을 진정하거나 억제하다.' 또는 '한 방향으로 치우쳐 흘러가는 형세 따위를 붙들어 잡다.'이므로, 날짜를 대충 짐작하는 상황을 나타내기에 적절하지 않다. 이 문장에서는 '겉으로 보고 대강 짐작하여 헤아리다.'라는 뜻의 '겉잡다'를 사용해야 한다.

12 '가없다'의 뜻은 '끝이 없다.'이므로 고통스럽게 살아가는 영혼들을 표현하는 말로 적절하지 않다. 이 문장에서는 '마음이 아플 만큼 안되고 처연하다.'라는 뜻의 '가엾다'를 사용해야 한다.

02회 3쪽

01 ㉣	02 ㉠	03 ㉢	04 ㉡
05 ㉤	06 고역	07 겸허	08 경각심
09 고립	10 수단	11 희망	12 물
13 ㉤	14 ㉡	15 ㉠	16 ㉣
17 ㉢	18 ○	19 ○	20 X

20 시의 겉에 뚜렷하게 드러나지 않고 시 속에서 은근하게 느껴지는 운율은 외형률이 아니라 내재율이다.

03회 4쪽

01 ㉣	02 ㉢	03 ㉠	04 ㉡
05 관측	06 구사	07 골몰	08 교섭
09 ○	10 X	11 ○	12 ○
13 수불석권	14 교학상장	15 설왕설래	16 감언이설
17 위편삼절	18 등화가친	19 정반대	20 역설법

10 '긷다'의 뜻은 '우물이나 샘 따위에서 두레박이나 바가지 따위로 물을 떠내다.'이므로 재봉틀로 옷을 꿰매는 상황을 나타내는 말로 적절하지 않다. 이 문장

에서는 '떨어지거나 해어진 곳에 다른 조각을 대거나 또는 그대로 꿰매다.'라는 뜻의 '깁다'를 사용하여 '옷을 깁고 있었다.'라고 해야 한다.

19 풍자는 개인의 부정적인 면이나 사회의 부조리 등 부정적인 대상을 비꼬거나 조롱하여 간접적으로 비판하는 표현 방법이다.

04회 5쪽

01 ㄹ	02 ㄷ	03 ㄱ	04 ㅁ
05 ㄴ	06 기별	07 구전	08 급감
09 극한	10 잠자리	11 방법	12 동식물
13 ㄱ	14 ㅁ	15 ㄴ	16 ㄹ
17 ㄷ	18 ○	19 ○	20 X

20 '밤중의 광명이 너만 한 이 또 있느냐.'는 '-느냐'라는 의문문 형식을 통해 '너만 한 이 또 없다.'라는 의미를 강조한 것으로, 대구법이 아니라 설의법이 사용된 표현이다.

05회 6쪽

01 ㄴ	02 ㄹ	03 ㄱ	04 ㄷ
05 노상	06 낙방	07 납득	08 논쟁
09 X	10 ○	11 X	12 ○
13 분골쇄신	14 주마가편	15 반면교사	16 절차탁마
17 형설지공	18 3, 6, 45	19 4, 종장	20 양반, 자연

09 '가계'는 '집안 살림을 꾸려 나가는 방도나 형편'을 뜻하므로, 핫도그를 파는 집을 나타내는 말로 적절하지 않다. 이 문장에서는 '작은 규모로 물건을 파는 집'을 뜻하는 '가게'를 사용해야 한다.

11 '그슬리다'의 뜻은 '불에 겉만 약간 타다.'이므로, 햇볕을 오래 쬐어 얼굴이 검게 되었음을 나타내는 말로 적절하지 않다. 이 문장에서는 '햇볕이나 불, 연기 따위를 오래 쬐어 검게 되다.'라는 뜻의 '그을리다'를 사용해야 한다.

06회 7쪽

01 ㅁ	02 ㄹ	03 ㄴ	04 ㄱ
05 ㄷ	06 다변화	07 도화선	08 달음질
09 독자적	10 넘음	11 마음, 뜻	12 붙이다
13 ㄹ	14 ㄴ	15 ㅁ	16 ㄱ
17 ㄷ	18 X	19 X	20 ○

18 사설시조는 조선 중기 이후에 주로 평민 계층이 창작하고 즐겼다.

07회 8쪽

01 ㄱ	02 ㄹ	03 ㄷ	04 ㄴ
05 맹목적	06 명소	07 명실상부	08 모면
09 ○	10 ○	11 X	12 X
13 오매불망	14 연모지정	15 허장성세	16 침소봉대
17 맥수지탄	18 사건	19 복선, 필연성	
20 소재, 성격			

11 '늘리다'는 '물체의 넓이, 부피 따위를 본디보다 커지게 하다.' 또는 '수나 분량 따위를 본디보다 많아지게 하거나 무게를 더 나가게 하다.'라는 뜻을 지니므로 엿가락을 길게 하였음을 나타내는 말로 적절하지 않다. 이 문장에서는 '본디보다 더 길어지게 하다.'라는 뜻의 '늘이다'를 사용해야 한다.

12 '늘이다'의 뜻은 '본디보다 더 길어지게 하다.'이므로 인원 수를 많아지게 함을 나타내는 말로 적절하지 않다. 이 문장에서는 '수나 분량 따위를 본디보다 많아지게 하다.'라는 뜻의 '늘리다'를 사용해야 한다.

08회 9쪽

01 ㄹ	02 ㄱ	03 ㅁ	04 ㄷ
05 ㄴ	06 물색	07 물정	08 물의
09 무상	10 물기	11 두려워	12 지위
13 ㄷ	14 ㄹ	15 ㄱ	16 ㅁ
17 ㄴ	18 ㅂ	19 ○	20 X

20 작품 밖의 작가가 마치 신처럼 등장인물의 행동, 심리, 사건 등을 모두 알고 전달하는 것은 전지적 작가 시점이다.

09회 10쪽

01 ㄹ	02 ㄷ	03 ㄱ	04 ㄴ
05 반출	06 발휘	07 배척	08 번영
09 X	10 X	11 ○	12 ○
13 격세지감	14 각주구검	15 누란지세	16 사면초가
17 풍전등화	18 수주대토	19 시간적, 공간적	
20 사건			

09 '당기다'의 뜻은 '물건 따위를 힘을 주어 자기 쪽이나 일정한 방향으로 가까이 오게 하다.' 또는 '정한 시간이나 기일을 앞으로 옮기거나 줄이다.'이다. 향초에 불을 붙이는 상황에서는 '불이 옮아 붙다. 또는 그렇게 하다.'라는 뜻의 '댕기다'를 사용해야 한다.

10 '담그다'의 뜻은 '액체 속에 넣다.'이므로 소금을 작은 병에 옮겨 넣음을 나타내는 말로 적절하지 않다. 이 문장에서는 '어떤 물건을 그릇 따위에 넣다.'라는 뜻의 '담다'를 사용하여 '작은 병에 옮겨 담았다.'라고 해야 한다.

10회   11쪽

01 ㅁ	02 ㄴ	03 ㄹ	04 ㄱ
05 ㄷ	06 부지기수	07 범주	08 복구
09 본의	10 두드러지다	11 기운	12 원인
13 ㅁ	14 ㄴ	15 ㄹ	16 ㄷ
17 ㄱ	18 ○	19 X	20 ○

19 고전 소설은 대체로 주인공이 고난과 시련을 모두 이겨 내고 행복해지는 결말을 맺는다.

11회   12쪽

01 ㄷ	02 ㄹ	03 ㄴ	04 ㄱ
05 산출	06 불모지	07 빈도	08 사리사욕
09 X	10 ○	11 ○	12 ○
13 이심전심	14 미봉책	15 염화미소	16 동족방뇨
17 하석상대	18 형식, 개성	19 시간, 공간	
20 여정, 견문, 감상			

09 '문안하다'의 뜻은 '웃어른께 안부를 여쭈다.'이다. 공연을 보고 그에 대해 평하는 상황에서는 '이렇다 할 단점이나 흠잡을 만한 것이 없다.'라는 뜻의 '무난하다'를 사용하는 것이 적절하다.

12회   13쪽

01 ㄴ	02 ㄱ	03 ㅁ	04 ㄷ
05 ㄹ	06 선호	07 생색	08 상설
09 상당	10 안, 일부	11 손	12 생각, 판단
13 ㄱ	14 ㅁ	15 ㄴ	16 ㄹ
17 ㄷ	18 ○	19 ○	20 X

20 둘 이상의 대상을 견주어 공통점이나 유사점을 중심으로 설명하는 방법은 비교이고, 차이점을 중심으로 설명하는 방법은 대조이다.

13회   14쪽

01 ㄴ	02 ㄹ	03 ㄱ	04 ㄷ
05 수요	06 속절없이	07 쇄신	08 소견
09 ○	10 ○	11 X	12 X
13 애이불비	14 일장춘몽	15 발본색원	16 쾌도난마
17 단도직입	18 상위, 하위	19 분류	20 원인, 결과

11 '들리다'의 뜻은 '사람이나 동물의 감각 기관을 통해 소리가 알아차려지다.'이다. 옷 가게에 잠깐 머물러 구경했음을 나타낼 때는 '지나는 길에 잠깐 들어가 머무르다.'라는 뜻의 '들르다'를 사용하여 '옷 가게에 들러 구경을 하다가'라고 해야 한다.

12 '벼리다'의 뜻은 '무디어진 연장의 날을 불에 달구어 두드려서 날카롭게 만들다.'이다. 어떤 말을 하려고 진작부터 마음먹고 있었음을 나타낼 때는 '어떤 일을 이루려고 마음속으로 준비를 단단히 하고 기회를 엿보다.'라는 뜻의 '벼르다'를 사용해야 한다.

14회   15쪽

01 ㄱ	02 ㅁ	03 ㄹ	04 ㄴ
05 ㄷ	06 실소	07 안배	08 순화
09 심산	10 표면	11 살, 가시	12 재물
13 ㄷ	14 ㄹ	15 ㅁ	16 ㄱ
17 ㄴ	18 X	19 ○	20 ○

18 '나무가 매우 크다.'에서 형태소는 '나무 / 가 / 매우 / 크- / -다'이다.

15회   16쪽

01 ㄷ	02 ㄱ	03 ㄴ	04 ㄹ
05 애호가	06 열풍	07 연민	08 안주
09 ○	10 ○	11 X	12 ○
13 전화위복	14 새옹지마	15 고진감래	16 거안사위
17 녹양방초	18 상형	19 발음 기관, 입	
20 땅, 사람, 하늘			

11 '세우다'의 뜻은 '몸이나 몸의 일부를 곧게 펴게 하거나 일어서게 하다.'이다. 잠을 안 자고 영화를 보았음을 나타낼 때는 '한숨도 안 자고 밤을 지내다.'라는 뜻을 지닌 '새우다'를 사용해야 한다.

16회 17쪽

01 ㉢	02 ㉣	03 ㉡	04 ㉠
05 ㉤	06 유야무야	07 영문	08 위축
09 운치	10 상처	11 상금	12 행동
13 ㉣	14 ㉤	15 ㉢	16 ㉠
17 ㉡	18 X	19 X	20 ○

18 가획은 소리가 '세짐'에 따라 획을 더하여 새로운 글자를 만든 자음의 창제 원리이다.

19 'ㅏ, ㅓ, ㅗ, ㅜ'는 초출자이고 'ㅑ, ㅕ, ㅛ, ㅠ'는 재출자이다.

17회 18쪽

01 ㉡	02 ㉣	03 ㉠	04 ㉢
05 일사천리	06 자조	07 응시	08 일언반구
09 X	10 ○	11 ○	12 X
13 자가당착	14 물아일체	15 모순	16 귤화위지
17 근묵자흑	18 발화	19 맥락	20 상황 맥락

09 '받치다'의 뜻은 '물건의 밑이나 옆 따위에 다른 물체를 대다.'로, 조국의 광복을 위해 온 힘을 다하여 애썼음을 나타내는 말로 적절하지 않다. 이 문장에서는 '무엇을 위하여 모든 것을 아낌없이 내놓거나 쓰다.'라는 뜻의 '바치다'를 사용해야 한다.

12 '부수다'의 뜻은 '만들어진 물건을 두드리거나 깨뜨려 못 쓰게 만들다.'로, 사용한 솥을 깨끗하게 하였음을 나타내는 말로 적절하지 않다. 이 문장에서는 '그릇 따위를 씻어 깨끗하게 하다.'라는 뜻의 '부시다'를 사용하여 '깨끗하게 부셨다.'라고 해야 한다.

18회 19쪽

01 ㉢	02 ㉤	03 ㉠	04 ㉡
05 ㉣	06 정립	07 전례	08 접목
09 저해	10 청	11 여유	12 거리, 공간
13 ㉢	14 ㉤	15 ㉣	16 ㉡
17 ㉠	18 X	19 ○	20 ○

18 발화(문장)들의 내용이 담화의 주제를 향해 밀접하게 연관되는 것을 '통일성'이라고 한다. '응집성'은 담화를 구성하는 발화(문장)들이 형식적으로 긴밀하게 연결되는 것이다.

19회 20쪽

01 ㉡	02 ㉣	03 ㉠	04 ㉢
05 지경	06 진위	07 진전	08 창출
09 X	10 ○	11 X	12 ○
13 불혹	14 지학	15 오리무중	16 이립
17 천신만고	18 표준 발음	19 [ㄱ], [ㄷ], [ㅂ]	
20 ㄱ, [ㄹ]			

09 '스러지다'의 뜻은 '형체나 현상 따위가 차차 희미해지면서 없어지다.'이므로, 서 있던 나무가 태풍 때문에 바닥에 눕게 되었음을 나타내는 말로 적절하지 않다. 이 문장에서는 '힘이 빠지거나 외부의 힘에 의하여 서 있던 상태에서 바닥에 눕는 상태가 되다.'라는 뜻의 '쓰러지다'를 사용해야 한다.

11 '안치다'의 뜻은 '밥, 떡, 찌개 따위를 만들려고 그 재료를 솥이나 냄비 등에 넣고 불 위에 올리다.'이다. 버스에 자리가 나서 동생을 의자에 앉게 한 상황에서는 '사람이나 동물이 윗몸을 바로 한 상태에서 엉덩이에 몸무게를 실어 다른 물건이나 바닥에 몸을 올려놓게 하다.'라는 뜻의 '앉히다'를 사용하여 '동생을 먼저 앉혔다.'라고 해야 한다.

20회 21쪽

01 ㉣	02 ㉤	03 ㉡	04 ㉢
05 ㉠	06 촉진	07 추정	08 추이
09 체득	10 눈물	11 보통	12 서먹서먹
13 ㉢	14 ㉠	15 ㉡	16 ㉣
17 ㉤	18 X	19 X	20 X

18 한글 맞춤법은 우리말을 한글로 적을 때에 지켜야 할 기준이다. 표준어를 발음할 때 기준이 되는 규칙과 규범은 표준 발음법이다.

19 조사 '(으)로서'는 지위·신분·자격을, '(으)로써'는 재료·수단·도구 등을 나타낸다.

20 '웬, 웬일', '왠지'는 올바른 표기이고, '왠, 왠일', '웬지'는 틀린 표기이다.

21회   22쪽

01 ㉠	02 ㉣	03 ㉡	04 ㉢
05 탄로	06 포부	07 타파	08 파급
09 ○	10 ○	11 X	12 ○
13 궁여지책	14 속수무책	15 분기충천	16 각골통한
17 절치부심	18 천인공노	19 발표	
20 준언어적, 비언어적			

11 '젖히다'의 뜻은 '뒤로 기울게 하다.'이므로, 경쟁자들을 이기고 그들보다 높은 위치에 서게 되었음을 나타내는 말로 적절하지 않다. 이 문장에서는 '경쟁 상대보다 우위에 서다.'를 뜻하는 '제치다'를 사용해야 한다.

22회   23쪽

01 ㉣	02 ㉡	03 ㉤	04 ㉢
05 ㉠	06 포획	07 표출	08 풍채
09 핀잔	10 요금	11 음식	12 사건
13 ㉡	14 ㉠	15 ㉤	16 ㉣
17 ㉢	18 ○	19 X	20 ○

19 공감적 대화를 하기 위해서는 자신의 견해를 드러내지 않고 우선 상대방의 말을 잘 들어 주어야 하며, 상대방의 관점에서 문제를 바라보며 상대방의 생각과 감정을 이해하는 태도가 필요하다.

23회   24쪽

01 ㉢	02 ㉣	03 ㉠	04 ㉡
05 합세	06 할애	07 해방	08 허심탄회
09 ○	10 ○	11 ○	12 X
13 다다익선	14 등하불명	15 수수방관	16 사상누각
17 주마간산	18 계획하기, 선정하기	19 속담	
20 개요			

12 '짚이다'의 뜻은 '헤아려 본 결과 어떠할 것으로 짐작이 가다.'이다. 불을 피우는 상황에는 '아궁이나 화덕 따위에 땔나무를 넣어 불을 붙이다.'라는 뜻의 '지피다'를 사용해야 한다.

24회   25쪽

01 ㉢	02 ㉤	03 ㉣	04 ㉡
05 ㉠	06 확보	07 허위	08 훼방
09 호소	10 감정	11 깨끗	12 물기, 때
13 ㉣	14 ㉠	15 ㉤	16 ㉡
17 ㉢	18 X	19 ○	20 X

18 '띄어쓰기는 올바른가?'는 단어 수준에서 고쳐쓰기를 할 때의 점검 기준이다.

20 고쳐쓰기는 글의 목적에 맞게 내용을 구성하고 독자가 이해하기 쉽도록 글을 개선하는 데 목적이 있다.

중학 국어 일등급 어휘력 ②

●● 국어 어휘를 아는 것은 모든 학습의 뿌리이며, 단단한 뿌리가 있어야 문제를 잘 풀 수 있고 과제도 잘 해결해 낼 수 있습니다. 이 책은 학습의 뿌리를 튼튼하게 만들고 싶은 학생들에게 아주 유용할 것입니다. – 이지영 선생님

●● 이 책은 중학생이 알아야 할 필수 어휘들과 한자 성어, 관용어와 속담, 다의어 · 동음이의어, 헷갈리기 쉬운 말, 국어 시험에 나오는 개념어까지 풍부하게 수록하여, 어휘력을 크게 향상할 수 있게 하였습니다. – 박태순 선생님

●● 공부할 어휘가 너무 많아서 어휘 학습을 부담스러워하는 학생들이 많습니다. 이 책은 회차를 세분화하여 하루에 2쪽씩 가볍게 시작하기에 좋고, 다양한 예문과 문제로 지루하지 않게 학습할 수 있습니다. – 최소형 선생님

●● 중고등학생들이 배우는 문학 작품에는 한자어나 한자 성어가 많이 등장합니다. 또 최근 수능에는 어렵고 긴 비문학 지문들이 나오고, 다의어나 동음이의어의 의미에 대해 묻는 어휘 문제도 꾸준히 출제되고 있습니다. 이 책으로 어휘력을 꾸준히 다져 나가면 국어 영역의 고득점에 한 걸음 더 가까워질 수 있습니다. – 김요셉 선생님

대표 **문학 작품** 감상 & **문제 해결** 훈련

꿈틀 중학 문학 (전 3권)

필수 개념 학습		대표 작품 학습		문제 풀며 훈련
문학 갈래별 주요 개념 익히기	→	교과서 수록 빈도 높은 문학 작품 감상하기	→	시험에 출제되는 문제 유형 적응하기

중학교 국어 **실력 향상**의 지름길

꿈틀 중학 국어 (전 3권)

이런 학생들에게 추천합니다!

❶ 중학생이 알아야 할 국어의 필수 개념을 총정리하고 싶어요.

❷ 대표적인 문학 작품과 여러 종류의 글을 읽으며 독해력을 다지고 싶어요.

❸ 다양한 문제를 풀어 보며 문제 유형을 익히고 학교 시험에 대비하고 싶어요.

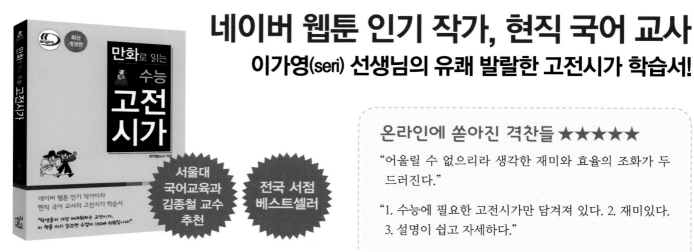